O. J. Hartmann / Der Mensch als Selbstgestalter
seines Schicksals

DER MENSCH ALS SELBSTGESTALTER SEINES SCHICKSALS

LEBENSLAUF UND WIEDERVERKÖRPERUNG

von

Otto J. Hartmann

Professor an der Universität Graz

„Bist du beschränkt, daß neues Wort dich stört?
Willst du nur hören, was du schon gehört?
Dich störe nichts, wie es auch weiter klinge,
Schon längst gewohnt der wunderbarsten Dinge."

Mephistopheles zu Faust vor dessen Gang zu den „Müttern",
alles Seins

VITTORIO KLOSTERMANN · FRANKFURT AM MAIN

CIP–Kurztitelaufnahme der Deutschen Bibliothek
Hartmann, Otto Julius: Der Mensch als Selbstgestalter seines Schicksals :
Lebenslauf u. Wiederverkörperung / von Otto J. Hartmann.
– 11. Aufl. – Frankfurt am Main : Klostermann, 1984.
ISBN 3-465-00126-5

15. – 17. Tausend
Elfte Auflage 1984
© Vittorio Klostermann GmbH Frankfurt am Main 1961
Druck: Erwin Lokay, Reinheim/Odenwald
Alle Rechte vorbehalten – Printed in Germany

INHALTSÜBERSICHT.

EINFÜHRUNG.

Als L e s s i n g bei der Abfassung seiner hundert Paragraphe umfassenden Abhandlung „Die Erziehung des Menschenschlechtes" (1780) an die Niederschrift der allerletzten Paragraphen kam, ereignete sich ein Ungeheures innerhalb der abendländischen Geistesgeschichte: Ein Gedanke, der jahrhunderte-, ja, jahrtausendelang dem abendländischen Menschheitsbewußtsein verborgen war, tauchte, scheinbar unvermittelt und wie aus längstversunkenen Urtiefen sich losringend, im Bewußtsein Lessings auf, ein Gedanke, der zugleich zum Folgenschwersten und Ungewöhnlichsten gehört, was moderne, europäisch-abendländische Menschen denken können: Der Gedanke der „wiederholten Erdenleben".

In fernsten Urzeiten gehörte dieser Gedanke zum mythisch-traumhaften Urwissen wohl aller Völker und Kulturen und blieb auch, infolge der ganz andersartigen geographischen und menschlichen Verhältnisse, dem asiatischen Osten bis heute als selbstverständlicher Besitz erhalten. Mit Lessing aber begann dieser Gedanke a u s g a n z n e u e n V o r a u s - s e t z u n g e n und i n g a n z n e u e r W e i s e in das Licht des wachen, klaren, wissenschaftlichen Erkennens zu treten.

Immer mehr bedeutende Menschen bekennen sich seit Lessing a u f G r u n d e i g e n e r E r f a h r u n g e n zu diesem Gedanken. Geht man diese Bekenntnisse durch, so findet man darunter glanzvollste Namen der europäisch-abendländischen Geistesgeschichte [1]). Kein Zweifel: Das Wissen um die wiederholten Erdenleben der einzelnen menschlichen Individualität beginnt in den halb- und unbewußten Tiefen der abendländischen Menschenseelen zu rumoren und wie ein mächtiger,

---

[1]) vgl. die zusammenfassende Schrift von Emil Bock: Wiederholte Erdenleben. Die Wiederverkörperungsidee in der deutschen Geistesgeschichte. 1932.

langversunkener Kontinent hier und dort mit den obersten Bergspitzen über die Oberfläche des menschheitlichen Bewußtseinsozeans aufzusteigen und sichtbar zu werden!

Aber erst am Beginn des 20. Jahrhunderts gelang D r. R u - d o l f S t e i n e r (geb. 27. Februar 1861, gest. 30. März 1925) die bewußtseinsmäßige Riesenleistung, diesen „versunkenen Kontinent" in seiner Ganzheit emporzuheben und zu einer methodisch gesicherten, wissenschaftlich unanfechtbaren Erkenntnis der wiederholten Erdenleben zu gelangen.[1]) Deshalb darf auch das, was in der Geisteswissenschaft Rudolf Steiners als Erkenntnis der „Reinkarnation" zu Tage getreten ist, in keiner Weise mit dem verwechselt werden, was im Urzustande alter Menschheitskulturen hierüber vorhanden war und sich seither bei manchen östlichen Völkern als mehr oder weniger mißverstandene und traditionelle Wiederverkörperungsidee erhalten hat. Das Entscheidende und Zukunftweisende der Tat Rudolf Steiners beruht vielmehr in Folgendem: ausgehend von dem wachen, gedankenklaren, Ich- und Freiheits-durchdrungenen Bewußtsein des modernen abendländischen Menschen, also durch eine Metamorphose und Weiterentwicklung des wissenschaftlichen Erkennens auf Grund bestimmter Schulungsmethoden[2]), in Weltregionen und Schicksalstiefen wiedereinzudringen, die zwar dem primitiven, vorwissenschaftlichen, träumerischen Erleben alter Zeiten noch offenstanden, dann aber dem erwachenden Sinnen- und Intellektbewußtsein des modernen Menschen sich zunächst verschließen mußten und erst einem auf höherer Stufe wiedergewonnenen übersinnlichen Erkennen erneut zugänglich werden. Aus diesen Gründen ist der Erkenntnisweg Rudolf Steiners auch (allen Verleumdungen von gegnerischer Seite zum Trotz) das genaue Gegenteil aller medialen, trancehaften und ekstatischen Bewußtseinszustände,

---

[1]) vgl. seine Bücher: Die Offenbarungen des Karma, Reinkarnation und Karma, Wie Karma wirkt, Theosophie.
[2]) vgl. seine Bücher: Wie erlangt man Erkenntnisse der höheren Welten? Die praktische Ausbildung des Denkens, Philosophie und Anthroposophie.

sondern Inbegriff klarster Besonnenheit, die über jeden Erkenntnisschritt Rechenschaft zu geben imstande ist.

Schon Lessing stellte sich nämlich die bedeutsame Frage: Warum und wie konnnte jenes Wissen verloren gehen? Warum breitete sich V e r g e s s e n über die wiederholten Erdenleben aus? Und er gab sich darauf die Antwort: „Die Erinnerung meiner vorigen Zustände würde mir nur einen schlechten Gebrauch des gegenwärtigen zu machen erlauben. Und was ich auf jetzt vergessen muß, habe ich denn das auf ewig vergessen?" Lessing deutet damit auf ein Mehrfaches: 1. Dem modernen, europäisch-abendländischen Menschen mußte die Rückschau in frühere Erdenleben verdunkelt werden, um ihn in wacher Sinnesbeobachtung, klarem Verstandesdenken und freier Moralität ganz auf die Aufgaben dieses einen, eben jetzt zu durchlaufenden Erdenlebens zu konzentrieren. Die Tore der Geburt und des Todes, d. h. die Ausblicke ins vorgeburtliche (vorkonzeptionelle) und nachtotliche Dasein mußten sich dem menschlichen Bewußtsein verschließen, um dieses ausschließlich auf das Irdisch-Diesseitige hinzulenken. Dergestalt kam aus weltgeschichtlichen, man kann auch sagen aus menschheitspädagogischen Gründen das Zeitalter der Geistesverdunkelung, des Materialismus herauf. 2. Aber diese materialistische Geistesverdunkelung bezieht sich lediglich auf das menschliche W i s s e n. Im menschlichen W e s e n wirken die Erlebnisse, Taten und Leiden der vergangenen Erdenleben und sie bestimmen vieles von dem was sich dann innerhalb des gegenwärtigen Erdenlebens als unbewußter Schicksalsdrang, als Schicksalsführung, als Sonntagskind- oder Pechvogeldasein, als Gelingen oder Mißlingen, als Gesundheits- oder Krankheitsanlage, als Freundschaften oder Feindschaften zwar ausdrückt, in seinen wahren Ursachen aber selbst nicht ins Bewußtsein fällt. 3. Alles Vergessene aber strebt früher oder später nach Wiedererinnerung.

Und in der Tat! Wer die unmißverständlichen Zeichen der Zeit versteht, der weiß heute: Die Mission der Geistesverdunkelung, die Mission des Vergessens der durchlebten Erdenleben, kurz die Mission des Materialismus und eines ausschließlich das Irdisch-Materielle erlebenden und erforschenden Bewußtseins ist heute vorüber. Um die Jahrhundertwende ging ein Weltalter zuende. Ein neues zog herauf. Und alle Krisen des 20. Jahrhunderts sind nichts anderes als die Geburtswehen eines Bewußtseins- und Menschheitszeitalters der neuen Geisterweckung, dem sich die Mächte der Vergangenheit und der Geistverdunkelung widersetzen, wodurch es zu den gewaltigen Wirbelstürmen und Katastrophen kam, kommt und kommen wird, innerhalb deren wir zu leben berufen sind.

Platon nannte alles Wissen, zumal jenes, das in höhere, übersinnliche Zusammenhänge hineinleuchtet, „Wiedererinnerung" eines vorlängst von der Seele Erlebten und Geschauten, dann aber Vergessenen. Man kann nur sagen: Die Menschheit als ganze schreitet heute über eine „Schwelle", die Diesseits und Jenseits, übersinnlich-geistige und sinnlich-materielle Welt voneinander trennt. In den Erschütterungen der Bombenangriffe, in den Leidensstürmen der Kriege, Hungersnöten, Austreibungen, Vergewaltigungen und Versklavungen ist vielen Menschen so etwas wie ein „Schwellenübergang", gewissermaßen eine unbewußte „Erleuchtung" und „Einweihung" in höhere Schicksals- und Weltengeheimnisse zuteil geworden. Alles aber kommt nun darauf an, das in Dumpfheit Erlebte ins klare Bewußtseinslicht heraufzuheben und sich mit G e d a n k e n dem gewachsen zu zeigen, was in D a s e i n s - w u r z e l n geschah. Sonst muß weiteres Chaos, ja, Seelen- und Leibeskrankheit die Folge sein. Hierin liegt die große, heute nur erst von wenigen geahnte Bedeutung des Lebenswerkes Dr. Rudolf Steiners.

Denn es mehren sich die heimatlosen, die suchenden, die hungernden Seelen. Bereits die sog. „Jugendbewegung" am Beginne des 20. Jahrhunderts war Ausdruck dieser Tatsache. Diese Jugend ging auf die „Wanderschaft". Aber äußere Unruhe und Wandertrieb waren nur Symptome für einen Hunger und ein Suchen, dessen wirkliche Wurzeln sich diese Jugend gar nicht klar machen konnte. Im Grunde genommen, begann damals der einzelne Mensch in neuer Weise in seinem Ich zu erwachen und aus dem „Ich" heraus den Mitmenschen, das „Du" zu suchen. Die drängende Frage war gleichsam: „Was bringst Du, Menschenbruder, mir mit deinem Wesen entgegen? Was willst Du mir mit deinem Wesen sagen? Was willst Du durch dein Ich in meinem Ich zum Erwachen und zur Wiedererinnerung bringen?" So suchte diese Jugend unbewußt drängend den „Menschen", den „Menschen im Menschen", den „wahren Menschen", d. h. das tiefste „Du" im Mitbruder, welches mit dem eigenen tiefsten „Ich" von früheren Erdenleben her schicksalsverbunden ist und durch die Art des Zusammenseins in diesem Erdenleben, die Schicksalskeime eines kommenden Erdendaseins vorbereitet.

Es war ein ungeheures Drängen nach Erwachen und ein Verlangen nach Klarheit in der Lebensfrage: „Was ist der Mensch?"

Und nun erhoben sich die Gegenkräfte, die ein solches Erwachen nicht zulassen und die Menschenseelen weiterhin im Wissensschlaf festhalten wollten, um besser herrschen zu können. Wiedererinnerungs- und Vergessenskräfte kämpften miteinander. Wo aber ein einst Erlebtes, dann aber Vergessenes aus Seelentiefen aufsteigen und sich wiedererinnern möchte, und nun zurückgehalten, ja, gewaltsam verdrängt wird, da entsteht Stauung, Beunruhigung, ja, Angst. Und diese Angst sitzt heute in den Untergründen der menschlichen Seelen, und sie ist eine der vielen Wurzeln für das Chaotische, Gewalttätige und Brutale unseres Zeitalters.

In dieser Hinsicht ist es auch noch wichtig, sich folgende Gegenwartssituation ganz klar zu machen: Im Laufe des 19. Jahrhunderts entwickelt sich der theoretische Materialismus, der darauf hinauslief, im Anschluß an die Denkweise der Naturwissenschaft nachzuweisen, daß es den „Menschen" eigentlich gar nicht gäbe, weil das, was frühere Zeiten „Mensch", „Seele", „freie Persönlichkeit" etc. nannten, im Sinne des Darwinismus nur ein weiterentwickeltes Tier, im Sinne der physiologischen Psychologie nur Produkt der

Gehirnprozesse, im Sinne der Vererbungslehre nur Kombinationsergebnis von Vererbungsfaktoren sei. Man kann insofern von theoretischem Menschenmord innerhalb der Universitätswissenschaft des 19. Jahrhunderts sprechen. Der Schritt ins 20. Jahrhundert kennzeichnete sich nun alsbald dadurch, daß man es unternahm, mit diesen theoretisch-akademischen Gedanken nun auch praktisch, d. h. sozial, juridisch, moralisch, staatlich ernst zu machen, d. h. zur großangelegten „wissenschaftlich fundierten" praktischen Menschenvernichtung bzw. Menschenzüchtung fortzuschreiten.

Man vergesse niemals: Alle Gedanken wollen schließlich Willensimpulse werden, die unser soziales Handeln bestimmen! Und so ward in absoluter, logischer Folgerichtigkeit, wenn auch zum Erschrecken aller Menschen, in denen noch Reste von Menschlichkeit leben, aus dem theoretischen Nihilismus der modernen Wissenschaft der praktische Nihilismus des allermodernsten staatlich-sozialen und juridischen Lebens. Mit vollständiger Verachtung der geistig-seelischen Individualitäten der Menschen, begann man die Menschen in mehr oder minder brauchbare oder unbrauchbare „Arbeitskräfte", in nützliche oder unnütze, lebenswerte oder unwerte „Esser" einzuteilen, und sie dementsprechend entweder zu züchten oder zu vertilgen, ganz so wie es bisher mit Pflanzen oder Tieren in biologischen Versuchsanstalten üblich war. Wie nützliche Arbeitstiere oder wie lästiges Ungeziefer, in beiden Fällen mit gänzlicher Verachtung der Heiligkeit der persönlichen Schicksale und der selbstgewählten Lebenswege reißt man die Menschen voneinander und packt sie in Transportmittel, um sie hierhin oder dorthin zu verschicken, wohin es eben individueller Willkür oder nationalistischem Herrschaftswillen gut scheint.

Kinderleicht und sehr bequem ist es, sich hierüber auf Grund altgewohnter moralisch-religiöser Traditionen zu entrüsten und entsprechende Ermahnungen an die gottlose

Menschheit ergehen zu lassen. Schwer und unbequem aber ist es, sich mit den unbestreibaren Folgerungen der modernen naturwissenschaftlichen Theorien auseinanderzusetzen und aus vertiefter Geisterkenntnis ein Welt- und Menschenbild zu erringen, innerhalb dessen es unmöglich sein würde, gegen Mitmenschen so zu verfahren, wie es heute geschieht, und wie es seltsamerweise sogar von den Betroffenen selbst mit stumpfer Ergebenheit und so, als könnte es gar nicht anders sein, hingenommen wird.

Eins steht fest: Über weite Gebiete der Erde sind heute die alten moralisch-religiösen Kräfte entweder verbraucht oder zur bloßen Phrase geworden, hinter der sich nackte, egoistische Gewalt verbirgt. Es erscheint immer fruchtloser, sich an diese alten Gemütskräfte zu wenden, d. h. Moral und Religion zu predigen. Denn der moderne Mensch will nicht glauben, sondern wissen, d. h. in innerer Ehrlichkeit sein Leben praktisch nach dem einrichten, was er theoretisch weiß oder doch zu wissen meint. Ohne überheblich zu sein, darf man daher wohl sagen: Würden Erkenntnisse, wie sie dieses Buch darzustellen versucht, von einem erheblichen Teile der Menschheit, oder doch von den kulturell und geschichtlich verantwortlichen Persönlichkeiten ernst genommen, so müßte dieses zu einer vollständigen Umwandlung der Beziehungen von Mensch und Mitmensch und schließlich zu einer Umwandlung der sozialen, wirtschaftlichen und politischen Beziehungen zwischen den Staaten und Völkern führen. Hingegen wird Unwissenheit hinsichtlich des wahren Wesens des Menschen zwangsläufig einmünden in die Besessenheit des Willens von den dunkelsten Kräften der Selbstsucht, Grausamkeit und Zerstörung.

Das Böse wird jedoch in Zukunft sich keineswegs nur auf dem Untergrund sturer Unwissenheit in den Belangen der realen geistig-seelischen Welt entwickeln, sondern mehr und mehr als bewußte Gottes-, Christus- und Menschen-Verneinung zutage treten. Man wird also nicht nur sagen: „Der Mensch ist ein bloßes naturhaftes Leibeswesen, laßt uns ihn züchten, dressieren oder ausrotten, wie wir es für nützlich halten!", sondern man wird sagen: „Zwar w i s s e n wir, daß in jedem Menschen der Keim eines zur Freiheit bestimmten, durch Geburten und Tode sein Schicksal sich selbst bereitenden unvergänglichen und personhaften Geistwesens liegt, aber wir w o l l e n dieses freie, gottähnliche Menschen-Ich n i c h t, es ist für unsere Macht- und Herrschaftspläne unbequem! Laßt uns die Menschen entichen, entgeistigen und entseelen! Laßt sie uns zu instinktsicheren und leichtlenkbaren Arbeitsmaschinen umbilden und diese dann zu großen, kollektiven Massen nach Art der Termiten- oder Ameisenstaaten zusammenschmelzen! Dann schaffen wir alle sozialen und geistig-kulturellen Probleme aus der Welt, dann kann es einer kleinen, wissenden und freien Herrenkaste gelingen, die Tier-Menschenherde nach ihrem Gutdünken und zu ihrem Vorteil zu lenken."

Und das ist möglich! Es ist nicht nur möglich, den Menschen ihre unvergängliche, götterentsprossene Geistwesenheit t h e o r e t i s c h a b z u s p r e c h e n, sondern die Menschen durch verschiedene Maßnahmen langsam dahin zu führen, wo ihnen ihr wahres „Ich-bin" nach und nach praktisch v e r - l o r e n geht. Dostojewski und Solowjeff haben in ihren Erzählungen vom „Großinquisitor" und vom „Antichrist" diese furchtbaren Perspektiven beleuchtet. Nicht aber mit Gewalt, sondern einzig durch geistige Aufklärung und Wissenswachheit kann diesen Mächten der Finsternis und Menschenversklavung entgegengewirkt werden.

In manchen Briefen aus dem Leserkreis wurde dem Verfasser der Vorwurf gemacht, er spreche zu wenig von der g ö t t l i c h e n Vorsehung und Schicksalslenkung und zu viel vom M e n s c h e n als Selbstgestalter seines Schicksals. Solche Einwände vergessen, daß eben die Frage: wieweit reicht m e n s c h l i c h e Freiheit und m e n s c h l i c h e Verantwortung im äußersten Falle, das gewählte Thema dieses

Buches ist. Denn es kommt, zumal heute, nicht darauf an, in passiver, allzu bequemer, ja oft heuchlerischer Demut auf Gott zu hoffen und alles in seine Hände zu legen, sondern sich menschlicher Freiheit und Verantwortung in immer umfassenderem Sinne bewußt zu werden und diese Haltung nicht als unfromm, sondern als wahrhaft religiös zu empfinden. Eine bestimmte Form demütig-unwissenden Gottesvertrauens mag für vergangene Jahrhunderte richtig gewesen sein, heute ist sie vielfach nichts als einschläferndes Narkotikum, das dunklen Widersachermächten freie Bahn schafft. Die Frage: Was ist wahrhaft fromm und wahrhaft christlich, muß heute neu gestellt und neu beantwortet werden, und hierbei wird die Tatsache der wiederholten Erdenleben ein entscheidendes Wort mitsprechen müssen.

Freilich ist nicht immer und überall der einzelne Mensch als solcher im strengsten Sinne, wie in den Beispielen dieses Buches, Selbstgestalter seines Schicksals, d e n n e s g i b t n i c h t n u r p e r s o n h a f t e E i n z e l s c h i c k s a l e , s o n - d e r n a u c h d i e G r u p p e n s c h i c k s a l e g a n z e r V ö l - k e r , R a s s e n , L ä n d e r , j a , e i n S c h i c k s a l d e r g a n - z e n E r d e . U n d h i e r s p r e c h e n n u n g ö t t l i c h - g e i - s t i g e W e s e n h e i t e n d e s K o s m o s i m K a m p f e m i t i h r e n k o s m i s c h e n W i d e r s a c h e r m ä c h t e n d a s e n t s c h e i d e n d e S c h i c k s a l s w o r t , i n w e l - c h e s d a n n d e r E i n z e l m e n s c h m i t s e i n e m i n d i - v i d u e l l e n S c h i c k s a l h i n e i n v e r f l o c h t e n i s t . In diesem Sinne rollen seit Beginn des 20. Jahrhunderts die Schicksalsfolgen eines materialistischen Zeitalters ab und führen zur vorzeitigen Vernichtung ungezählter blühender Menschenleben. Gewiß sind solche Tode nicht im selben Sinne p e r s ö n l i c h e s Schicksal, wie wenn in friedlichen Zeiten ein bestimmter Mensch von Unfall oder Krankheit vorzeitig hingerafft wird und wir die Frage stellen können: „Was geschah in einem früheren Erdenleben dieses Menschen, das einen vorzeitigen Tod in diesem Erdenleben nach sich ziehen mußte?" Aber wenn auch dämonische Zerstörungsmächte des

Kosmos in den verheerenden Schicksalsfolgen unseres materialistischen Zeitalters mitwirken, haben nicht doch auch wir Menschen unser Teil dazu beigetragen? Gewiß: v i e l e vergangenen Generationen haben vorbereitet, was sich dann über unsere so schrecklich entlud, und a l l e modernen Völker und Länder sind mitschuldig an etwas, was dann e i n Land und Volk besonders vernichtend traf, denn alle sind Diener des Ungeistes und Anbeter der Materie. Aber auch bei Völkerschicksalen wie bei Einzelschicksalen darf nicht nur nach vergangenen Verschuldungen gefragt, e s m u ß a u c h d a r a u f h i n g e b l i c k t w e r d e n , w a s S c h i c k s a l s e r e i g n i s s e f ü r d i e Z u k u n f t b e d e u t e n .

Und hier steht nun fest: Ob vom Einzelnen verschuldet oder unverschuldet, der frühzeitige, gewaltsame Tod erzeugt, gleichsam durch Rückstauung der sonst im Erdendasein verbrauchten Kräfte, mächtige Energien im Menschenwesen, die in einem folgenden Erdenleben besonders als schöpferische Gemüts- und Willenskräfte zum Heile der Menschheit sich betätigen können. N i c h t s g e h t i m W e l t a l l v e r l o r e n , kein durchlittenes Leiden, kein vollbrachtes Sterben bleibt fruchtlos, alle sind sie unvergängliche Geistkeime einer künftigen geistigen und moralischen Erneuerung. Ob bewußt oder unbewußt durchlitten: jeder vorzeitige gewaltsame Tod besonders eines jungen Menschen ist ein Opfer, und die reale Geistessubstanz dieses Opfers wird, wie Rudolf Steiner zeigte, in den Händen der göttlich-geistigen Hierarchien zur Kraft, mittels derer die kosmischen Widersachermächte und die Folgen eines materialistischen Zeitalters in den Menschenseelen überwunden werden. Jede vorwurfsvolle Menschenfrage nach dem Sinn der maßlosen Greuel und Leiden der Gegenwart aber verstummt schließlich vor der Gottestat auf Golgatha, darin ein Wesen schuldlos in den Schuldstrom der Erde eintauchte, um die Substanz dieses reinen Liebesopfers in alle Menschenherzen einfließen zu lassen, die sich ihm öffnen wollen.

Die erste Auflage dieses Buches erschien im schicksals-

XVI

schwangeren Herbst 1939. In rascher Folge konnte dann die zweite, dritte, vierte Auflage erscheinen, bis 1942 Verbot und Beschlagnahme des Buches erfolgten. Die jetzige Neuauflage möge ganz besonders dem Gedenken an das unermeßliche Heer der in unserer Zeit Gefallenen, Geopferten, Gemarterten, Vertriebenen und Ausgestoßenen geweiht sein. Wir wissen, daß darin die Keime einer besseren Menschheitszukunft liegen, wenn wir diese Keime in unseren Herzen pflegen.

I. Teil:

DIE ERWECKUNG DES MENSCHEN IM MENSCHEN.

(Fragen der Selbsterziehung.)

1. Kap.: Ich bin.

In Zeiten, wo sich Sterbende und Gebärende stärker als sonst in unser Bewußtsein drängen und in uns Fragen nach sonst kaum beachteten Schicksalsgeheimnissen aufsteigen lassen, dürfte das Erscheinen einer Schrift über Geburt und Tod, Jugend und Alter, Schicksal und Wiederverkörperung berechtigt, ja nötig sein. Zumal wenn in einer solchen Schrift versucht wird, Ergebnisse darzustellen, zu denen unvoreingenommene wissenschaftliche Erfahrung und strenges, wissenschaftliches Denken unweigerlich führen müssen. Auf keinem anderen Gebiete aber ist es auch so nötig, alles subjektive Glauben und Wünschen zu verbannen und sich der nüchternsten Sachlichkeit zu befleißigen. Denn die Fragen: „Wer bin ich? Woher komme und wohin gehe ich?" führen in tiefste Untergründe der menschlichen Seele, in die nur hinabsteigen darf, wer sich gelobt, keinen Augenblick das klarste, ichbewußteste Denken aufzugeben. Aus rätselhaften Dunkelheiten der Weltweiten um uns, aber auch aus rätselhaften Dunkelheiten der Wesenstiefen in uns formen sich diese Fragen. Sie beunruhigen uns, ja sie erregen Angst, denn zugleich ahnt jeder von uns, daß diese Fragen weder durch äußerliche Mittel (z. B. durch Laboratoriums-Instrumente), noch auch auf äußerliche Weise (also abstrakt-intellektualistisch) beantwortbar sind, weil die echte Antwort allein in der Erweckung unseres eigenen, zunächst dumpf-schlafhaften Wesens liegen kann.

Schon hier aber mache man sich klar, daß diese Erweckung Mut voraussetzt. Diesen Erkenntnismut wird jeder benötigen, der beabsichtigt, auf die folgenden, in diesem Buche dargestellten Tatsachen und Gedanken vorurteilsfrei einzugehen. Denn ein „Etwas" in uns allen widerstrebt sehr deutlich jeder solchen Erweckung; es wünscht sich vielmehr Selbsttäuschung und Dunkelheit und erregt zu diesem Zwecke in uns Gefühle von Angst und Mutlosigkeit, von Spott und Zweifelsucht, so daß wir schließlich nur zu gerne bereit sind auszurufen: „Ach, über alle diese Dinge kann man doch nichts Sicheres wissen! Was manche Menschen darüber zu wissen meinen, ist doch nur unsichere oder alberne Phantastik! Halten wir uns daher lieber an die greifbaren und praktischen Dinge des Lebens!" So sprechen viele Menschen, die sich sehr viel auf ihre praktische Lebenstüchtigkeit einbilden — und doch verbirgt sich dahinter nur Angst und Schwäche, den tiefsten Daseinsfragen furchtlos ins Auge zu schauen und sein eigenes Wesen mutvoll zu ergreifen. Wird man aber im Gegenteil nicht sagen müssen, wahren praktischen Lebensmut besitze, wer aus der wissenden Überschau über die Hintergründe seines Charakters und Schicksals, diese in Freiheit zu ergreifen und zu formen vermag? Denn eines bedenke man immer: Jede Illusion oder Schwäche, jede Eitelkeit oder Selbstsucht, welche wir in uns besiegen, macht sogleich den Raum frei für eine positive und wahrhaft schöpferische Seelenkraft in uns. Wahrheit — sie sei noch so schmerzhaft — macht frei und stark, Freiheit und Stärke aber geben auch wieder den Mut, tiefeingefleischte Eigenlieben und Selbsttäuschungen zu überwinden.

Lebenslauf, Charakter und Schicksal — sowohl aus Seelentiefen aufsteigend, wie aus Weltweiten uns entgegentretend, sind also die Fragen und nichts anderes als wir selbst sind darauf die Antwort — aber freilich nur dann, wenn wir, stufenweise erwachend, die Kraft aufbringen, uns in Lebenslauf, Charakter und Schicksal, wie in einem Spiegel, selbst zu erkennen. Der erste Schritt in dieser Richtung vollzieht sich bereits im Kleinkinde (meist zwischen dem 2. und 4. Lebensjahre), wenn aus nebelhaften Dunkelheiten der erste Schein des „Ich-Bewußtseins" aufglimmt.

In geradezu klassischer Weise hat dieses Ereignis der Dichter Jean Paul an einer, seither vielzitierten Stelle seiner Lebensbeschreibung geschildert: „Nie vergeß ich, die, noch keinem Menschen erzählte Erscheinung in mir, wo ich bei der Geburt meines Selbstbewußtseins stand, von der ich Ort und Zeit anzugeben weiß. An einem Vormittage stand ich, als ein sehr junges Kind, unter der Haustür und sah links nach der Holzlege, als auf einmal das innere Gesicht: Ich bin ein Ich! wie ein Blitzstrahl vom Himmel auf mich fuhr und seitdem leuchtend stehen blieb. Da hatte mein Ich zum erstenmal sich selber gesehen und auf ewig. Täuschungen des Erinnerns sind hier schwerlich denkbar, da kein fremdes Erzählen sich in eine, bloß im verhangenen Allerheiligsten des Menschen, vorgefallene Begebenheit, deren Neuheit allein so alltäglichen Nebenumständen das Bleiben gegeben, mit Zusätzen mengen konnte."

Im Erwachen dieses Ich-Bewußtseins dämmert die erste Morgenröte des aufgehenden ewigen und individuellen Menschenwesens, des Geist-Ich. D i e s e s G e i s t - I c h a b e r k a n n m a n d e n „ w a h r e n M e n s c h e n ", d e n „ M e n - s c h e n i n j e d e m M e n s c h e n " n e n n e n.

In der Tat, obgleich jedem von uns das Erlebnis: „Ich bin ein Ich! Ich bin Ich-selbst!" wohlvertraut und selbstverständlich dünkt, verbirgt sich doch dahinter ein allergrößtes, und kaum ausdrückbares Mysterium [1]. Bedenken wir doch, daß bereits sprachlich das Wort „Ich" das einzige Wort ist, welches wir immer nur auf uns selbst, niemals aber auf einen anderen Menschen (dieser ist vielmehr für uns immer ein „Du") anwenden können. Das Wort „Ich" ist also ein für alle anderen Menschen unaussprechlicher Geheimname, den ich mir nur selber geben kann. Aber noch mehr: Auch ich selber kann mir den Namen „Ich" nicht in der Weise beilegen, wie ich etwa ein bestimmtes Mineral „Bergkristall", oder einen Mitmenschen „Fritz" nenne. Die Voraussetzung hierzu ist vielmehr die Kraft,

---

[1] An Büchern darüber, welche nicht nur verstandesmäßig belehren, sondern dieses „Ich" selbst erwecken wollen, nenne ich: R. S t e i n e r, Philosophie der Freiheit, 1929, J o h. G o t t l. F i c h t e, Die Bestimmung des Menschen, 1800 (Reclams Univers. Bibl. Nr. 1201, 1202); O t t o J u l. H a r t m a n n, Der Mensch im Abgrunde seiner Freiheit, Klostermann, Frankfurt a. M., 1932.

sich selbst zu ergreifen und um sich selbst zu wissen. Da aber diese Kraft dem kleinen Kinde noch fehlt, redet es von sich selbst zunächst noch als „Fritz' (z. B. Fritz ist hungrig, Mutter, gib bitte doch Fritz zu essen!") und gewinnt erst später die Kraft, statt dessen zu sagen: „Ich bin hungrig, Mutter, gib mir doch bitte zu essen!"

Aber wie weit ist doch noch der Weg von diesem ersten Aussprechen des Wortes „Ich" bis dahin, wo ein Mensch zu sagen wagt: „Die Urquelle alles meines Denkens und Lebens, der innerste Geist meines Geistes ist nicht ein fremder Geist, sondern er ist schlechthin durch mich selbst im eigentlichsten Sinne hervorgebracht. Ich bin durchaus mein eigenes Geschöpf. Jene Freiheit, die gar nicht meine eigene, sondern die einer fremden Kraft außer mir war, sie ist es, die mir nicht genügt. Ich selbst, derjenige, dessen ich mir als meiner selbst, als meiner Person bewußt bin, ich selbst will selbständig, nicht an einem anderen und durch ein anderes, sondern für mich selbst etwas sein, und ich will als solches Selbst der letzte Grund meiner Bestimmungen (d. h. meines Charakters und Schicksales, Anm. d. Verfassers) sein. Ich will frei sein heißt: Ich selbst will mich zu dem machen, was ich sein werde." (Joh. Gottl. Fichte, Die Bestimmung des Menschen.) Solche Sätze lesen sich zwar leicht, man kann sich auch für sie begeistern, wer aber durchschaut sie bis in ihre letzten philosophischen Fundamente und bis in ihre praktischen Folgen für unser soziales und moralisches Leben?

Ein erster Schritt in dieser Richtung ist aber immerhin folgender Abschnitt der menschlichen Entwicklung: Bis zu einem bestimmten Alter hatte z. B. ein Kind verschiedene Erkenntnis- und Moralwahrheiten einfach von seinen Erziehern übernommen. Ohne sein eigenes Zutun kamen sie ihm von außen und wurden von ihm nach-gesprochen und nach-geahmt. Was das Kind dachte, sprach und tat, vollzog es auf die Verantwortung seiner Erzieher hin und machte diese dafür gelegentlich auch mit vorwurfsvoller Miene verantwortlich, z. B. „Sieh mal, Mutter, jetzt schnitt ich mich in den Finger, weil ich dir beim

Kochen helfen sollte. Jetzt mußt du dafür aber auch recht lieb zu mir sein!" Eines Tages gelingt es nun dem Lehrer, das Kind dahin zu führen, daß es sich gleichsam sagt: „Nun habe ich selbst die Wahrheit dieses logischen oder mathematischen Satzes durchschaut! Ich weiß jetzt durch mich selbst z. B. daß Etwas mit sich selbst gleich ist und sein Gegenteil ausschließt (also $A = A$, und $A \neq$ non A). Die e v i d e n t e E i n s i c h t in diese Wahrheit konnte mir niemand (auch kein Gott) von außen geben, nur ich selbst konnte sie durch eigene Ichkraft finden, aber auch kein Gott könnte sie mir nun wieder nehmen — — es sei denn, ich selbst gäbe durch innere Erschlaffung diese Erkenntnis-Ichkraft preis!" Etwas später sagt sich der junge Mensch aber dann auch: „Nicht auf Grund elterlicher Autorität, sondern aus eigener Gewissenskraft binde ich mich an die moralischen Prinzipien. Aber auch für das, was ich tue und was mir zustößt, will ich hinfort nicht andere, sondern mich selbst verantwortlich machen!"

Auf letzter Stufe aber kann dem Menschen endlich die Einsicht aufdämmern: Ich bin Ich-selbst weder nur im aktiv-einsichtigen Erkennen, noch auch nur im selbstverantwortlichen Handeln, sondern ich bin Ich-selbst bis hinein in die Tiefen meines Charakters und Schicksales. Denn eine genaue Prüfung meines Gewissens zeigt mir klar, d a ß i c h m i c h n i c h t n u r f ü r m e i n e T a t e n, s o n d e r n a u c h f ü r m e i n S e i n (m e i n e n C h a r a k t e r), a u s d e m j a a l l e m e i n e T a t e n f l i e ß e n, v e r a n t w o r t l i c h f ü h l e. Nur Flucht vor der Schwere dieser Verantwortung ist es, wenn ich Schicksal und Charakter auf äußere Umstände oder andere Menschen (z. B. elterliche Vererbung oder Erziehung) zurückführe und mich so davon entlaste. Eine tiefe, nicht zum Schweigen zu bringende Stimme sagt mir hingegen: „Willst du Du-selbst, willst du ein „Ich" (d. h. ein Geistwesen und nicht nur irgend eine „Sache", ein Stein oder ein Tier) sein, so mußt du dieses dein Ich auch in deinem Charakter und in deinem Schicksal wiedererkennen du darfst dich davon nicht trennen, darfst sie nicht als „Folgen äußerer Umstände" von dir wegschieben, sondern mußt dich mit ihnen so vereinigen, daß du sagen kannst: Mein Charakter und mein Schicksal bin ich selbst! Da aber ein Selbst (oder Geist-Ich) sein Sein und seine Eigenschaften nicht nur so einfach passiv „hat" (wie etwa ein Stein seine Härte oder ein Tier seine Instinkte), sondern sie aktiv will und schafft, s o b i s t d u d u r c h a u s d e r S e l b s t - W o l l e r u n d d e r S e l b s t - T ä t e r d e i n e s C h a r a k t e r s u n d S c h i c k s a l s."

Gegen solche Einsichten wehrt sich natürlich nicht nur unser Verstand (der sie logisch widerspruchsvoll findet), sondern noch mehr unser Wille (der sie als ungebührliche Zumutung an seine Verantwortung erlebt), Wir wehren uns dagegen mit allen Mitteln des Zweifels oder Spottes, weil wir durch solche Gedanken aus unserer Bequemlichkeit aufgescheucht wurden, es aber eben so sehr bequem ist, alles, was uns an unserem Charakter unangenehm oder an unserem Schicksal beschwerlich scheint, einfach als eine Art Doppelgänger von uns abzusondern und die Verantwortung dafür der „Vererbung", den „Erziehern", dem „Milieu" oder gar „Gott" zuzuschieben.

Zum Verständnis dieser, wie auch aller folgenden Überlegungen muß nun aber ausdrücklich die Notwendigkeit beachtet werden, strenge das oberflächliche und alltägliche Ichbewußtsein eines Menschen zu unterscheiden von dessen wahrem Ich. Dieses Ich wird in der Folge auch „geistiger Wesenskern", oder „wahres Selbst", oder „Geist-Ich" („Geist-Selbst" im Sinne R. Steiners) genannt werden. Das gewöhnliche Alltags-Ichbewußtsein verhält sich zu diesem Wesenskern wie ein durch das Gehirn bedingter Bewußtseins-Abglanz, welcher daher nicht tief reicht und bereits im Schlafe jeder Nacht und noch mehr im Tode vergeht. In den Tiefen unseres Gewissens wirkt hingegen unser wahres, unvergängliches Geist-Ich, weshalb gedankliche Bemühungen, wie die bisher angestellten, inmitten unseres alltäglichen Schatten-Ich dieses Geist- und Wesens-Ich erwecken.

6

Wer es nun also wagt, sich einzugestehen: „Ich bin irgendwie der Täter meines Seins, ich bin freier Selbstschöpfer meines Charakters und Schicksals ... ich fühle dieses zwar ganz
klar, wenn ich auch noch nicht weiß, wie dies eigentlich möglich ist!" ... ein solcher Mensch übernimmt mit der Last dieser Selbstverantwortung zugleich eine ungeheure Kraft. Sein
ewiges Geist-Ich beginnt nämlich in diesem Augenblicke in
ihm zu erwachen, und es scheint ihm, als ruhe das Antlitz der
Ewigkeit ernst und fragend auf ihm. Von dieser Zeit an weiß
er sich nicht nur einer körperlich-materiellen Natur (wie die
Minerale, Pflanzen und Tiere), sondern auch einer moralisch-
geistigen Welt zugehörig. Er kann sich nun nicht mehr, in
falscher Demut und Bequemlichkeit, als untergeordnetes Geschöpf und Machwerk Gottes und folglich als dessen verantwortungslosen Sklaven betrachten, sondern muß sich, mit
Meister Eckhart, als ein zu künftigem Mit-Schaffen berufener
„Freund Gottes" ansehen.
    In dieser Region des Geist-Iches darf er dann auch von sich
sagen: „Hier ist Gottes Grund mein Grund, und mein Grund
Gottes Grund. Hier lebe ich aus meinem Eigenen, wie Gott
aus seinem Eigenen lebt. Wer in diesen Grund je hineinlugte,
dem Menschen sind tausend Pfund roten, geschlagenen Goldes
wie ein falscher Heller. Aus diesem innersten Grunde sollst du
wirken alle deine Werke" (Meister Eckhart).
    In der Tat, machen wir uns doch folgendes ganz klar: Über-
all um uns gibt es Seiendes (Gesteine, Pflanzen, Tiere, Mitmenschen), aber alles dieses Seiende schauen wir nur von
außen an. Es ist für uns nur Bild, nicht es selbst. Einzig in
unserem eigenen Ich-bin-Ich faßt jeder von uns das „Sein"
selbst an der Wurzel. Da ist es nicht bloß wahrgenommenes
oder gedachtes Bild, sondern ganz und gar Substanz, eben
„Ich-selbst". Hier ist es nicht bloßes Erkennen, welches nach
außen und auf anderes Seiendes gerichtet ist, sondern hier ist
es Wille, Tathandlung, Selbstschöpfertum. Hier enthüllt sich
nun auch dasjenige, was uns zunächst nur als harte Notwendigkeit „gegeben" erscheint (nämlich unser Charakter und unser

Schicksal) letztlich als Folge unseres Verhaltens in der Vergangenheit, aber auch als Werkzeug und Material zur Gestaltung unserer Zukunft.

2. Kap.: Bin ich frei und verantwortlich?

Hiermit haben wir an ein, ja man kann schon sagen, an d a s Zentralproblem des Menschseins gerührt: an die Freiheit. Aber gibt es denn überhaupt so etwas wie „Freiheit"? Wurde nicht schon längst durch naturwissenschaftliche (physikalische, biologische und psychologische) Tatsachen die Notwendigkeit alles Seins und Geschehens erhärtet? Nun — es wird sich noch in der Folge zeigen, inwieferne sogar hinter demjenigen, was man zunächst Naturnotwendigkeit (also z. B. Anatomie und Physiologie des menschlichen Körpers) nennt, vergangene freie Wesenstaten des Geistes stehen. An dieser Stelle muß aber der Hinweis darauf genügen, daß die W i r k l i c h k e i t d e r m e n s c h l i c h e n F r e i h e i t n i c h t n u r v o n d e n g r ö ß t e n d e u t s c h e n D e n k e r n (allen voran Kant, Fichte, Hegel, Schelling und zuletzt noch R. Steiner) s t r e n g e b e w i e s e n w u r d e, s o n d e r n d a ß a u f i h r a u c h u n s e r g a n z e s s o z i a l e s L e b e n b e r u h t. Wir appellieren doch z. B. an den pflichtmäßigen Einsatz eines Beamten oder Soldaten. Wir machen Eltern für die Erziehung ihres Kindes ebenso wie den Kraftfahrer für die Einhaltung der Straßenordnung verantwortlich und ziehen sie nötigenfalls vor Gericht — alles Maßnahmen, die nur unter dem Gesichtspunkt strengster Freiheit überhaupt Sinn haben. Niemandem wird es hingegen einfallen, z. B. ein Pferd, welches einen Mann verletzte, vor Gericht zu ziehen. Denn dieses Pferd könnte antworten: Ich tat, wie ich meiner Natur nach mußte. Aber eigentlich bin ich gar kein „Ich". Zieht die Gattung oder die Natur vor Gericht! Sie sind der wahre Täter, das eigentliche Ich. „Ich" aber bin ein Nichts, bin nur ihr Werkzeug.

8

Über das Folgende darf man sich nämlich keiner Täuschung hingeben: Wer sich hochtrabend auf die „Ergebnisse der modernen Naturwissenschaft" (z. B. Vererbungs- und Konstitutionslehre) oder auf die „allgemeine Naturkausalität" beruft, um dadurch seinen eigenen Charakter und sein Verhalten „kausal zu erklären", mag vielleicht dem Laien mächtig imponieren. Der Sachkenner aber entdeckt darin leicht den Versuch, die eigene moralische Bequemlichkeit und Verantwortungsscheu „wissenschaftlich" zu decken. Echte, mutige Wissenschaftsgesinnung ist sich im Gegenteil jederzeit bewußt, daß sich die Tatsache menschlicher Freiheit für jeden strenge beweisen läßt, der nur überhaupt das menschliche Leben unvoreingenommen zu beobachten und zu überdenken vermag. Eine solche Beweismöglichkeit soll nun sogleich jetzt entwickelt werden, andere werden in späteren Kapiteln folgen.

Zunächst glauben viele Menschen, „Freiheit" bestehe lediglich in der von äußeren Störungen oder von äußerem Zwange freien Entfaltung eines Wesens. Eine Pflanze sei also frei, wenn sie ungehindert wächst, ein Tier frei, wenn es sich ungehindert bewegt und seinen Trieben nachgeht, ein Mensch frei, wenn er sein Temperament und seine Absichten ungehindert auslebt. Eine kurze Überlegung zeigt jedoch, daß in allen diesen Fällen von wahrer Freiheit nicht die Rede ist, weil hier überall die größte nur mögliche Gebundenheit eines Wesens besteht: nämlich die durch seine eigene Beschaffenheit. Eine Pflanze m u ß so wachsen, ein Tier sich so bewegen, ein Mensch zunächst sich so verhalten, w i e s i e s i n d. Die Lebens-Äußerungen sind also unfrei, weil sie nur Ausdruck des jeweiligen Wesens sind, das Wesen aber ist unfrei, weil es eben es selbst und kein anderes, mithin an sich selbst gebunden ist.

Gerade das Freisein von allen äußeren Nötigungen macht also die Urnötigung sichtbar, welche ein Wesen infolge seiner Wesensart in sich selbst trägt. Und diese Urgebundenheit ist unübersteiglich, solange ein Wesen nur einfach es selbst ist und mit sich selbig (identisch) ist. Ein Wesen müßte demnach irgendwie aufhören, es selbst zu sein, es müßte sich selbst übersteigen und über sich selbst hinausgelangen, e s m ü ß t e v o n s i c h s e l b s t u n d v o n a l l e n s e i n e n C h a - r a k t e r e i g e n s c h a f t e n f r e i w e r d e n k ö n n e n, u m i m s t r e n g s t e n S i n n e „f r e i", d. h. n i c h t m e h r a n s i c h s e l b s t g e b u n d e n z u s e i n. Aber das ist ja heller Wahnsinn und solcher Wahnsinn ist unmöglich — wird man sagen. Und doch! Er ist nicht nur möglich, sondern sogar, und in einer uns allen wohl vertrauten Tatsache, wirklich, — und diese Tatsache ist das menschliche Selbst-Bewußtsein.

Bewußtsein besitzt auch ein Tier, z. B. ein Eichhorn. Es erlebt, genau so wie auch der Mensch, seine Sym- und Antipathien, seine Triebimpulse sowie die Zustände seines Leibes (z. B. Hunger, Durst, Krankheit) und seiner Seele (z. B. Furcht, Freude, Ärger) und verhält sich diesen Zuständen entsprechend in der Außenwelt. Jede Tierart (die Ente ebenso wie das Huhn, der Frosch so wie der Schmetterling) lebt sich dar und aus, entsprechend ihrer Eigenart (Charakter), und genießt sich darin selbst in einer Art ursprünglichem, naturhaftem Egoismus. Man muß nur beobachten, wie z. B. die Schwalben ihr Wesen in ihren weiten Flugbahnen ebenso genießen, wie die Enten ihr andersartiges Wesen im Wassergeplätscher. Man erkennt dann klar: Jedes Naturwesen erlebt und genießt sich mit naiver Selbstverständlichkeit in seinem jeweiligen Dasein, und eben diese Selbstverständlichkeit gehört zum gattungsgebundenen, ich-losen Wesen der Natur.

Auch der Mensch ist nun zunächst ein solches träumerisch-erlebendes und sich darlebendes Naturwesen. Aber er ist es nur zunächst und bis zu einem gewissen Grade, und zwar erstens als kleines Kind, zweitens als Mensch fernvergangener mythischer Urzeiten oder gegenwärtiger Naturvölker, drittens als erwachsener Europäer, wenn er sich hemmungs- und verantwortungslosen Stimmungen hingabt, also z. B. von Alkohol oder Leidenschaften berauscht ist. Überall da hat er nämlich wohl, wie auch die Tiere, Bewußtsein, nicht aber Selbstbewußtsein.

Ein Mensch kann nun z. B. seine furchtsamen, reizbaren, mißtrauischen oder gewalttätigen Stimmungen einfach erleben und besitzt dann, wie auch das Tier, Bewußtsein. Er kann aber auch darüber hinaus zu einer Art plötzlichem Erwachen kommen, wo er sich dann, zu seinem mehr oder weniger großen Erschrecken, wie im Spiegel sieht und sich sagt: „Sieh mal einer an! Solche Stimmungen leben also in dir! Bisher kanntest du nicht die eigentlichen Motive deines Handelns, ja meintest sogar, alles aus selbstloser Liebe für die Mitmenschen zu tun. Nun aber siehst du plötzlich ganz andere Triebkräfte in dir am Werke! Bisher dachtest du z. B., dein einsames Leben beruhe auf stolzer Überlegenheit, jetzt mußt du entdecken, daß Unsicherheit und Angst vor Versagen dich von froher Geselligkeit fernhielten und dir die Maske der Unnahbarkeit aufzwangen etc.!" Oder Eltern sagen sich: „Bisher hielten wir unsere Tochter bei uns im Hause zurück, weil sie uns unselbständig schien, und wir ihr daher die Härten des Lebens ersparen wollten. Nun aber müssen wir zu unserem Erstaunen entdecken, daß wir selbst es waren, die sie, allerdings in unbewußter Absicht, kindlich und unselbständig erhielten und sie nicht wegheiraten ließen, weil wir darin unsere eigene elterliche Unentbehrlichkeit stolz genossen, auch nicht gerne allein zurückbleiben wollten und schließlich im Verborgensten auf unsern zukünftigen Schwiegersohn sogar eifersüchtig waren."

Im weiteren Verfolge solcher schmerzhaften Akte des Selbst-Bewußtseins ergibt sich dann, daß ein Mensch diese seine Charaktereigenschaften nicht nur einfach „hat" (wie ein Stein seine Härte) und „auslebt" (wie ein Stier seine Wildheit), sondern daß er um sie in immer vollerer Klarheit „weiß" und sie „schaut". Nun muß man sich aber darüber deutlich sein: Schauen kann ich nur etwas, von dem ich frei wurde. Schaue ich also letztlich mein eigenes Wesen, so muß ich mich gleichsam davon losgerissen haben, um es nun, wie von außen und wie von einem göttlichen Standpunkte aus, anschauen zu können.

Dies aber ist „Freiheit" im strengsten Wortsinne, Freiheit von sich selbst und von seinem Charakter. Solches Wissen um meine wahren Motive beseitigt freilich zunächst — ebensowenig wie ein Spiegel — meine Charaktereigenarten, läßt mich vielmehr — auch wie ein Spiegel — meine Gebundenheit durch meinen Charakter nur um so deutlicher sehen und beklagen. Selbsterkenntnis macht mich also wohl irgendwie frei von mir (sonst könnte ich mich nicht erblicken), stellt aber anderseits mit unerbittlicher Härte fest: So bist du! Das sind deine wahren Motive und Ziele!

Freiheit als wissende Überschau stellt also eine Notwendigkeit fest, die wir als Charakter und Schicksal an uns tragen (vgl. Goethe: „So mußt Du sein, Dir kannst Du nicht entfliehen!"). In dem Augenblicke jedoch, wo wir um eine gegebene Notwendigkeit wissen, haben wir die Möglichkeit, unser weiteres Verhalten danach einzurichten. Wer z. B. als Reiter die Eigenheiten seines Pferdes kennt, wird es leichter seinen Zielen dienstbar machen, als der Unkundige. Kann sich nun also ein Mensch sagen: „Schön! Ich neige also zu einer gewissen Scheu, Aufgaben und Verantwortungen auf mich zu nehmen, obgleich ich fachmännisch der Sache voll gewachsen bin. Auch bin ich leicht mißtrauisch und fühle mich zurückgesetzt. Dieses Wissen um meine Eigenheit aber kann mir nun gerade helfen, meine Hemmungen zu überwinden, ja selbst meine übetriebene Empfindlichkeit so zu wenden, daß sie aus einem Fehler zu einer positiven Kraft, z. B. zur Kraft peinlichster Gewissenhaftigkeit wird." Selbsterkenntnis gibt uns also die Möglichkeit, unsere Kräfte sowohl, als unsere Schwächen, wie Werkzeuge und so zu handhaben, daß daraus das Bestmögliche entsteht. Wir selbst sind dann Reiter und Pferd zugleich.

Nun aber geschieht noch ein Wunder: Wer sich nämlich im Spiegel des Selbst-Bewußtseins schaut, bleibt gar nicht der,

der er früher war, sondern verändert langsam sogar seine Charaktereigenschaften. Deshalb sagt man auch wohl zu einem Unbeherrschten: „Ich wollte, du könntest dich jetzt selbst im Spiegel sehen!" Weil wir aus eigener Erfahrung wissen: Charaktereigenschaften (Affekte, Triebe etc.), um die ich w e i ß , die haben etwas von ihrer zwingenden Gewalt verloren. Das bloße Sich-im-Spiegel-sehen erzeugt schon Gefühle der Scham oder Lächerlichkeit und wir können so auf Grund der Selbst-Erkenntnis unmittelbar an unsere Selbst-Verwandlung gehen. In der Selbst-Verwandlung wirkt aber dann ein höherer Grad von Freiheit, nämlich nicht mehr nur die Freiheit des Zu-Schauens (als Bild im Spiegel), das mich gerade meine charakterlichen Gebundenheiten schreckhaft sehen läßt, sondern hier wirkt Freiheit als substanzhafte Kraft des Selbst-Ergreifens und Selbst-Gestaltens. Hier weiß ich dann auch unmittelbar: „Ich bin Selbst-Schöpfer meines ganzen Wesens, weshalb auch das, was ich zunächst an meinem Charakter und an meiner Konstitution als Naturnotwendigkeit empfinde, doch letztlich auf meine freie Selbstschöpfung zurückgeht."

Dies weiß in der Tiefe seines Herzens jeder Mensch, der sich nicht unbewußt selbst belügt. Diesem ersten Beweise der Freiheit kann nun aber unmittelbar ein zweiter zur Seite treten. Das menschliche Selbst-Bewußtsein ist nämlich untrennbar mit dem Welt-Bewußtsein verbunden. Beobachten wir, um darüber Klarheit zu gewinnen, z. B. ein auf der Spur befindliches Raubtier: Ganz durchglüht von Hungertrieb stöbert es bald mit der Nase eng am Boden, bald wieder stille haltend und äugend und lauschend, über Wiesen und Felder. Es sieht aber nicht die Weite des Himmels, nicht das Licht, nicht Wolken, Blumen und Steine, denn sein ganzes Wesen ist erfüllt vom allbeherrschenden Triebe „Jagdbares Wild, etwas zum Fressen". Hat es aber schließlich den Hasen erspürt und ergriffen — so sieht es gar nicht den Hasen, nicht die Eigenart seines Felles, nicht seine wunderbaren Augen und merkwürdigen Ohren. Der

Hase als solcher kümmert es vielmehr überhaupt gar nicht. Es „betrachtet" ihn keineswegs, denn er ist für dieses Raubtier nur ein „Etwas", auf das sich der ganze Rausch seiner Jagd- und Freßinstinkte richtet. Und dieser Triebrausch bewirkt es, daß das Raubtier trotz der wunderbaren Feinheit seiner Sinnes- organe den Hasen als solchen nicht erkennt, also sehend blind, hörend taub ist[2].

Dies beweist uns, daß die Kraft, mittels welcher ein Mensch z. B. als Künstler und Wissenschaftler die Natur beobachtet, nicht aus den Sinnesorganen, aber auch nicht aus den Seelen- trieben, sondern aus dem Geist-Bewußtsein stammt und Frei- heit voraussetzt. Das Tier, aber auch alles bloß Seelisch-Trieb- hafte am Menschen, ist den Gegenständen seiner Umwelt gegenüber nicht frei: Ein Hase zwingt den Hund, ihn zu ver- folgen, eine Mücke die Schwalbe, sie zu erhaschen, ein Mensch das Reh, zu flüchten etc. Der Anblick eines bestimmten Gegen- standes ruft im Tiere unweigerlich die entsprechenden Trieb- handlungen hervor und diese verhindern jedes ruhige, sach- liche Beschauen. Läßt aber einmal ein Gegenstand das Tier gleichgültig (wie z. B. die Weite einer Landschaft oder des Sternenhimmels oder die Klarheit eines Kristalles), so beachtet es ihn gar nicht. Tiere besitzen nämlich nur die passive Auf- merksamkeit, bei welcher die Triebziele die Sympathie oder Antipathie des Tieres auf sich lenken, nicht aber die aktive Aufmerksamkeit, die sich in Freiheit diesem oder jenem Dinge zuwenden, aber sich auch wieder von ihm abwenden kann.

Man darf daher wohl sagen: Durch ihre mangelnde Er- kenntniswachheit unterstehen selbst noch die höchsten Tiere, ja selbst gelegentlich viele Menschen, dem dumpfen Zwange, der auf sie durch ein Zweifaches ausgeübt wird, erstens durch ihre eigenen Charakteranlagen und leiblich-seelischen Stim- mungen, Sympathien und Antipathien, zweitens durch die

---

[2] Diese Verhältnisse sind eingehend betrachtet in Otto Jul. Hartmann, Der Kampf um den Menschen in Natur, Mythos, Ge- schichte. München 1934.

Dinge und Ereignisse der Umwelt, z. B. wenn ein Hund einer Katze nachlaufen muß, oder ein unbeherrschter Mensch gar nicht anders kann, als einem ihm unsympathischen Mitmenschen unfreundlich zu begegnen. Alles, was an uns und an der Natur nur Leiblich-Seelisch ist, untersteht einem dumpfen Getriebenwerden, „ob wir wollen oder nicht". Nur der im Menschen erwachende Geist kann sagen: „Nein! Ich verzichte! Ich halte mich zurück!" Denn dieses Geistbewußtsein kann das leidenschaftliche Getriebenwerden durchschauen und ihm einen klaren Gedanken entgegenstellen.

Warum verurteilen wir denn z. B. einen Mann, welcher im Ehestreit seine Frau verletzte? Nicht weil er in Wut geriet (das beruht auf seinem leichterregbaren Temperament, welches vielleicht noch durch gewisse Lebensenttäuschungen, oder durch ein Leber-, Gallenleiden gesteigert war), sondern weil er es unterließ, seinem Affekt z. B. folgenden Gedanken als Gegenkraft entgegenzustellen: „Ach, meine Frau ist eben auch ein Mensch und ebenso wie ich selbst mit Schwächen und Eitelkeiten behaftet. Wir wollen doch lieber einander in der Überwindung innerer und äußerer Schwierigkeiten helfen, als scheltend oder tätlich aufeinander loszufahren. Mein Zorn jetzt, der mir zunächst so „heilig und gerecht" schien, ist doch auch nichts anderes als verletzte Eitelkeit. Nur verstehende und helfende Liebe ist wahrhaft heilig und gerecht."

Nur im Geist-Bewußtsein, besonders im Denken, sind wir also zunächst wahrhaft frei. Ein Beispiel macht das deutlich: Wenn ich die Urteile bzw. den Schluß bilde: A=B, B=C, also A=C, so bestimmen mich hierzu nicht irgendwelche Seelentriebe oder psychologische Assoziationen, sondern einzig und allein die logischen Bedeutungen dieser Begriffe selbst. Ich denke so, nicht weil ich irgendwie dazu gezwungen werde, noch weil ich es gewohnt bin, sondern weil es sachlich richtig ist und ich würde sogleich anders denken, wenn sich in meinen Urteilen oder Schlüssen ein Fehler befände. Die Wahrheit allein bestimmt mein Denken, und nur dann fühle ich mich wirklich frei, wenn ich mich ausschließlich vom Willen zur

Wahrheit leiten lassen. Hier ist keine Spur von „Zwang" oder „Kausalität", denn hier waltet allein der freie Entschluß zur Sachlichkeit.

Eine der wichtigsten Einsichten ist also: E s g i b t k e i n e F r e i h e i t d e s W i l l e n s , o h n e F r e i h e i t d e s E r - k e n n e n s . F r e i i s t „d e r a u s E r k e n n t n i s H a n - d e l n d e" (R. Steiner), denn dieser hat sich aller Verhaftung an sich selbst (seinen Charakter) oder an äußere Dinge ent- rungen. Unmöglich aber kann ein Mensch dann frei sein, wenn er, gleichsam mit Haut und Haar, in seinen Stimmungen, Sym- und Antipathien lebt und die Dinge und Mitmenschen nur dar- auf anblickt, was sie ihm bedeuten und wozu er sie gebrauchen kann. Ein solcher Mensch steht nämlich gleichsam zwischen sich und der Wahrheit, wodurch er sich diese nicht nur oft ganz verdeckt (z. B. jemand, der blind ist für die Bedürfnisse, Wünsche und Leiden seiner Mitmenschen), sondern, was noch schlimmer ist, sich und die Umwelt falsch und verzerrt sieht (z. B. eine hohe Meinung von sich, eine sehr mindere von allen anderen hat).

Ein solcher Mensch mag dann wohl stolz und aufgeblasen verkünden, daß er nur seinem „eigenen Wesen" folge und sich ganz von „seiner Eigenart" leiten lasse, und er mag sogar glauben, der „wahrhaft Freie" zu sein und auf andere, selbst- los-dienende und harte Pflichten erfüllende Menschen herab- sehen zu dürfen. Aber diese Freiheit ist nichts als Selbst- täuschung. Ein solcher Mensch untersteht freilich scheinbar keinem äußeren Zwang, um so mehr aber einem inneren Zwang, den seine eigenen Triebe, Stimmungen und Neigungen auf ihn ausüben, weil er sie nicht erkennt und sie folglich auch nicht kontrollieren, leiten und gestalten kann.

Hieraus ersieht man aber zugleich, daß die meisten Men- schen nur den äußeren Zwang als „Zwang" und die Freiheit zum Ausleben ihres eigenen Wesens als „Freiheit" empfinden, mithin die wahre Freiheit überhaupt nicht kennen. Deshalb verkünden dann manche Denker mit einem scheinbaren Recht: „Es gibt überhaupt keine Freiheit! Der Mensch ist nicht freier als ein fallender Stein, welcher auch glauben könnte, frei zu sein, wenn er ungehindert seiner Schwere nachgibt." Dagegen ist aber zu erwidern: Wüßte ein Stein um seine Schwere und um die Gesetze des Falles, so wäre er kein Stein mehr, sondern ein zu Selbst- und Weltbewußtsein erwachter Geist. Ein solches Geist-Bewußtsein aber hätte sich selbst und alles Seiende überstiegen, um darauf wissend herabzuschauen und besäße, kraft dieses sachlichen Erkennens, die Möglichkeit, in Freiheit, d. h. aus Einsicht zu handeln und in Freiheit, d. h. aus moralischem Gewissen sich selbst in Zucht zu nehmen und für seinen Charakter und seine Taten verantwortlich einzustehen.

3. Kap.: Freiheit und Schicksal.

Solche Überlegungen werfen aber auch ein Licht auf den Zusammenhang von Freiheit und Schicksal. So wenig wir nämlich unserem Charakter gegenüber frei sind, wenn wir uns nur einfach „ausleben" und „gehen lassen", und dieses vielleicht noch auf alle Weise beschönigen, so wenig sind wir frei gegenüber unserem Schicksal, so lange wir dessen eigentliche Ursachen nicht kennen.

Was ist und wodurch bekundet sich denn überhaupt „Schicksal"? Machen wir uns zunächst klar, was nicht Schicksal ist: Wenn z. B. jemand auf Grund physikalischer Erkenntnisse eine Waffe berechnet und sie dann auf Grund technischer Erfahrungen ausführt, so ist hier zunächst nichts von Schicksal zu bemerken, und zwar warum nicht? Offenbar, weil hier ausschließlich technisch-physikalische Ursachenzusammenhänge vorliegen, die zudem vom technischen Intellekt des Menschen klar überschaut und verwirklicht werden. Wohl aber geraten wir sogleich in die Nähe des Schicksals, wenn wir fragen: Warum hat denn dieser bestimmte Mensch überhaupt und ausgerechnet jetzt eine solche Waffe gebaut? Was wollte er denn damit? Wirkte in ihm vielleicht Angst vor seinen Mitmenschen, oder schlechtes Gewissen oder der dumpfe Trieb, einen vermeintlichen Feind (z. B. den Ehepartner oder Vorgesetzten) aus der Welt zu schaffen? Aus welchen Urtiefen seines Wesens und warum steigen denn diese Stimmungen und Triebe in ihm auf? Liegen die Gründe dafür vielleicht in lange zurückliegenden Zeiten? Etwa in vergangenen Enttäuschungen oder erlittenem Unrecht, die, oberbewußt längst vergessen, um so bohrender in den Seelentiefen nachwirken?

Man erkennt hieraus, daß man vom „Schicksal" erst dort sprechen kann, wo die Tiefen eines belebten, beseelten oder durchgeistigten Wesens in Frage kommen und sieht zugleich, daß sich diese Tiefen dem gewöhnlichen Tagesbewußtsein gänzlich entziehen. Unser Bewußtsein richtet sich nämlich von unserem Inneren weg auf die uns umgebende räumlich-materielle Körperwelt hinaus. Diese liegt vor uns ausgebreitet im hellsten Lichte unserer Sinnesbeobachtung und unseres Verstandesdenkens. Sie erscheint uns als die wahre und eigentliche Wirklichkeit, wie sie von Mathematik, Mechanik und Physik beschrieben und von der Technik praktisch ausgenützt wird.

Über die Einrichtungen und Zusammenhänge eines physikalischen Laboratoriums oder eines technischen Konstruktionsbüros können wir z. B. jederzeit genaueste Rechenschaft hinsichtlich Warum und Wozu geben. Deshalb sind wir hier auch ganz freie, souveräne Gebieter. Aber diese Freiheit und Klarheit bezieht sich eben nur auf diese ganz äußerliche, räumlichmechanische Seite der Welt [3]. Sobald wir jedoch in die Tiefen dringen, die sich bereits in den Lebensvorgängen der Pflanzen oder den Seelenstimmungen der Tiere und Menschen auftun, wird alles undeutlich. Diese Tiefen der Natur und der Mitmenschen außer uns sind aber dasselbe wie die Tiefen unseres eigenen Inneren. Nun erst werden wir auf folgende grundlegende Tatsache aufmerksam: Das, was wir „waches Erkennen" und „freies Handeln" nennen, bezieht sich zunächst

---

[3] Vgl. O. J. H a r t m a n n, Qualität und Quantität. Grundlagen der Naturwissenschaften. Zeitschr. f. d. ges. Naturwiss. II, 1937, S. 422 ff.

nur auf die äußerste Oberfläche unseres Wesens. Denn nur im Haupte, und auch da eigentlich nur in den Sinnesorganen und in der Großhirnrinde (d. h. im mechanisch-technischen Intellekt), wachen wir vollständig. Was sich in uns aber sonst an organischen Vorgängen abspielt (z. B. Blutkreislauf, Verdauung, Drüsentätigkeit, Atmung, Wärmebildung etc.), das versinkt in halb- und unbewußte Tiefen und steigt nur traumhaft als Stimmungen und Gefühle oder schlafhaft als Verlangen und Willenstriebe empor.

F r e i u n d w i s s e n d s i n d w i r a l s o z u n ä c h s t n u r i m B e r e i c h d e s M e c h a n i s c h - T o t e n. Es ist daher nur zu gut verständlich, wenn viele Menschen aus Angst vor den unbekannten Tiefen, die sich in Pflanze, Tier und Mitmensch auftun, einfach erklären: Auch hier wird alles nur durch mechanisch-materielle Ursachen bestimmt, wenn auch die Anordnung und Bewegung der Atome in einem Lebewesen komplizierter als in einem Steine ist! Noch dunkler und folglich unheimlicher ist aber das menschliche Schicksal. Hier erscheint daher dem menschlichen Verstande das allermeiste gesetzlos, zufällig oder gar unvernünftig.

Um dies recht deutlich einzusehen, frage man sich einmal das Folgende: „Woher komme ich eigentlich und wie ging es denn zu, daß ich empfangen und geboren wurde? Warum lebe ich denn jetzt und nicht am Beginne des 18. Jahrhunderts? Warum begegnete ich in meiner Jugend, durch merkwürdigste Fügungen, ausgerechnet diesem verehrten Manne, ohne den ich mir mein weiteres Leben gar nicht denken kann? Warum zog es mich in diese Stadt, in diesen Beruf und in diesen Freundeskreis? Warum durchkreuzte eine schwere Krankheit meine hochfliegenden Lebenspläne, ließ mich aber in einer Frau eine tapfere Kameradin finden?

Wer wagt es, auf solche Fragen wirkliche und nicht nur Scheinantworten zu geben? Ist jemand aber ehrlich genug, so kann er zunächst doch wohl nur folgendes darauf antworten: „Nun, eines Tages fand ich mich eben als kleines Kind plötzlich vor (vgl. das Zitat aus Jean Paul auf S. 2) und dann ging es so weiter: Es zog mich bald dahin, bald dorthin . . . Es überkam mich und da geschah es . . . Wir trafen uns eben und ich entschloß mich . . . Von Jugend auf war es mein Wunsch . . . Schon in meinen Kinderträumen spielte es eine Rolle . . . Ahnungen führten mich in diese Richtung . . . Wie eine innere Stimme sprach es zu mir: Tu das! und da tat ich es. Allen verstandesmäßigen Überlegungen zum Trotz ergriff es mich mit unwiderstehlicher Gewalt . . . Ich fand keine Ruhe, bis ich es tat . . . usw.

Machen wir uns also das Folgende ganz klar: Über die unmittelbaren und an der Oberfläche liegenden Zwecke und Absichten unserer einzelnen Handlungen können wir noch ziemlich genauen Bescheid geben, z. B.: „Ich kleide mich an, um auszugehen." Wir wissen auch noch Einiges über unsere dahinter stehenden Seelenstimmungen, z. B.: „Ich gehe aus, um meine Freundin zu treffen, die ich liebe," Vielleicht wissen wir auch noch Einiges über unseren Charakter, z. B.: „Ich möchte kein Treffen mit ihr versäumen, denn ich bin leicht eifersüchtig und mißtrauisch und ahne darin die Äußerungen mangelnder Selbstsicherheit und gewisser Minderwertigkeitsgefühle. Aber warum mich merkwürdige Zufälle gerade mit d i e s e m Mädchen bekanntmachten und ich mich zu ihr hingezogen fühle, obgleich sie weder meinem Typ entspricht, noch sonst besonders hübsch oder wohlhabend ist — das weiß ich nicht."

Wenn wir also über die wahren Kräfte, welche die Richtung unseres Lebens bestimmen, kein klares Wissen besitzen, so beweist das, daß wir den Tiefen unseres Schicksals gegenüber gänzlich unfrei sind. In der Tat, wer sein Schicksal wirklich beobachtet, wird immer wieder versucht sein zu sagen, er werde „geführt" und er „schwimme im Strome seines Schicksals". Ehrfurcht wird ihn erfüllen vor der wunderbaren Weisheit, die seinen Leib in der Embryonalzeit und Kindheit gestaltete und wachsen ließ, sein Seelenleben zum Erblühen brachte und ihn schließlich durch seinen weiteren Lebenslauf lenkte. Aber er wird zugleich sagen müssen: „Diese Weisheit und Kraft sind nicht Fähigkeiten meines oberflächlichen Ich-bewußtseins, sie müssen also in den Tiefen meines noch unerweckten Geistwesens wirken. Ich werde daher im Bereiche meines Lebenslaufes und Schicksals erst dann frei und wissend sein, wenn ich mein kleines Ichbewußtsein in jene Tiefen hinunter ausweite."

Fassen wir zusammen: Falsch ist es zu sagen, „der Mensch ist frei", oder „der Mensch ist unfrei"; richtig muß es lauten: „D e r M e n s c h k a n n m e h r u n d m e h r f r e i w e r d e n , w e n n e r s i c h u m E r w e c k u n g s e i n e s G e i s t - I c h u n d u m v o r u r t e i l s l o s e S e l b s t - u n d W e l t e r e k e n n t n i s b e m ü h t ." Er kann aber auch mehr und mehr in Unfreiheit fallen, wenn er den gefährlichsten Feinden seines Geist-Ichs nachgibt, der stolzen Anmaßung, der Trägheit und der Selbsttäuschung. Diese spiegeln ihm dann überlegene „Freiheit seiner Persönlichkeit" vor, während er nur ein Knecht seiner Stimmungen, Sym- und Antipathien ist. Oder sie erwecken in ihm die stolze Illusion, selbstlos seiner Pflicht zu dienen, während in Wahrheit Anlehnungsbedürfnis, Minderwertigkeitsgefühle oder Herrschsucht dahinter stecken.

4. Kap.: R ü c k - u n d V o r b l i c k e i n d i e G e s c h i c h t e .

So war es aber nicht immer. E r s t d a s B e w u ß t s e i n d e s n e u z e i t l i c h e n M e n s c h e n h a t s i c h n ä m l i c h e i n e r s e i t s f ü r d i e t i e f e r e n G e h e i m n i s s e d e s S c h i c k s a l e s i n u n s u n d d e r N a t u r a u ß e r u n s v e r d u n k e l t , u n d z w a r i n g e n a u d e m s e l b e n G r a d e , a l s e s a n d e r e r s e i t s z u m m o d e r n e n , m a t h e m a t i s c h - p h y s i k a l i s c h e n D e n k e n u n d z u m t e c h n i s c h - i n d u s t r i e l l e n H a n d e l n v o r d r a n g . Dem tieferen Charakter der Menschheitsgeschichte wird daher nur gerecht, wer die Geschichte weder einseitig als „Aufstieg", noch einseitig als „Verfall" beurteilt, sondern weiß, daß im Laufe der Entwicklung einerseits ganz neue Bewußtseinsfähigkeiten und damit neue Welten und

Tätigkeitsbereiche sich dem Menschen erschlossen, andere hingegen sich ihnen, wenigstens zunächst, verschlossen.

In altvergangenen mythischen Zeiten erlebte sich nämlich der einzelne Mensch noch nicht als ichbewußte Individualität, weil er noch wie eingebettet in die Natur, sowie in den Sippen- und Generationenstrom war. Götter und Mächte sprachen zu ihm aus den Weiten der Natur und Sternenwelt um ihn her, Götter und Mächte aber sprachen auch aus den Tiefen seines Inneren. Die bewundernswerte Weisheit solcher Zeiten hinsichtlich der Natur und der menschlichen Schicksale war aber nicht, nach Art neuzeitlicher Wissenschaft, durch die bewußte, forscherische Mühe des einzelnen Menschen erarbeitet; sie überkam vielmehr die Völker unmittelbar und traumhaft-instinktiv. Trotz aller Weisheit bestand daher damals keinerlei Freiheit. Das menschliche Leben vollzog sich vielmehr ganz im Zustande der Geführtheit und Übermächtigung durch innere und äußere Gewalten.

Dokumentarische Beweise für das eben Gesagte stehen uns heute in Menge zur Verfügung. Man denke nur z. B. an die germanische Edda, an die Mythologie der Griechen oder auch an viele noch lebende sogen. „Naturvölker". Was wir heute „materielle Natur" nennen, trat für das Bewußtsein solcher Menschen noch ganz zurück. Alles Materielle (Physikalisch-Chemische) war nur Vordergrund, war Geste und Physiognomik eines darin sich ausdrückenden Übersinnlichen; ganz so, wie wir noch heute Körpergestalt und Gesten eines Mitmenschen, unerachtet ihrer physikalisch-chemischen Materialität, als Ausdruck einer geistig-seelischen Persönlichkeit betrachten. Den Kampf lichtvoll-apollinischer Mächte, welche auch in der Klarheit des menschlichen Hauptes leben, mit aus dunklen Tiefen aufzüngelnden Drachenmächten, welche auch in den unbeherrschten Trieben und Leidenschaften des Menschen wirken, erlebte also z. B. der Grieche, wenn er seinen Blick einerseits auf sonnige, bienenbeflogene Bergwiesen, andererseits auf dampfende, ins Erdeninnere hinabführende Klüfte richtete. (Vgl. das Heiligtum des pythischen Apollon in Delphi.)

Dies nur ein Beispiel für viele, welches zeigt, in welchem Grade Menschen vergangener Zeiten in traumhafter Fernfühligkeit und Hellsichtigkeit mit der umliegenden Natur verwachsen waren. Ähnliche Verbundenheit bestand aber auch noch mit den Tiefen ihres eigenen Inneren. Eine germanische Erzählung berichtet uns z. B. wie ein Mann vor seinem Bauernhofe sinnend ins Weite starrt. Da schaut er plötzlich auf der Wiese vor ihm einen Bock, der blutend zusammenstürzt. Im Tiefsten beunruhigt, erzählt er dieses Gesicht einem Freunde, der ihm sogleich sagt: „Nimm dich in acht! Du hast deinen Folgezeit (Fylgie) geschaut, du wirst bald sterben!", und so geschieht es. Oder der umgekehrte Fall: Ein Seher sieht im Gefolge eines Königs mächtige Fylgjen und strahlende Götter einherfahren und weissagt ihm den Sieg. Zahlreiche Wahrträume beziehen sich auf die Zukunft der Sippe: Einer Frau erscheint eine hehre Gestalt mit langen goldblonden Haaren. Eine Locke fällt ihr dabei besonders auf und sie erfährt, daß sich hierin ein großer königlicher Enkel prophetisch ankündigt.

Gelegentlich erblickten z. B. altgermanische Menschen, besonders nach entsprechenden Gemütserschütterungen, noch die Seelengestalt Abgeschiedener im Lichtschein um den Grabhügel oder in der Herbstzeit im dahinstürmenden Seelenheere Wodans. Wo es nicht mehr anders geht, greifen magische Rituale helfend ein, um den Kontakt der Lebenden mit den Abgeschiedenen herzustellen. So schlachtet z. B. Odysseus einen schwarzen Bock und läßt dessen Blut in eine Grube rinnen, wonach sich alsbald die Seelengestalten abgeschiedener Freunde und Feinde zeigen und durch ihre Laute und Gebärden die Triebe, Gefühle und Gedanken verraten, welche sie während ihres Lebens und besonders im Augenblicke ihres Todes hegten.

Bei fast allen alten Völkern und keineswegs nur bei den alten Indern, finden wir nun aber auch ein Wissen um die Tatsache der wiederholten Erdenleben, der „Wiederverkörperung". Dieses Wissen ist klar in ältesten Zeiten, trübt sich hingegen in späteren durch allerlei phantastisches Beiwerk und geht schließlich ganz verloren. Erhalten bleibt zunächst noch das Wissen um ein vorgeburtliches und nachtodliches Dasein, d. h. um die Ungeborenheit und Unsterblichkeit des Menschenwesens, bis endlich auch hier eine Verdunkelung eintritt und der Mensch sein Dasein ausschließlich durch Geburt und Tod begrenzt wähnt. Diese Verdunkelung gegenüber den eigenen Wesens- und Schicksalstiefen, sowie gegenüber den geistigen Hintergründen der Natur und des Kosmos wird nun wettgemacht durch ein helles, ja man kann sagen, blendend helles Bewußtsein gegenüber den Tatsachen und Gesetzen der räumlich-materiellen Körperwelt (Moderne Mathematik, Physik, Technik).

Den Untergang alter übersinnlicher Weisheiten nannten die Germanen treffend „Götterdämmerung". Man kann nun fragen: Was geschah mit den alten Göttern und den alten Seherkräften? Wohin haben sie sich zurückgezogen? Die Antwort darauf kann nur lauten: sie entschwanden vor dem Licht des neuen Bewußtseins in die Tiefen des Un- und Unterbewußten, „sie warfen (wie Novalis in den „Hymnen an die Nacht" sagt), den Schleier der Nacht über sich". Ja, man kann sogar behaupten: sie machten eine Metamorphose durch und erschienen in verwandelter Gestalt als „wissenschaftliches Denken", als „selbstverantwortliches Handeln" und als „persönliches Gewissen". Es ist ein großartiger Gedanke, sich sagen zu können: Götter „starben", damit freie Menschen geboren würden! Sie opferten sich hinein in die Eigenkräfte der menschlichen Individualität. Die mythische Göttergeschichte und hellseherische Weisheit wird abgelöst von der Geschichte der Menschen und einer sich auf exakte Beobachtung und strenges Denken stützenden Wissenschaft. Die neuzeitlichen Menschen nahmen die Verantwortung für ihr künftiges Schicksal selbst auf sich und dürfen in Zukunft keinen Teufel und keinen Gott mehr für das verantwortlich machen, was sie sich selbst bereiten.

Das volle Maß solcher freien Verantwortung lastet freilich erst seit wenigen Jahrzehnten auf uns, seit nämlich die Machtmittel unseres Verstandes und unseres Willens (Technik und

Organisation) sich ungleich stärker entwickelten, als Geisterkenntnis und Liebe. Nun erhebt sich die Frage: können die
Menschen auf die Dauer ihr Erden l e b e n aufopfernd und
pflichttreu führen, wenn ihr D e n k e n vom Materialismus beherrscht ist, sie also z. B. in der Geburt einen absoluten Anfang, im Tode ein absolutes Ende und in der Entwicklung des
Erdenplaneten, wie auch im ganzen Kosmos, ausschließlich das
Wirken materieller, physikalisch-chemischer Stoffe und Kräfte
sehen? Im 19. Jahrhundert war es den Menschen noch möglich, gleichsam eine „doppelte Rechnung" zu führen: Im wissenschaftlichen Denken waren sie Materialisten und bildeten
sich mächtig viel ein z. B. auf die „freigeistige" Leugnung der
individuellen Unsterblichkeit. Ihr praktisches Leben wurde
hingegen noch ganz von den halb- oder unbewußten religiösen
und moralischen Kräften der Vergangenheit getragen. Heute
jedoch sind diese Traditionskräfte verbraucht! Die materialistische Denkgesinnung beginnt auch das Fühlen und Wollen
zu ergreifen. Sie höhlt die Seelen selbst innerlich aus und bereitet einen moralischen und sozialen Nihilismus vor.

So beginnt also das moderne, zur Freiheit intellektuellen
Denkens und technischen Wollens erwachte Ichbewußtsein
ganz wesentlich in der Wüste des Nicht-Wissens und der Ver-
lassenheit, und das ist auch, gleich zu Beginn des Goetheschen
Dramas, die Lage Faustens.

Es gibt heute verschiedene Bemühungen, darüber hinaus-
zukommen. Man lernt wieder Märchen, Sagen und alte
Bräuche schätzen oder spricht sogar ernsthaft von einer
geistigen „Uroffenbarung" am Beginn der Menschheitsgeschichte. Aber, und das ist das Verhängnisvolle, die geistige
Wirklichkeit wird entweder nur in der Vergangenheit selbst,
oder doch in einer vergangenen Erlebnisform gesucht. Entweder man „glaubt" an Geistesoffenbarungen der Vergangenheit (z. B. Dogmatik der christlichen Kirche) und sucht an
altes Kulturgut traditionell anzuknüpfen (z. B. Erneuerung altgermanischer Brauchtümer) oder man will zwar unmittelbar,
aber auf den Wegen überlebter Magie und Spiritualität, in

Geistbereiche wieder vordringen (z. B. Spiritismus, Mediumismus, indische Theosophie, moderner Yoga).

In allen diesen Fällen errichtet man aber nur außerhalb der modernen technisch-intellektuellen Zivilisation ein abgesondertes Bereich, in welchem man ungestört „religiös glauben" oder „spiritistisch zaubern" kann. Mit Recht lehnen daher die berufenen Vertreter moderner Wissenschaft und Technik diese Wege ab, weil sie die intellektuelle Redlichkeit lieben und, aller vorzeitlicher Magie und Weisheit gegenüber, in der exakten Beobachtung und im klaren Verstandesdenken nie wieder preiszugebende Errungenschaften der menschlichen Freiheit erblicken. Sie irren jedoch insoferne, als sie an der weiteren Entwicklungsfähigkeit des menschlichen Bewußtseins verzweifeln und dieses auch für alle Zukunft in die Erkenntnisgrenzen einsperren möchten, welche nach außen durch die materielle Körperwelt, nach innen durch die gegenwärtige Form unseres Wahrnehmens und Denkens gegeben sind.

Demgegenüber muß aber gefragt werden: steckt nicht vielleicht unser gegenwärtiges wissenschaftliches Erkennen noch in den ersten Kinderschuhen und ist es nicht möglich, d u r c h e i n e W e i t e r e n t w i c k l u n g g e g e n w ä r t i g e r E r - k e n n t n i s k r ä f t e , d u r c h e i n e V e r t i e f u n g d e r B e o b a c h t u n g u n d e i n e V e r s t ä r k u n g d e s D e n - k e n s d e n m e t h o d i s c h e i n w a n d f r e i e n D u r c h - b r u c h i n e i n e ü b e r m a t e r i e l l e G e i s t e s w e l t z u g e w i n n e n [4]? Ein solches höheres wissenschaftliches Bewußtsein durchbräche dann den doppelten Schleier, der sich zunächst im Gefolge der Großtaten moderner Naturwissenschaft und Technik über die Welt ausbreitete: 1. den Schleier nach innen über den Tiefen unseres Menschenwesens und über den Schicksalsgeheimnissen des Zeitenstromes, also über

---

[4] Eine Darstellung der erkenntnistheoretischen Grundlagen dieses Weges muß hier aus Raummangel unterbleiben. Man vgl. aber R. S t e i n e r : Rätsel der Philosophie, 1926, Bd. 2, S. 216 ff. D e r s. Wahrheit und Wissenschaft, 1925. O. J. H a r t m a n n , Der Mensch im Abgrunde seiner Freiheit, 1932.

den Fragen: „Wer bin ich? Woher komme und wohin gehe ich?" 2. den Schleier nach außen über den Tiefen der Natur und über den Hintergründen der räumlich-materiellen Körperwelt, also über den Fragen: „Welche Kräfte gestalten Pflanzen und Tiere und auch meinen eigenen Leib? Und wie hängen schließlich die Schicksalstiefen meines Innern mit meinem leiblichen Dasein und äußeren Lebenswege zusammen?"

In der Tat, dies ist möglich! Goethe als erster hat versucht, durch eine systematische Schulung seiner Seelenkräfte eine Art Hellsichtigkeit zu erlangen und gerade durch das nüchternste „denkende Anschauen" der körperlich-materiellen Naturerscheinungen in ein Übersinnlich-Geistiges vorzustoßen[5]. Für die Zukunft werden freilich weniger die einzelnen Ergebnisse, zu denen er gelangte, als die Methoden, die er befolgte, Bedeutung haben. Hierbei ist aber besonders das Folgende zu beachten: Das alte mythisch-magische Geistwissen setzte die Herabdämpfung des klaren Tages- und Ich-Bewußtseins voraus, ja war sogar an eine bestimmte Leibesbeschaffenheit gebunden. Es war insoferne verwandt dem Träumen, bzw. gewissen Verhältnissen im Tierreich, wenn z. B. Zugvögel das Herannahen des Herbstes vorher wissen und nun, ohne jede äußere Orientierungsmöglichkeit, in großen Höhen Tausende von Kilometern über Länder und Meere fliegen und trotzdem mit nachtwandlerischer, trancehaft-medialer Sicherheit ihre Zielorte erreichen. In späteren Zeiten versuchte man dann, diese verdämmernden Naturkräfte durch gewisse Verrichtungen (Atem-Übungen, Kasteiungen, Rauschgifte, Hexensalben, magische Tänze und Zeremonien) noch hervorzuholen. Ganz im Gegensatz dazu zielen nun aber die Bemühungen Goethes nicht auf eine mediale Herabdämpfung, sondern auf eine ichdurchdrungene Steigerung des Tagesbewußtseins hin und sind so die direkte Fortsetzung des Strebens

---

[5] Wer sich darüber genauer unterrichten will, lese Goethes naturwissenschaftliche und methodologische Schriften bzw. R. S t e i n e r : Einleitung in Goethes naturwiss. Schriften. D e r s. Grundlinien einer Erkenntnistheorie der Goetheschen Weltanschauung, 1924.

der modernen Naturwissenschaft, Technik und Mathematik nach größter Beobachtungsschärfe und Gedankenklarheit.

Auf die Aktivität unseres freien Bewußtseins kommt hierbei alles an. Diese ist freilich beim modernen Menschen groß im Vergleich zu den träumerischen Zuständen alter mythischer Weisheit. Aber ihre Größe reichte bisher nur dazu aus diese alte Weisheit zum Verdämmern zu bringen und ein physikalisch-technisches Weltbild zu entwerfen, nicht aber, um durch die sinnlich-materiellen Vordergründe der Welt hindurchzustoßen und ein neues freies, ichwaches Geistwissen zu erlangen über Geburt, Tod und Wiedergeburt des Menschen.

Solche Art Wissenschaftsgesinnung setzt freilich die Überzeugung von der Entwicklungsfähigkeit des menschlichen Bewußtseins und den Willen voraus, gegebene Erkenntnis- und Bewußtseinsgrenzen zu überschreiten — sie zu überschreiten nicht durch gefühlshafte Schwärmerei oder abstrakte Spekulation, s o n d e r n d u r c h e i n Ü b e n. Im Sport überschreiten wir stets bisherige Grenzen, weil wir hier schon heute aktiv üben und Gymnastik des Körpers treiben. Wer aber treibt Gymnastik seiner Seelenkräften durch Übungen in Konzentration und Meditation, wodurch eine „Verdichtung ihres inneren Wesens sich offenbart, das im gewöhnlichen Bewußtsein nicht wahrgenommen werden kann? Die hier gemeinte Seelenarbeit besteht in der unbegrenzten Steigerung von Seelenfähigkeiten, welche auch das gewöhnliche Bewußtsein kennt, die dieses aber in solcher Steigerung nicht anwendet. Es sind die Fähigkeiten der Aufmerksamkeit und der liebevollen Hingabe an das von der Seele Erlebte" (R. Steiner).

Mit Recht wird heute allenthalben von der Notwendigkeit der Überwindung des Intellektualismus gesprochen. Diese Überwindung geschieht jedoch noch nicht dadurch, daß man sich von gedanklich-wissenschaftlicher Betätigung ab- und dem willenshaft-sportlichen oder gefühlshaft-instinktiven Leben zuwendet. Man setzt dabei ja nur an Stelle einer Einseitigkeit eine andere. Es müssen vielmehr gerade die wissenschaftlichen Gedanken so vertieft werden, daß sie nicht nur den

Kopf, sondern den ganzen Menschen bis herab zu den Beinen ergreifen und umgekehrt Gemüt und sittlicher Wille die Gedanken durchpulsen. Willensgetragenes, willensdurchfeuertes Denken —, „Gedanken, die selbst ein Herz haben" (R. Steiner), — das ist es, worauf es heute ankommt! Das ist Auferstehung eines neuen Menschen, wie sie Goethe erlebte, als er im Faust die Worte schrieb:

<blockquote>
Christ ist erstanden aus der Verwesung Schoß!
Reißet von Banden freudig euch los!
</blockquote>

Sichlosreißen von den Banden der Trägheit, Illusion und Dünkelhaftigkeit! Das heißt den Keim des Geist-Ichs, den „Menschen im Menschen" erwecken. Dieser Keim ist als Funke aus einer göttlich-geistigen Welt in die Tiefen jeder Seele gelegt. Hier keimt er. Hier kann er auch von meiner Seele, wie von einer Mutter, genährt und endlich geboren werden!

5. Kap.: Mensch und Tier.

Sollen die vorhergehenden und folgenden Untersuchungen einen sicheren, wissenschaftlichen Boden haben, so dürfen wir keine Mühe scheuen, uns über die wahre Wesenheit des Menschen restlose Klarheit zu verschaffen. Bis herauf in die Zeiten des deutschen Idealismus (um 1800) sprach man mit einer gewissen Selbstverständlichkeit von der individuellen geistigen Wesenheit jedes Menschen. Seit der Mitte des 19. Jahrhunderts erfolgte hingegen der Aufschwung naturwissenschaftlichen, physikalisch-chemischen und besonders biologischen Denkens (z. B. Abstammungslehre, Gehirnphysiologie, Rassen- und Vererbungslehre), wodurch man sich veranlaßt sah, im Menschen ein Lebewesen unter vielen anderen, sozusagen nur ein besonders schlaues und mächtiges Tier zu sehen.

Merkwürdigerweise besteht hier aber folgender Widerspruch: Zur selben Zeit als sich der menschliche Geist in

Wissenschaft, Technik und Wirtschaft mächtig entfaltete und die europäische Kultur ihren Siegeszug über die Erde hin antrat, ging dieser Kultur alles Wissen um das „Ewige im Menschen" verloren und sie betrachtete den Menschen nur als eine Art „besseren Affen". Dieser Widerstreit der Weltweite und Macht europäischen Geistes mit der bornierten Enge der zoologischen oder biologischen Theorien über den Menschen ist geradezu erschreckend.

Das muß anders werden! Aufgabe wahrer Wissenschaftlichkeit ist es daher heute, die Frage nach dem Menschsein so zu stellen und zu beantworten, daß pseudowissenschaftliche Kurzschlüsse vermieden werden und wir ein Bild unseres Menschseins gewinnen, welches der wirklichen Größe menschlicher Kultur und Geschichte entspricht.

Am leichtesten gelingt dies zunächst auf dem Gebiete wissenschaftlicher Biologie, dort, wo der Wesensunterschied von Mensch und Tier in Frage steht. Da wir hierüber heute eine Reihe von Darstellungen besitzen[6], sei hier nur kurz auf drei Eigentümlichkeiten hingewiesen, die dem Beobachter des Tierreiches auffallen:

1. Das Tierreich zeigt eine Fülle technisch-werkzeuglicher Einrichtungen. Man denke an die Flügel der Vögel, die Flughäute der Fledermäuse und Saurier, die Flossen der Fische, an die Stelz-, Grab-, Kletter-, Klammer- und Schwimmfüße, an die bald als Meißel oder Beißzange, bald als Löffel oder Pinzette geformten Schnäbel, sowie endlich an die Sperrvorrichtungen, Scharniere und Hebel der Skelette usw. Diese technischen Einrichtungen werden aber natürlich vom Tiere nicht wie äußere Werkzeuge gehandhabt, weil sie Teile des tierischen Leibes sind.

2. Weiterhin ist es einer physiognomischen Betrachtung möglich, jede tierische Gestalt als Ausdruck einer ganz be-

---

[6] M. S c h e l e r , Stellung des Menschen im Kosmos, 1928. H. P o p p e l b a u m , Mensch und Tier, 1927. L. B o l k , Problem der Menschwerdung, 1926. O. J. H a r t m a n n , Kampf um den Menschen, 1934. D e r s. Erde u. Kosmos, 1938, u. „Menschenkunde", 1941.

stimmten, einseitigen Seelenkraft, Gemütsstimmung oder Geste anzusehen. Man erinnere sich der trägen Ruhe des Nilpferdes, der nervösen Hast der Maus, der Kraft des Löwen, des fahrigen Gehüpfes mancher Vögel, der Angriffswut des Iltis, der scheuen Flüchtigkeit des Rehs, oder schließlich der verschiedenen „Temperamente" unserer Pferde- und Hunderassen.

3. Endlich kann man in jeder Tierform (besonders in den Instinkten) die Darstellung ganz bestimmter Willensrichtungen und Handlungsweisen erblicken, die zwar mit nachtwandlerischer Weisheit und Sicherheit, zugleich aber mit automatenhafter Unfreiheit ablaufen, sobald die entsprechende Situation gegeben ist. Besonders die staatsbildenden Insekten (Bienen, Termiten, Ameisen) sind buchstäblich die „Verkörperungen" wunderbarster sozialer und moralischer Kräfte.

Jede einzelne Tierart ist demnach gleichsam ein leibgewordener Gedanke (technische Konstruktion), eine leibgewordene Gefühlsstimmung und eine leibgewordene Willensrichtung. Man kann daher auch nicht sagen, ein Tier „besitze" den jeweils von ihm verkörperten Gedanken, Gefühls- und Willensimpuls, weil es im Gegenteil ganz und gar davon „besessen" und beherrscht wird. So erklärt sich dann auch die nachtwandlerisch sichere Weisheit der Tiere in den ihnen instinktmäßig vertrauten Lebenslagen, aber auch ihr oft völliges Versagen in anderen Situationen. Weiter ergibt sich daraus die Warnung, weder ein einzelnes Tierindividuum, noch auch die Arten und Gattungen als wahre, für sich bestehende Ganzheiten zu betrachten, weil infolge ihrer Einseitigkeit jede einzelne Tierform auf andere, sie ergänzende Tierformen hinausweist (z. B. der Vogel auf den Fisch, oder die Schlange auf den Schmetterling) und erst in der Gesamtheit des Tierreiches ein in sich geschlossenes Ganzes, der Tier-Kreis vorliegt. Das ganze Tierreich ist mithin die auseinandergelegte Verleiblichung eines geistig-seelischen Gedanken-, Gefühls- und Willenskosmos.

In diesem geistig-seelischen Kosmos, — nicht aber in der einzelnen Gattung oder gar im einzelnen Individuum, — ist die schöpferische Ursache der Tierformen zu suchen, dasjenige also, welches in den leibgewordenen Gedanken, Gefühlen und Willensrichtungen des Tierreiches das eigentlich Denkende, Fühlende (Sprechende) und Wollende ist. In diesem geistig-seelischen Schöpferkern liegen die Ursachen sowohl des einheitlichen Bauplanes der einzelnen Tierart, als auch des Zusammenhanges aller Einzelbaupläne zum System des Tierreiches, wie es der Zoologe erforscht. Für das Pflanzen- und Mineralreich wäre Ähnliches in entsprechender Abwandlung zu sagen.

Dieser schöpferische „Kern der Natur" (Goethe) tritt in der Natur selbst nirgends unmittelbar in Erscheinung, weil die Natur der Inbegriff vereinseitigter und erstarrter Sondergestalten ist. Der „Kern der Natur" ist also auch in der Natur selbst verborgen, aber: „Ist nicht Kern der Natur Menschen im Herzen"? (Goethe). In der Tat! Der Mensch macht aus seinem Kopf keinen Meißel, wie der Specht, keinen Wühlrüssel wie das Schwein, kein Greif- oder Reißorgan wie das Raubtier; er macht aus seinen Armen keine Flügel und Flossen, keine Grabschaufeln und Klammerapparate, aus seinen Beinen keine Ruder oder Stelzen, trägt dafür aber in sich die Kräfte eines Denkens und Wollens, welche nicht nur alle tierischen Apparate und Instinkte klar erkennen, sondern darüber hinaus das Reich der Technik schaffen können.

Die menschliche Gestalt hält sich also ferne von allen einseitigen Gedanken-, Gefühls- und Willensrichtungen, welche sich jeweils in tierischen Formen verleiblichen. Sie staut dadurch dasjenige, was im Tierreich vielgestaltig und traumhaft — unfrei nach außen durchbricht und sich materialisiert, nach innen zurück und trägt dadurch den geistigen Schöpfergrund der ganzen Natur selbst in sich. Der Specht z. B. verkörpert in seinem Schnabel unwissend und zwanghaft den „Begriff des Meißels", den der Mensch frei und wissend denken kann, etc.

Im menschlichen Geiste schlummern aber keineswegs etwa nur die abstrakten Ideen der Mathematik oder Mechanik, sondern ebenso sehr, wenn auch schwerer erweckbar, die Ideen aller Pflanzen- und Tierformen. Wie durch die sinnliche Berührung z. B. mit einem Kochsalzkristall, in unserem Geiste die Idee des Würfels (der Rechtwinklig- und Rechtflächigkeit) erweckt wird und wir nun mittels der apriorischen Idee des Würfels das Wesen des Kochsalzkristalles (wenigstens in einer bestimmten Hinsicht) erkennen, so erwachen durch die sinnliche Berührung mit Tieren und Pflanzen in unserem Geiste die entsprechenden Lebens- und Seelen-Ideen und wir erkennen dann durch unser eigenes mikrokosmisches Geistwesen das Wesen dessen, was sich draußen in Pflanzen und Tieren darlebt. In unserem Erkennen lebt dann die selbe Geistgestalt, welche draußen in der Natur, z. B. im Weizensamen oder im Hühnerei wirkt und daraus den Weizenhalm bzw. das Huhn hervortreibt.

Wie hier nicht weiter zu beweisen ist, beruht nämlich alle Erkenntnis 1. nach außen auf einem Durchstoßen des Schleiers der Sinneswahrnehmung; 2. nach innen auf einem Durchstoßen unseres Alltagsbewußtseins. Unser eigenes erwecktes und aktiviertes Geistwesen findet dann in sich, was zugleich an Lebens-, Seelen- und Geistkräften den Erscheinungen der räumlichen, materiellen Natur zugrunde liegt. Bevor wir aber zur Erkenntnis erwachen, starren wir, ohne es zu wissen, in den Gesteinen, Pflanzen und Tieren ein Stück eigenes Wesen und Schicksal an, welches sich dort im Zustande tiefer Verhülltheit durch den Sinnenschein und tiefer Begrabenheit im Körperlich-Materiellen befindet. „Verzaubertes Weben des eigenen Wesens" (R. Steiner), dem erst die Geist-Erweckung ein Ende macht!

Die Naturreiche sind also die Fragen, der erweckte Mensch die Antwort, und die menschliche Leibesgestalt nichts anderes als die Erscheinung des Geist-Ichs, eines Geist-Ichs, welches in Freiheit alle möglichen Gedanken denken, Worte sprechen, Gefühlsstimmungen erleben und Handlungen vollziehen kann.

Freilich ist auch der Mensch zunächst ein Glied der Natur: er teilt mit den Gesteinen den materiellen Körper, mit den Pflanzen den lebendigen Leib, mit den Tieren seelische Empfindung und Triebbewegung. Sofern er jedoch darüber hinaus ein Geistwesen ist, welches die Naturreiche erkennend überschaut, schließt der Mensch die Natur ab, ist er ihre mikrokosmische Ganzheit und ihr Ende und folglich

Abb. 1.

Der aufrechte Mensch, mit den Beinen willenskräftig die Erde (Würfel) berührend, mit dem Haupte gedankenwach zum Himmel (Sphäre) aufragend, die Arme welt- und du-offen ausgebreitet, in den Händen das Pentagramma (den fünfstrahligen Menschen), als Zeichen der Verbindung von Erde und Himmel. (Nach Agrippa von Nettesheim, Magische Werke, Neuausg. Berlin 1921, Bd. 2.)

selbst kein naturhaftes, sondern ein übernaturhaftes Wesen.

Im Menschen endigt das Reich der Notwendigkeit, Getriebenheit und Ich-losig-

keit (also die Natur) und beginnt das Reich
der Freiheit, der Selbst-Bestimmung und
Selbst-Erkenntnis.

Es gibt nun eine Tatsache, welche unmittelbar diese Son-
derstellung des Menschen offenbart. Diese Tatsache ist ebenso allbekannt wie wunderbar, — es ist der aufrechte
Stand. Viele Tiere stehen nun zwar auf zwei Beinen, z. B.
die Vögel, aber weder sie, noch selbst die höchsten Affen
zeigen wahre innere Aufrichtung. Dies ließe sich durch ein
erdrückendes anatomisches und physiologisches Tatsachen-

Abb. 2.

Ein sog. „Menschenaffe" (Hylobates), wie ein Schwach-
sinniger dahertorkelnd. (Nach Brehm.)

material beweisen. Statt dessen aber fühle man sich nur einmal in die beistehenden Abbildungen ein, deren eine einen
Menschenaffen, deren andere eine menschliche Gestalt, aufgerichtet zwischen Erde und Kosmos, zeigt[7].

Der Affe: schlürfender Stand, eingeknickte, schlotternde
Knie, gebeugtes Hüftgelenk und daher vornüber fallender,
krummer Rücken, eingedrückte Brust, herabgesunkener Kopf!
So schlürft und schwankt er über den Boden dahin; unten, in

---

[7] Vgl. C. H. Stratz, Naturgeschichte des Menschen, 1904;
Sieglbauer, Lehrbuch der Anatomie; C. G. Carus, Symbolik
der menschl. Gestalt, 1925, sowie die Handbücher der Orthopädie.

den Beinen zu schwach, oben, in Schultern und Kopf zu lastend, — ein jammervolles Bild innerer Schwäche und Haltungslosigkeit! Warum aber wirkt ein „schreitender" Affe lächerlich, nicht aber ein schreitendes Pferd? Weil das Pferd ganz und gar die Schönheit des Tieres zeigt, der Affe jedoch den Menschen äußerlich kopiert ohne ihn innerlich zu erreichen.

D e r M e n s c h : elastisch-federnder Stand, durchgedrückte Knie, gestreckt-gespanntes Hüftgelenk und daher aufgerichteter Rücken mit hohem Kreuz, offene Brust, zurückgenommene Arme, erhobenes Haupt! So ergreift er von innen her seinen Leib, richtet ihn auf und stellt sich fest in das Schwerefeld der Erde, indem er es zugleich überwindet. So schreitet er gestrafften, federnden Ganges dahin, unten in den Beinen sich kräftig auf den Boden stellend und den Leib der Schwere anvertrauend, oben sich schwerelos aufrichtend und das Haupt den lichtvollen Weiten des Kosmos anvertrauend.

Im Gegensatz zum Affen, zeigt die menschliche Haltung nicht nur eine mehrfach und wunderbar gekrümmte, elastischfedernde Wirbelsäule, sondern ganz besonders die bedeutsame Polarität von „Oben und Unten", Aufrichtekraft und Leichtigkeit des Hauptes und Schwerkraft und Erdenwillen der Beine, also die Polarität von Erkennen und Wollen. Willenshaft und unerschütterlich stellt sich der Mensch mit seinen Beinen auf den festen Grund, „Hier stehe ich!" und empfängt im Rückstoß von der Erde die willenhafte Aufrichtekraft seines ganzen Leibes. Zugleich aber erhebt er sein Haupt sinnend nach oben und verbindet sich mit den Weltgedanken. Ausgespannt in die Richtung nach oben und unten und ausgespannt in die Polarität des Erkennens und Wollens, trägt er aber in der Mitte die offene, zum Singen und Sprechen befähigte Brust und die freibeweglichen Arme. D i e s e s i n d g a n z b e s o n d e r s e i n B i l d d e r F r e i h e i t , d e r F r e i h e i t , d i e s i c h i m G l e i c h g e w i c h t d e r M i t t e b e k u n d e t .

Doch genug dieser Zusammenhänge, mit denen sich ein ganzes Buch füllen ließe! D e n n d i e a u f g e r i c h t e t e menschliche Gestalt tönt uns eigentlich nur ein einziges, gewaltiges Wort entgegen: Ich bin! Ich bin ein Geistig-Denkender, ich bin ein Seelisch-Fühlend-Sprechender, ich bin ein Irdisch-Wollender. Und ich bin dazu berufen, auf allen drei Gebieten nach und nach zur vollen Freiheit und Ichbewußtheit zu gelangen!

Die aufgerichtete menschliche Gestalt ist also die unmittelbare physische Erscheinung eines freien, zur Erkenntnis und Moralität berufenen Geistes. Wenn irgendwo, so ist hier alles Anatomisch-Physiologische unmittelbar auch ein Geistig-Moralisches. Man nehme diese Worte nicht als dichterische Phantasie, sondern als Wahrheit, die sich durch ein erdrückendes medizinisches Erfahrungsmaterial beweisen ließe. Jeder Knochen, jedes Gelenk, jedes Band, jeder Muskel eines erwachsenen, zum freien Gang gelangten Menschen sagt uns immer nur das eine: Ich gehöre einem ichbewußten Wesen, einem Geist-Träger und keineswegs einem nur-beseelten Tiere oder gar einer nur-lebendigen Pflanze an.

Daher gelangt nun auch das Kind erst in dem Grade zum freien Stande, als sein Geistwesen den Leib von innen her ergreift, strafft und aufrichtet. Die Stufen des Stehen- und Gehenlernens sind Stufen der Inkarnation. Alle Störungen dieses Vorganges (anatomische, wie z. B. der Klumpfuß, physiologische, wie Rachitis, allgem. Entwicklungshemmung, wie Idiotie, Pflegefehler, die zu Rückenkrümmungen führen, etc.) bedeuten daher zugleich mehr oder weniger schwere Störungen der Ichentwicklung des Kindes. Auch die Art, wie sich der Erwachsene „hält" (steif wie ein Ladestock, oder in sich zusammensinkend und erschlafft wie ein Mehlsack, oder endlich elastisch-gestrafft von innen her), kündet vom Grade seiner Ich-Durchdrungenheit, und kann dem Sachkenner vieles über Erziehung, Lebenslauf und Charakter des betreffenden Menschen lehren. Als Inbegriff aller Hilfsleistungen, welche wir einem Mitmenschen entgegenbringen, kann daher gelten: ihn aufzurichten und ihm zur Auf-Richtigkeit zu verhelfen.

Der Wortsinn der deutschen Sprache zeigt hierbei bereits den innigen Zusammenhang zwischen der physisch-leiblichen und geistig-moralischen Tatsache dieser Aufrichtung und Aufrichtigkeit.

Schließlich mache man sich folgendes klar: durch seinen materiellen Körper trägt ein menschliches Geistwesen nicht nur die Erdenschwere im allgemeinen, sondern auch noch die besondere Schwere seines persönlichen Schicksals. D e r k i n d l i c h e   K a m p f   u m   d a s   E r g r e i f e n ,   A u f r i c h t e n   u n d   f r e i e   B e w e g e n   d e s   L e i b e s   i s t   d a h e r z u g l e i c h   e i n   B i l d   f ü r   d e n   K a m p f   d e r   F r e i h e i t   m i t   d e m   S c h i c k s a l ,   d .   h .   m i t   a l l e m ,   w a s u n s   a n h ä n g t   u n d   b e l a s t e t . Hier bestehen mehrere Möglichkeiten: Man kann sich vom Schicksal niederdrücken und passiv treiben lassen, oder man kann es innerlich ergreifen und sich, trotz seiner Schwere, aufrichten. Dann wird gerade die Härte unseres Schicksals zum „festen Boden", auf dem unsere Freiheit steht und seine Masse zu „Skelett und Werkzeug", womit wir uns frei bewegen.

Dies vermag kein Tier! Es kann ebensowenig sein Schicksal wie seinen Leib ergreifen und aufrichten, denn es kann sich nicht wissend gegenübertreten. Deshalb lebt es traumhaft — getrieben und ohne Möglichkeit zur „Wandlung" aus den Kräften seines gattungshaften Leibes und seines gattungshaften Schicksals. Dies wird endgültig jedem klar, der beobachtet, wie ichbewußte Menschen oder z. B. Hühner oder Kühe über eine Wiese „schreiten".

6. Kap.: D e r   M e n s c h   i m   M e n s c h e n.

Bisher sprachen wir immer schlechthin von „dem" Menschen. Aber gibt es denn überhaupt diesen „Menschen"? Ist er nicht nur ein wesenloser Sammelname, seit wir wissen, daß jeder einzelne konkrete Mensch als Angehöriger einer Rasse, eines Volkes und Stammes von anderen Menschen durch un übersteigliche Verschiedenheiten getrennt ist? Es ist wohl ersichtlich, daß die richtige Beantwortung dieser Fragen für alles Weitere entscheidend sein muß. In möglicher Kürze sei daher folgendes gesagt:

Moderne Rassen- und Vererbungsforschung hat zweifellos die Zugehörigkeit jedes Einzelmenschen zu einer bestimmten Gruppe (Rasse, Volk, Sippe, Familie etc.) erwiesen. Insofern unterscheidet sich der Mensch nicht von den Tieren, wo es auch „das Tier schlechthin" nicht gibt, sondern nur Tiere bestimmter Gattungen. Im Bereiche dieser naturhaften Gattungen beobachtet man nun folgendes: Da gibt es z. B. Fliegen und Molche, Kröten und Regenwürmer, Katzen und Mäuse etc., aber keine Tiergattung hat jemals die Eigenart einer anderen Gattung wahrhaft erblickt, sieht sie also entweder überhaupt nicht, oder beachtet sie nur als „Etwas zum Fressen" bzw. als „Feind zum Fliehen". Wer dies bezweifelt, überlege doch einmal, ob er jemals gesehen habe, daß ein Tier sich einem anderen in liebevollem Verständnis zugewendet hätte, etwa wie ein Arzt einem Patienten? Selbst dort nämlich, wo wir sog. soziale Hilfeleistungen beobachten (Brutpflege, gemeinsame Beutezüge oder Verteidigung), geschieht dies lediglich in blinder, instinkthafter Sympathie, aber nicht aus Erkenntnis und freier Hingabe. Sowenig aber eine Gattung jemals „Verständnis" für eine andere Gattung aufbringt, sowenig hat auch ein Tier derselben Gattung sich selbst jemals in Wahrheit erblickt. Oder kann man sich vorstellen, daß ein Huhn sich sagt: „Schön, ich bin also ein Huhn, und unterscheide mich durch diese meine Eigenschaften von der Gans dort!"

Auch ein Mensch ist nun, wenigstens sofern er nur ein „Naturwesen" ist, für die Eigenarten und Bedürfnisse andersgearteter Menschen mehr oder weniger blind. Wir genießen daher im Zusammentreffen mit Menschen gleicher Artung unsere Ähnlichkeiten in Gefühlen der Sympathie und Zusammengehörigkeit, werden hingegen durch Menschen anderer Artung zu Gefühlen der Antipathie oder Gleichgültigkeit veranlaßt. Mit dem Artverwandten verbindet uns unmittelbarer stimmungshafter Gleichklang, man kann sich „einfühlen" und glaubt daher zu „verstehen"; vom Artverschiedenen hingegen trennt uns unmittelbarer Mißklang, weshalb wir das Artfremde „unverständlich" finden. So „versteht" dann eben z. B. der Deutsche den Deutschen, nicht aber den Franzosen, oder der beherrschte Täter findet das Verhalten des fahrigen Schwächlings, der Egoist den großzügig Schenkenden, die Frau das Verhalten des Mannes „unverständlich" und daher oft genug „dumm" oder „empörend". Auf dieser Ebene freuen wir uns alle über das uns Verwandte, denn wir fühlen uns dadurch selbst bekräftigt, ärgern uns aber über das uns Fremdartige, weil es uns, — unbewußt und uneingestanden —, an uns selbst unsicher macht. Gleichgültig aber, ob es sich in solchen Fällen um Verständnis oder Unverständnis, Beistimmung oder Widerspruch handelt, so liegt doch der egoistische, selbstsüchtige Charakter aller solcher Verhaltungsweisen offen zutage.

Wer aber die These: „Nur das Artverwandte kann man verstehen", ganz ernst nähme, müßte erklären, daß jeder Mensch eigentlich nur sich selbst ganz verstehen könne, weil er nur sich selbst ganz artgemäß sei. Das aber ist eben ganz offensichtlich nicht der Fall. Freilich fühlt sich jeder von uns zunächst in seiner eigenen Haut und eigenen Gesellschaft am wohlsten, er lebt sich aus und genießt sich. Aber gerade diese egoistische Selbstgefälligkeit verdeckt ihm seinen wahren Charakter, so daß oft jeder andere mehr über mich weiß, als ich selbst. Und doch bin ich mir selbst am ähnlichsten!

Diese Betrachtungen bestätigen durchaus früher Gesagtes, daß nämlich echte Erkenntnis grundsätzlich anderes als bloßer sympathischer Zusammenklang und echte Freiheit anderes als bloßes Ausleben der eigenen Artung ist. W i l l i c h v i e l m e h r m i c h s e l b s t u n d a n d e r e e r k e n n e n, s o m u ß i c h i n r e s t l o s e r S e l b s t l o s i g k e i t v o n j e g l i c h e r V e r h a f t u n g a n m i c h, a l s o v o n a l l e m A r t g e m ä ß e n a b s o l u t f r e i g e w o r d e n s e i n. Die Grundfrage ist also offenbar: Ist der Mensch nur ein biologisches, in den Kreis seiner Artung eingeschlossenes

Wesen, oder kann er darüber hinaus sich zum Geiste erheben, ja selbst Geist sein?

Das Wesen des Geistes aber wird uns aus folgender Überlegung klar: L e i b l i c h sind wir, sofern wir im sinnlichen Wahrnehmen auf eine materielle Umwelt gerichtet sind, die ebenso vergänglich ist als unser eigener Leib. S e e l i s c h sind wir, sofern wir die Eindrücke der Außenwelt innerlich empfinden und darauf mit Gefühlen der Zu- und Abneigung antworten. G e i s t i g aber sind wir, sofern wir uns zum ewigen Wesen der Dinge und der moralischen Prinzipien erheben, ja selbst ewig sind. Nur ein geistiges Wesen sucht nicht das Seine, nicht Bedürfnis und Behagen, sondern „als gleichsam göttliches Wesen" (Goethe), einzig das, was ist und sein soll. „Ein jedes Ding der Natur wirkt nach Gesetzen. Nur ein vernünftiges Wesen hat das Vermögen, nach der Vorstellung der Gesetze, d. h. nach Prinzipien zu handeln oder einen Willen" (Kant, Grundlegung zur Metaphysik der Sitten, 2. Aufl. 1786). Ob wir dieser Forderung schon gewachsen sind, ist freilich eine andere Frage. Dennoch verstehen wir sie alle und wissen uns schon im Streben danach einem Reiche allgemeingültiger, göttlicher Geistigkeit zugehörig und entwickeln den Keim des Geist-Ichs in uns [8].

Die Frage ist also diese: Sind wir ausschließlich Glieder einer bestimmten Menschenartung (Rasse, Volkstum, Charakter), oder umgibt uns darüber hinaus eine, im Unendlichen verdämmernde Sphäre von Allhaftigkeit? Bin ich wirklich nichts anderes, als diese engumgrenzte bürgerliche, N. N. genannte, Persönlichkeit oder habe ich den Keim in mir, mehr und ganz anderes zu werden? Bin ich nur diese enge Wirklichkeit oder auch eine allmächtige Möglichkeit? Nur dann kann ich nämlich mich selbst wirklich erkennen und zugleich auch der Eigenart anderer Charaktere, Rassen und Völker

---

[8] K a n t , Grundlegung zur Metaphysik der Sitten, 2. Aufl. 1786; O. J. H a r t m a n n , Der Mensch im Abgrunde seiner Freiheit, 1932; R. S t e i n e r , Theosophie, 1922. Ders., Geheimwissenschaft, 1925.

wirklich gerecht werden. Praktisch beantwortet diese Frage jedermann heute mit Ja, denn wir besitzen ausgedehnte Wissenschaften, welche sich mit nichts anderem, als mit sachlicher Menschenkenntnis beschäftigen (Charakterologie, Rassen- und Völkerkunde, Geschichte und Kulturgeschichte).

Was in uns aber so fragt und forscht, das dürfte mit Recht der „Mensch im Menschen" genannt werden. Beginnt dieser in mir zu erwachen, so sind ihm andersartige Menschen nichts Fremdes mehr, sondern er erkennt in ihnen verborgenste Möglichkeiten des eigenen umfassenden Geistwesens und erblickt sich selbst in anderen Charakteren, Rassen und Völkern wie im Spiegel. Dann aber ergibt sich das Folgende: Muß nicht nur mit Goethe gefragt werden: „Ist nicht Kern der Natur Menschen im Herzen"? sondern auch: „Ist nicht der Kern aller Menschenformen und Menschengeschicke Menschen im Herzen?" Erlebt sich nicht das Geist-Ich jedes von uns als mikrokosmischer Inbegriff aller einzelnen und vereinseitigten Menschenformen (Rassen, Völker, Stämme, Mitmenschen) und Menschenschicksale? Kann es für dieses Geist-Ich in mir überhaupt etwas Artfremdes und Unverständliches geben? Ist es nicht vielmehr vom weltweiten Streben wahrer Liebe ergriffen und will mit Faust „mein Selbst zu ihrem Selbst erweitern"!

Zunächst sage ich freilich mit Recht: „Ich bin Norde und dort steht ein Dinarier! Ich bin Mann und dort steht eine Frau! Ich habe diesen Charakter und Schicksalsweg, und dort steht ein gänzlich andersartiger Mensch! Ich bin eben Ich — und alles andere ist mir wesensfremd und folglich unverständlich, gleichgültig oder feindlich!" Solche Stimmungen sind nun zwar biologisch durchaus normal, vom Geist-Ich aus gesehen aber nur Zeichen satter, egozentrischer Bequemlichkeit. Was sich nämlich hier als „Ich-bin" gebärdet, ist das falsche, ichsüchtige, nicht das wahre „Ich-bin". Letzteres muß sich vielmehr fragen: „Bin ich wirklich nur, was ich zunächst bin, diese, N. N. genannte, Persönlichkeit? Trage ich nicht die Möglichkeit zu ganz anderen Begabungen, Fähigkeiten und

Schicksalen in mir? Lebt nicht in mir z. B. auch ein Weibliches, das ich nur deshalb nicht entfalte, weil ich in diesem Leben das Männliche entfaltete? usw."

Dann aber genügt mir offenbar dieses eine Erdenleben, das ich gegenwärtig als dieser N. N. führe, nicht. Es ist mir zu enge und einseitig, weil ich darin nicht mein ganzes Wesen auf einmal verwirklichen konnte. Was aber als unverwirklichte Möglichkeit in mir schläft, das drängt über dieses eine Leben hinaus, und zwar sowohl in die Vergangenheit als auch in die Zukunft.

Dies ist in der Tat eine ungeheure Folgerung, welche dennoch tief im menschlichen Erleben wurzelt und im Laufe der letzten zwei Jahrhunderte verschiedentlich ausgesprochen wurde[9]. Die rassischen, volklichen und stammeshaften Gliederungen der Menschheit erscheinen von diesem Gesichtspunkt aus, als vom Naturhaft-Biologischen der Erde bereitgestellte Materialien und Werkzeuge, welche die ewigen Geist-Iche ergreifen, um sich daraus ihre jeweils ganz bestimmten Schicksale aufzubauen. Die verschiedenen, durch Vererbung fixierten Menschenarten (Rassen, Völker, Stämme, Familien) bieten den Geist-Ichen jeweils ganz verschiedene leiblich-seelische Erlebnis- und Wirkungs-Möglichkeiten. Wir sind daher veranlaßt, strenge die ewige geistige Individualität (das Geist-Ich, den Menschen im Menschen) zu unterscheiden von der jeweiligen bürgerlichen Persönlichkeit und können dann sagen: Die durch mehrere aufeinanderfolgende Erdenleben gehende geistige Individualität verhält sich zu den einzelnen, jeweils zwischen Geburt und Tod eingeschlossenen N. N. genannten Persönlichkeiten (die bald Gelehrte, bald Krieger, bald Männer, bald Frauen etc. sind) wie die umfassende Gattung zu den untergeordneten Individuen. Während also

---

[9] Vgl. E. Bock: Wiederholte Erdenleben. Die Wiederverkörperungsidee in der deutschen Geistesgeschichte, 1932, mit vielen Originalzitaten.

z. B. die einzelne Amsel lediglich Repräsentant ihrer Gattung ist, besitzt jeder einzelne Mensch den Wert einer Gattung, deren Individuen freilich nicht (wie die einzelnen Amseln) nebeneinander im Raume, sondern nacheinander im Zeitenstrome leben. Auf dem Wege zur ewigen geistigen Individualität müssen wir daher gerade das Bereich des bloß-Naturhaften, Leiblich-Seelischen, d. h. unsere N. N. genannte bürgerliche Persönlichkeit überwinden, so schwer uns das auch fällt.

Solches Bewußtsein seines individuellen Geist-Ichs kann freilich erst der moderne Mensch entwickeln, weil in früheren Zeiten dieses Ich noch mehr oder weniger vollständig im Gruppenseelenhaften der Rassen-, Völker- und Sippen-Schicksale schlief. Alte Kulturen, wie z. B. die der Ägypter, Chinesen, Peruaner oder Babylonier, entwickelten sich daher streng autark aus ihrem eigenen Wesen, ohne sich viel um einander zu kümmern, es sei denn, man entlehne Fremdes zu eigenem Hausgebrauch oder bekriege und vernichte es. Blind, und nur mit sich selbst beschäftigt, gehen die alten Völker und Kulturen aneinander vorüber. Sogar die Götter sind ausschließlich Volksgötter. Nur als Angehöriger eines Stammes oder einer Stadt, nicht als einzelner für sich besitzt man zu ihnen Zugang, denn diese Götter sprechen durch das Ahnenblut, in welches man nur „hineingeboren" werden, zu dem man sich aber nicht „bekennen" kann.

Freilich entspringen die einzelnen Rassen und Völker, ebenso wie die einzelnen Tier- und Pflanzen-Formen, dem geistigen Urgrund einer schöpferischen Natur. Um diesen selbst jedoch wissen die Tiere und Pflanzen ebenso wenig, wie die ursprünglichen Rassen und Völker. Im Bewußtsein der letzteren spiegeln sich vielmehr, in Gestalt art- und landschafts-eigener Volksgötter, nur die verengten und vereinseitigten Schöpfermächte ihres eigenen Wesens. Ihr Bewußtsein vermag ebenso wenig zum Ichhaft-Geistigen in jedem einzelnen Menschen, als (im Gefolge davon), zur Erkenntnis des all-einen väterlichen Weltengrundes selbst durchzustoßen,

aus welchem die Vielheit aller Menschenrassen und Stammes-
götter entspringt.

Heute aber ist es anders! Denn innerhalb
bestimmter Rassen und Völker hat begonnen das Geist-Ich der einzelnen menschlichen Individualität zu erwachen. Dieses ist
unmittelbar ein „Kind" des väterlichen Weltengrundes, trägt
also in sich einen Funken des Geistes, aus dem sowohl die
Vielgestaltigkeit der Naturreiche, als auch die Vielgestaltigkeit des naturhaften Menschenreiches (der Rassen, Stämme,
Völker und Sippen) entsprang. Was hier einseitig und vielgestaltig auseinandergelegt ist, das lebt als schöpferische Einheit und Kraft im väterlichen Weltengrunde und kann auch vom
Geist-Ich des einzelnen Menschen in sich erweckt werden.

Die naturhaften Gliederungen menschlicher Rassen,
Stämme und Völker wird es freilich, wie alles Naturhafte, auch
künftig geben, und für die Fortsetzung dieses Naturhaft-Biologischen wird, nach wie vor, dasjenige sorgen, was wir „Vererbung" nennen. Aber die Bedeutung hat sich gewandelt.
Diese biologischen Gliederungen können in Zukunft ebenso
wenig ein Alles und Letztes sein, wie die alten Volksgötter.
Denn unmittelbar aus dem väterlichen Schöpfergrunde alles
Seins kam ein Geistfunke und wurde in das Sippen-gebundene
Leiblich-Seelische jedes einzelnen Menschen versenkt, um dort
als „Ich" zu erwachen. (Vgl. Meister Eckhart!)

Dieses „Ich" und seine individuellen Schicksale werden in
Zukunft immer mehr Bedeutung gewinnen. So wird sich über
den naturhaft-biologischen Menschengliederungen, etwas wie
ein Reich der Geist-Iche (der „Menschen im Menschen") bilden
und ebenso, wie die Menschen durch ihre naturhaften Abstam-
mungsverhältnisse voneinander getrennt wurden, werden sie
nun durch ihre erweckten, dem väterlichen Weltengrunde
entstammenden Geist-Iche miteinander vereinigt und können
sich gegenseitig verstehen. Wie das Licht der Sonne alle
Dinge, sie mögen noch so verschieden sein, erleuchtet und sein
Leuchten keine charakterlose Leerheit, sondern höchste Macht

und Liebesfülle ist, s o b e d e u t e t a u c h d a s E r w a c h e n des Geist-Ich keineswegs charakterlose Internationalität oder etwa gar den Versuch, die Unterschiede der Völker und Rassen zu vermischen und zu verwischen. Wohl aber kann es in Zukunft alles Naturhaft-Rassische durchstrahlen und eine sonnenhafte Geist-Ich-Rasse vorbereiten. (R. Steiner.)

Dasjenige Volk wird dann die Führung der Erde übernehmen, dessen Angehörige in härtester Selbst-Erkenntnis und Selbst-Erziehung zur Selbstlosigkeit des Geist-Ich gelangen und dieses auch in den Menschen anderer Völker erwecken und so die Neugestaltung der Erde in Gang bringen. Jeder kann sich dann sagen: „Ich lebe nicht nur in der engen Umgrenztheit meines Ortes und meiner Zeit! Denn die Erdoberfläche ist, wie die wahre Zeit, rund, d. h. läuft endlich in sich selbst zurück. Was daher jetzt und hier geschieht, breitet sich wellenförmig aus und gelangt schließlich in seinen Folgen schicksalhaft zum Ausgang zurück. So ist jeder für alle und für alle Zukunft mitverantwortlich und gestaltet, ohne es zunächst zu ahnen, durch sein Verhalten zu anderen Menschen, mit an seinem eigenen Schicksal." Damit sind wir bei den letzten Fragen angelangt, die uns, nach entsprechenden Vorbereitungen, später ausführlich beschäftigen sollen.

II. Teil:

DIE VERKÖRPERUNG DES MENSCHEN
IN EMBRYONALZEIT, GEBURT UND KINDHEIT.

(Fragen der Pädagogik.)

1. Kap.: Die embryonale Leibesentwicklung als Geistesoffenbarung.

Im ersten Teile dieser Schrift versuchten wir Wege zu beschreiten, die geeignet sind, in uns Erwachsenen den Kern des eigentlichen, geistigen Menschenwesens zu erwecken. Wir sind jedoch nicht nur geistige, sondern auch leibliche Wesen, ja es müssen sogar langwierige Leibesentwicklungen vorausgegangen sein, ehe jenes Geisterwachen im Erwachsenen möglich ist, von dem der erste Teil sprach. Wie hängt nun überhaupt des Menschen Geistig-Seelisches mit seinem Physisch-Leiblichen zusammen und woraus entspringt sein Ich-Bewußtsein? Dies sind Fragen, zu deren Beantwortung eingehende Kenntnisse biologischer, physiologischer und entwicklungsgeschichtlicher (embryologischer) Art nötig sind. Wir wollen uns das Verständnis hierfür durch einige Hinweise auf moderne, biologische Erfahrungen anbahnen[1].

Mit gewissen niedrigstehenden, unsern Badeschwämmen verwandten Tieren machte man folgendes Experiment: Man zerschnitt und zerhackte ein solches Tier bis zu Brei. Diesen preßte man dann noch durch ein feines Sieb, um sicher zu sein, daß jeglicher Zusammenhang der einzelnen Gewebezellen untereinander zerstört sei. Zum größten Erstaunen der Forscher bildete sich jedoch nach einiger Zeit aus dieser formlosen, breiigen Masse wieder ein vollständig durchgestaltetes Tier!

---

[1] Vgl. B. Dürken, Entwicklungsbiologie und Ganzheit, 1936; H. André, Urbild und Ursache, 1931.

Oder ein anderer Fall: Schneidet man einem Wassermolch den Schwanz ab, so bildet sich an der Schnittfläche nach einiger Zeit eine Vorragung, welche langsam weiter wächst. Sie besteht zunächst aus vollständig gleichartigen Gewebezellen. Bald jedoch machen sich in dieser gleichartigen Masse Differenzierungen bemerkbar, und man sieht daraus die verschiedenen Gewebe hervorgehen, welche für den Schwanz eines Wassermolches kennzeichnend sind. Diese neugebildeten Gewebe vereinigen sich nun mit den ihnen gleichartigen Geweben an der ehemaligen Schnittfläche, so daß bald eine völlige Wiederherstellung gegeben ist. In ähnlicher Weise können von solchen Tieren ganze Arme und Beine ersetzt (regeneriert) werden. Auch das Ausheilen einer Hautwunde beim Menschen gehört hierher.

In ähnlicher Weise wachsen gewisse niedere Würmer wieder zum Ganzen aus, selbst wenn man sie halbierte oder viertelte. Noch kleinere Stücke tun dies nicht mehr, zeigen aber dafür ein noch größeres Wunder: Es bilden sich nämlich die differenzierten Gewebe und Organe zurück, bis ein rundliches Klümpchen, gleichartiger undifferenzierter Zellen entsteht. Aus diesem Zellhaufen bildet sich dann, ähnlich wie aus einem gefurchten Ei, ein neuer, nur entsprechend kleiner Wurm.

Oder ein anderer Fall: Schneidet man an einem Nadelbaum den Gipfelsproß ab, so richtet sich alsbald der ihm zunächst gelegene Seitensproß auf und übernimmt die Führung. Auch Laubbäume (z. B. Linden) gleichen einseitige Verstümmelungen ihrer Kronen durch Wachstum solange aus, bis sie wieder die für ihre Art kennzeichnende Umrißgestalt haben. Jeder einzelne Zweig wächst nicht willkürlich, sondern genau so stark, als es für die Harmonie mit allen andern Zweigen nötig ist. Er springt daher auch sogleich durch vermehrtes Wachstum oder veränderte Richtung in die Bresche, wenn sein Nachbar kränkelt oder ausgeschnitten wurde.

Alle diese Erfahrungen der wissenschaftlichen Biologie beweisen, daß die Entwicklungs- und Gestaltungsvorgänge der

Lebewesen nicht durch die physikalisch-chemischen Kräfte der Materie, aber auch nicht durch die Kräfte der einzelnen Körperzellen und Körpergewebe bewirkt werden, sondern daß hierzu die Wirksamkeit eines übermateriellen und überkörperlichen Kraftfeldes nötig ist — mag man dieses Kraftfeld nun „gestaltungsmächtiges Organisationsfeld" (H. André) oder „ätherische Bildekräfte" (R. Steiner) nennen. Von noch höheren Kräften hängt es dann weiterhin ab, ob diese Bildekräfte den Leib einer Pflanze, eines Tieres oder endlich eines Menschen formen. Auf diese Unterschiede ist hier nicht einzugehen. Wesentlich ist für uns nur die einwandfrei festgestellte Wirksamkeit einer übersinnlichen Geistgestalt, welche die materiellen Stoffe und Kräfte, Zellen und Gewebe durchdringt und sie so leitet, daß dadurch der physische Leib eines Lebewesens nicht nur entsteht, sondern auch zeitlebens erhalten wird.

Die Leib-Gestalten, d. h. die materiellen Körper der Tiere, Pflanzen und Menschen sind also nichts anderes, als durch die irdische Materie gleichsam ausgefüllte und sichtbar gemachte Geist-Gestalten. Diese sind das eigentlich Schaffende, jene nur der grobmaterielle Abglanz, der ohne sie als Leiche sofort zerfiele. „Im Tun liegt also das Wesen des Organismus, nicht in seinen Substanzen. Die Organisation ist nicht ein Stoffzusammenhang, sondern eine Tätigkeit" (R. Steiner).

Ein Gleichnis solcher Vorgänge haben wir bereits auf physikalischem Gebiete: Feiner Eisenstaub zwischen die Pole eines Magneten, oder sonstiger feiner Staub auf eine erklingende Glas- oder Metallplatte gestreut, ordnet sich alsbald zu bestimmten Linien und Figuren an. Niemand wird hier sagen, die Kräfte zu diesen Formen säßen im einzelnen Eisen- oder Staubpartikelchen, weil man weiß, daß die Partikelchen sich in einem umfassenden, über den Raum hin ausgespannten Kraftfeld befinden und nur die materiellen Angriffspunkte dieses Kraftfeldes sind. Noch etwas aber ist wichtig: streuten wir nicht im physikalischen Experiment in solche Kraftfelder feine materielle Teilchen, so wüßten wir nichts von jenen, denn solche Kraftfelder sind unkörperlich und deshalb bereits übersinnlich. In ähnlicher Weise werden für uns aber auch die höheren Kraftfelder und Geistgestalten der Welt erst dadurch sichtbar, daß sie in das Irdisch-Materielle eingreifen und sich eben aus Samen, Knospen oder Eiern die Leiber der Pflanzen, Tiere und Menschen entwickeln. In diesem Sinne kann d i e g a n z e N a t u r a l s e i n v i e l g e s t a l t i g e r u n d u m - f a s s e n d e r E x p e r i m e n t a l v e r s u c h v e r s t a n d e n w e r d e n , w e l c h e r d e n R e i c h t u m e i n e r s o n s t u n s i c h t b a r e n ü b e r s i n n l i c h e n W e l t v e r s i n n - l i c h t u n d g l e i c h s a m m a t e r i a l i s i e r t .

Die höchste Form der Versinnlichung eines Übersinnlichen, welche in sich den ganzen Reichtum tierischer und pflanzlicher Formen als Mikrokosmos umfaßt, ist die menschliche Leibwerdung während der Schwangerschaft. Die Embryonalentwicklung ist die erste und grundlegendste Betätigungsform des menschlichen Geistwesens. Sie ist sein Urschicksal. Ur-Schicksal geschieht also, sofern ein Menschenwesen gerade in d i e s e m Mutterleibe (und dadurch in dieser Rasse, Volkheit, Landschaft und Geschichtsepoche) sich verkörpert. Lange bevor daher von bewußten geistig-seelischen Leistungen (Erkennen, Fühlen, Handeln) nach außen hin gesprochen werden kann, liegt in der Ausbildung des Embryos so etwas wie eine Ur-Tat und ein Ur-Gedanke menschlichen Wesens vor. Nietzsche hatte Recht zu sagen: Dein Leib ist deine große Vernunft. Er sagt nicht „Ich", er tut „Ich"!

Hiermit haben wir nun auch die Voraussetzungen zur Beurteilung des Zusammenhangs des Geist-Seelischen mit dem Physisch-Leiblichen gewonnen. Wissenschaftliche Übereinstimmung dürfte heute darüber bestehen, daß Raum und Materie untrennbare Wechselbegriffe sind. Einerseits können nämlich nur materielle Körper räumliche Bestimmungen (Ort, Lage, Größe, Beziehung) besitzen, andererseits ist aber auch alles, was räumliche Bestimmungen hat, eben dadurch als körperlich-materiell gekennzeichnet. Hieraus ergibt sich aber die zwingende Folgerung: Dem geistig-seelischen Menschenwesen dürfen keine räumlichen Bestimmungen zugeschrieben werden. Es ist weder „irgendwo", noch hat es eine bestimmte, in Metermaß oder Kilogramm ausdrückbare Größe. Alle Versuche, es irgendwie im Leibe des Menschen zu „lokalisieren" (sei es im ganzen Leibe, oder nur im Kopf, oder auch nur im Gehirn), sind gänzlich dilettantisch und wissenschaftlich unhaltbar. An anderer Stelle wurde eingehend gezeigt, daß Geistig-Seelisches deshalb nicht irgendwo innerhalb des Raumes sein kann, weil es überräumlich ist und als solches die ganzen Weiten des Raumes und damit alles Neben- und Auseinander der Körperwelt umspannt. Unser ewiges Geistwesen ist also nicht etwa „in" unserem Körper und an diesem engen „Hier" des Raumes, es ist vielmehr weltweit und trägt unseren Körper „in" sich. D e r m e n s c h l i c h e K ö r p e r i s t d e m n a c h n i c h t d e r S i t z , w o h l a b e r d e r A n g r i f f s - u n d O f f e n b a r u n g s p u n k t d e s m e n s c h - l i c h e n G e i s t w e s e n s , w e l c h e s s i c h i n i h m a u s ü b e r s i n n l i c h e n u n d ü b e r r ä u m l i c h e n W e l t - w e i t e n i n d a s s i n n l i c h e u n d r ä u m l i c h e D a - S e i n h e r e i n s p i e g e l t[2].

Der erste Schritt dieser Hereinspiegelung ist die embryonale Entwicklung unseres Leibes, der zweite, daran anschließende Schritt, die Entwicklung unseres Bewußtseins. E r s t d u r c h d a s M e d i u m s e i n e r V e r k ö r p e r u n g h i n - d u r c h g e l a n g t n ä m l i c h d a s m e n s c h l i c h e G e i s t w e s e n z u r F r e i h e i t d e r S e l b s t e r k e n n t - n i s u n d d e r S e l b s t g e s t a l t u n g. Aber auch andere menschliche Geistwesen werden ihm erst dadurch offenbar, daß sie sich verkörpern. D i e E b e n e d e s I r d i s c h -

---

[2] Das Wesen der übersinnlichen Kraftfelder und die kosmologischen Hintergründe von Konzeption, Entwicklung und Sterben sind ausführlich dargestellt bei O. J. H a r t m a n n, „Erde und Kosmos", Frankfurt-Main, 1938. Dort Literatur.

Materiellen ist mithin gleichsam der Versammlungs- und Treffpunkt von Geistwesen, welche hier frei und wissend ihre gemeinsamen Schicksale aneinander gestalten und auch wieder die Folgen ihres Verhaltens wechselweise büßen. Davon wird in späteren Kapiteln noch ausführlich die Rede sein.

Um den menschlichen Leib so recht als Versinnlichung einer Geistgestalt zu erleben, versuche man folgendes zu erwägen: Der erwachsene Mensch vermag z. B. mittels seines Gehirnes Sternenbahnen ebenso wie Kristallformen zu berechnen, er versteht die Fülle der Tier- und Pflanzenwelt und erschafft im Sprechen den Reichtum der Wirklichkeit auf der Ebene des Wortes, er vernimmt als Musiker den Kosmos der Töne und Melodien und gestaltet schließlich als Techniker die Fülle mechanischer Möglichkeiten. Dieses alles aber könnte er nicht vollbringen, wenn nicht **während der Embroynalzeit Weltgedanken, Weltenworte, Weltenharmonien und Weltentaten an seiner Leiblichkeit modelliert und endlich im Bau von Kopf, Brust und Gliedern erschienen wären.** Was überall in der großen Erden- und Sternen-Natur wirkt, das bildete auch am menschlichen Leibe und kann endlich im bewußten Erleben aus diesem Leibe aufsteigen und die große Welt als Wissenschaftler oder Künstler erkennen und gestalten. Die Kraft, die draußen z. B. einen Vogel organisiert, die wirkt auch im menschlichen Leibe und erwacht schließlich im Bewußtsein, um den Vogel draußen zu erkennen, usw.

Ein Grundgesetz lautet also: Soll sich Geistiges in bewußter und persönlicher Form aus der leiblichen Organisation eines Erwachsenen erheben und seiner Mitwelt offenbar werden, so muß es erst in der Gestaltung der Organe in diese leibliche Organisation eingebildet und versenkt worden sein. In okkulten Zirkeln versucht man wohl, die Wirklichkeit des Geistes experimentell durch „Materialisationen", z. B. durch einen Fingerabdruck in Gips, zu beweisen und ist sogar stolz auf seine „spirituelle" Gesinnung. Aber man weiß dabei nicht, daß in jeder Schwangerschaft, ja schon im Sprossen jeder Knospe eine viel gewaltigere Materialisation vorgeht, die zudem schön und gesund und nicht krankhaft und entartet ist, wie alles, was in solchen „okkulten Zirkeln" gedeiht.

Man suche also den Geist, ganz besonders das menschliche Geistwesen, nur nicht im Wolkekuckucksheim, aber auch keineswegs nur in den sogen. „geistigen" Bekundungen des „schöpferischen" oder „genialen" Menschen, sondern in einem zunächst scheinbar ganz und gar „un-geistigen" Bereiche, nämlich in den L e i b e r n ! Man muß sich nämlich fragen: Warum stimmt denn beim Erwachsenen der Charakter seines bewußten Lebens und Erlebens mit der Gestaltung seines ganzen Leibes und besonders mit seinem Antlitz überein? Warum sehen wir physiognomisch schon so aus, wie wir nachher denken, fühlen und handeln? Warum passen die kennzeichnenden Gesten eines Menschen, die Art seiner Sprache und Schrift just so gut zur Gestalt seiner Arme und Beine? Die Antwort darauf kann nur lauten: weil es ein und dasselbe geistig-seelische Wesen ist, das erst im Mutterleibe dem Körper eine bestimmte physiognomische Form gibt, um dann nach der Geburt Schritt für Schritt nach außen als bewußte Persönlichkeit hervorzutreten.

Unser wahres und unvergängliches Geistwesen können wir daher nicht auf der Ebene des Alltags b e w u ß t s e i n s, wir müssen es vielmehr auf der Ebene der Leibgestaltung studieren. Denn die primäre Offenbarung des Geistes ist das Leibesleben und erst die sekundäre das von uns meist hochtrabend „Geistesleben" genannte Tagesbewußtsein. Dieses Tagesbewußtsein aber ist noch weit vergänglicher und hinfälliger als unser Leib, denn es setzt eine anatomisch und physiologisch intakte Leiblichkeit (z. B. Gehirn) voraus. Während daher unser Leib immerhin erst im Tode vergeht, verschwindet unser bewußtes „Geistesleben" bereits allnächtlich im Schlafe, ja wird schon durch ganz geringfügige Störungen unseres Leibes vorübergehend oder dauernd vernichtet (z. B. Ohnmacht). Wenn wir daher durch die Oberfläche unseres Tagesbewußtseins in die Tiefe dringen, um unser Ewiges zu suchen, so stoßen wir zuerst und zunächst auf die anatomischen und physiologischen Gegebenheiten unseres Leibes und erst dadurch offenbart sich uns das im Leib tätige Geistwesen. „Zwischen unserem wahren Geistig-Seelischen und dem alltäglichen Bewußtsein liegt also unser Leib. In diesem hinter dem Leibe stehenden Geistig-Seelischen liegt der unsterbliche Wesenskern des Menschen" (R. Steiner, Der Sinn der Unsterblichkeit, Basel, ohne Jahr).

Es gibt daher eine abgeleitete Psychologie, welche die Vorgänge innerhalb des menschlichen Bewußtseins untersucht. Aber dieses Alltagsbewußtsein ist noch recht schattenhaft und stellt nur die äußerste, glitzernde Meeresoberfläche unserer halb- und unbewußten Tiefen dar, aus denen stets Vorgänge zur erhellten Oberfläche emporsteigen, während andere von dort in die dunklen Tiefen absinken. Die Welt des Tagesbewußtseins ist also gar nicht in sich geschlossen und deshalb jede darauf bauende Psychologie unbefriedigend. Es gibt aber noch eine andere, sozusagen primäre Psychologie, welche in der ganzen Leibesgestalt, also auch in den Besonderheiten der einzelnen Organe (der Leber und Niere so gut als des Gehirns und Herzens) Urtaten bestimmter Urkräfte der Seele sieht. Die Anatomie und Physiologie des Leibes ist daher ein genaues Bild der Organisation der Seele. Für diese leibgestaltende Seele ist dann das Gehirn nicht wichtiger als das Herz oder die Leber, denn jedes Organ zeigt die Physiognomik einer anderen Seelenkraft und das Gehirn besitzt nur als Organ des nach außen aufbrechenden Welt- und Selbstbewußtseins eine besondere Bedeutung.

Es war eine verhängnisvolle weltanschauliche Entwicklung, als man Gehirn und Nervensystem im besonderen als „Sitz" oder gar als Ursache des Geistig-Seelischen zu betrachten begann. Selbst heute können sich viele Biologen, Ärzte und Pädagogen, ja selbst manche Psychotherapeuten nicht von solchen Vorstellungen befreien. In Wahrheit muß aber die ganze Organisation des Menschen als Ausdruck des geistig-seelischen

Wesens dieses einzelnen Menschen gedeutet werden und dem Nervensystem und Gehirn kommt nur die Rolle eines Spiegelungsapparates zur Bewußtwerdung zu, wobei das sich Spiegelnde einerseits Dinge der Umwelt (Wahrnehmungen), andererseits Zustände der Innenwelt (Gefühle, Stimmungen, Wollungen etc.) sind. Es wird daher auch jede Störung im Gesamtgefüge des Leibes oder in Bau und Funktion einzelner Organe, und keineswegs nur eine Störung im Nervensystem oder Gehirn, sich in einer Veränderung des Bewußtseins kundgeben können. Die moderne Psychiatrie hat entdeckt, daß gerade die sogenannten Geisteskrankheiten (Psychosen z. B. Schizophrenie, manisch-depressives Irresein) weder primäre Krankheiten des Geistes noch des Nervensystems oder Gehirns sind, sondern daß bestimmte Störungen körperlicher Organe, z. B. Lunge oder Leber, die Ursache der Zwangsvorstellungen und Wahnideen bilden. Gestörte Organvorgänge spiegeln sich also mit Hilfe des Zentralnervensystems im Bewußtsein, weshalb diese Geisteskrankheiten (Psychosen) in Wahrheit Leibeskrankheiten (Somatosen) sind und auch nur auf leiblich-therapeutischem Wege behandelt werden können. Sie unterscheiden sich hierin von den sogen. Neurosen, die ihre Wurzeln in einem gestörten Bewußtseinsleben haben und daher selbst dann, wenn es auf dem Wege des Halb- und Unterbewußtseins bereits zu funktionellen Störungen des Leibes (z. B. zu Herz-, Magen-, Darm-Neurose) kam, auf dem Wege des Bewußtseins, also psychotherapeutisch geheilt werden können [3].

Es sind mithin die chemisch-physiologischen Organvorgänge sowie die anatomisch-histologischen Organstrukturen, ganz besonders aber die embryonale Leib- und Organentwicklung „Geistesgeschichte" im ursprünglichsten und erhabensten Sinne. Nur wenn man sich zu dieser Einsicht erhebt, führen die wunderbaren Ergebnisse moderner Biologie und Medizin nicht zu einer materialistischen, sondern zu einer wahrhaft

---

[3] Vgl. die Zusammenfassung bei O. S c h w a r z, Psychogenese und Psycho-Therapie körperlicher Symptome, 1925; vgl. auch H e y e r, Der Organismus der Seele, und Anmkg. zu S. 77.

spirituellen Weltbetrachtung. Der Leib wird zu einem geistigen Tempel. Was hingegen die sogen. Geisteswissenschaften (z. B. Geschichte, Kunst, Kultur, Religion, Moral) studieren und was sie dann oft stolz als „geistige Welt" zusammenfassen, kann demgegenüber nur durchaus sekundäre Bedeutung beanspruchen. Nasenrümpfend wenden sich etwa Philosoph oder Theologe ab, wenn man ihnen eine sorgfältig eröffnete und präparierte menschliche Brust- oder Bauchhöhle an einer Leiche vorführt, denn sie sehen als sogenannte Wortführer des „Geistes" mit Scham auf jene „nur-materiellen", „niederen" und für den äußeren Anblick häßlichen und übelriechenden Organe. Hat doch ein Kirchenvater einst mit Bedauern ausgerufen: inter faeces et urinas nascimur! (d. h. zwischen dem kotführenden Darm und der Harnblase wachsen wir in der Gebärmutter heran). Und immer wieder hörten wir die Vertreter des „Geistes" über den Leib des Menschen als übelriechenden und schmutzigen „Madensack" klagen. Ja sogar ein moderner Pädagoge vom Range Nohls [4] findet es „quälend", daß unsere höchsten geistigen Leistungen durch geringfügige Veränderungen unseres Körpers (z. B. durch Mangel an Jod bei Kretinismus, oder durch Gehirnkrankheiten) vernichtet werden können, weil er sich nicht zur Einsicht erheben kann, daß lange vor aller bewußten Geistigkeit und allem äußeren Schicksalslauf das geistige Urschicksal eines Menschen sich in der Artung seines Leibes und daher auch in Gesundheit und Krankheit, Schönheit oder Mißbildung auslebt und dadurch auch zu verschiedenen Störungen des Verhaltens und Bewußtseins, z. B. zu Wahnsinn, Infantilität, Debilität, Idiotie, mit ihren bekannten moralischen und kriminellen Folgen führt.

Die Entwicklung der letzten Jahrhunderte hat eine tiefe Kluft zwischen den Natur- und den sogen. Geisteswissenschaften entstehen lassen. Indem man nämlich von der Erhabenheit des menschlichen Geisteslebens in Gestalt der Gelehrten und Künstler überzeugt war, überließ man die leiblichen, vermeint-

---

[4] Vgl. H. N o h l, Charakter und Schicksal, 1938, S. 26.

lich niederen Bereiche, einer rein materialistischen Naturwissenschaft. Sogleich aber „rächte" sich das Leiblich-Materielle, indem es z. B. in physiologischen Experimenten die Abhängigkeit auch der höchsten Geistesleistungen von Bau und Funktion z. B. des Großhirns zeigte. Während also die sogen. Geisteswissenschaften einen w e s e n l o s e n G e i s t ergriffen, vermochten die Naturwissenschaften nicht, das im Leiblich-Materiellen wirkende w e s e n h a f t e G e i s t i g e zu erkennen.

Die Überwindung dieses unhaltbaren Zustandes muß nun aber gerade durch eine Vertiefung unseres biologischen und medizinischen Denkens geschehen. Gewiß ist der Bewußtseinszustand eines Menschen vom Zentral-Nervensystem bedingt oder sind wesentliche Temperaments- und Charaktereigenschaften durch Funktionszustände innerer Drüsen bedingt, ja, hängen selbst höchste religiöse und moralische Gefühlserlebnisse mit Stoffwechsel-, Atmungs- und Zirkulations-Verhältnissen zusammen. Man darf nur bei diesen Feststellungen nicht stehenbleiben, sondern muß nach den Kräften fragen, die nun gerade in dieser Drüsenfunktion etc. ihren Ausdruck finden. Dann aber trifft man auf eine bestimmte, individuell geprägte Geistgestalt, die sich in der Anatomie und Physiologie dieses bestimmten Leibes ihr Schicksal schafft. Die materialistischen Konsequenzen, die aus den bedeutsamen Entdeckungen moderner Biologie und Medizin gezogen wurden, gehen zu Lasten eines natur- und leib-fremden philosophischen Denkens, welches gerade den im Körperlich-Materiellen versteckten Geist nicht zu finden vermochte. Das lehrte uns Rudolf Steiner.

Je weiter wir also im Lebenslauf eines Menschen zur Geburt und schließlich zur Konzeption zurückgehen, d e s t o a u s s c h l i e ß l i c h e r e r s c h ö p f t s i c h g e r a d e d a s g e i s t i g e M e n s c h e n w e s e n i n d e r O r g a n i s a - t i o n u n d F u n k t i o n d e s L e i b e s. Es leuchtet uns nicht im Handeln, Sprechen und Erkennen nach außen entgegen, sondern entgleitet uns Schritt für Schritt, indem es sich gleichsam ganz nach innen wendet und in die leiblich-materiellen Vorgänge hineinschlüpft. Daher ist nun wohl das Geistig-

Seelische des Erwachsenen für uns unmittelbar vom Ich zum Du ansprechbar, beginnt jedoch im Kleinkind und Säugling sich uns zu entziehen, um endlich als Frucht im Mutterleib ganz ins Verborgene zu treten, d. h. sich gänzlich im Plastizieren von Gehirn, Auge, Herz, Leber, Muskel- und Knochensystem etc. zu erschöpfen.

In seinem Leibe gestaltet sich das Menschenwesen sein erstes grundlegendes Schicksal. Deshalb nimmt der Leib nach Gestalt und Bau das vorweg, was im späteren Leben als Funktion, Tätigkeit, Lebenslauf etc. nach außen hin erscheinen wird. Wir denken, sprechen, fühlen und wollen dann eben so, wie wir physiognomisch aussehen.

2. Kap.: Schwangerschaft, Embryonalhüllen und Geburt[5].

Abgetrennt von allen äußeren Einflüssen, in tiefster Abgeschiedenheit, vollzieht sich nun also im Mutterleibe die Ein-Bildung der geistigen Kraftgestalt des Menschenwesens in die leibliche Organisation des Embryos und der Frucht. Wie sich aus einer Salzlösung der Salzkristall verdichtet und ausformt, so konzentriert und verdichtet sich die werdende menschliche Leibgestalt aus übermateriellen und überräumlichen Kraftfeldern. Die eigentliche und wahre „Umwelt" des Menschenkeimes ist daher weder die materielle Außenwelt, in welcher der Erwachsene lebt, noch auch die physische Stofflichkeit des Mutterleibes, sondern die Geistgestalt des sich aus dem Übersinnlichen verkörpernden Menschen. Die werdende Frucht hat also im Grunde keine physische, sondern eine geistige „Umwelt". Denn in den

---

[5] Vgl. dazu die modernen Lehrbücher der Embryologie von O. Hertwig, Bonnet, Fischel, sowie J. Kollmann, Handatlas der Entwicklungsgeschichte des Menschen, 2 Bde., 1907, und K. F. Burdach, Physiologie, 5 Bde., 1835.

58

unsichtbaren Kraftfeldern, welche den Menschenkeim durchwirken und gleichsam vom Umfassenden herein gegen den Mittelpunkt strahlen, wo sich dieser Keim befindet, liegen die wahren Ursachen menschlicher Leibwerdung und keineswegs etwa in den chemischen Stoffen und Kräften, welche diesen Keim äußerlich zusammensetzen. Zu solchen Folgerungen zwingen uns ganz unweigerlich die Ergebnisse der modernen Embryologie und Entwicklungsforschung.

Man muß sich über diese Verschiedenheit der „Lebensrichtung" vom Erwachsenen und Embryo restlose Klarheit verschaffen, wenn man das menschliche Werden im Mutterleib und auch noch die erste Kindheit richtig beurteilen will. Man kann sich dann folgendes sagen: Das Leben des ichbewußten Erwachsenen strahlt im Erkennen und Handeln gleichsam vom Mittelpunkt seines Leibes in z e n t r i f u g a l e r Richtung hinaus in die Umwelt und zu den Mitmenschen. Damit jedoch dieser mittelpunkthafte Aufbruch wacher, geistig-seelischer Kräfte im Erwachsenen geschehen kann, müssen sich vorerst in der Embryonalzeit und Kindheit diese Kräfte (unbewußt und eben deshalb leibbildend), in umgekehrter und gleichsam z e n t r i p e t a l e r Richtung vom Umfassenden herein in den keimenden Organismus hereingebildet haben. In der Embryonalzeit wenden sich alle Kräfte nach innen. Die Frucht lebt in keiner Weise aus sich heraus, sondern vielmehr in sich hinein, denn sie ist nicht aktiv-ausstrahlendes „Subjekt", sondern umgekehrt passiv-empfangendes „Objekt" und überhaupt nichts in sich „Wirkliches", sondern lediglich zart-bildsames M a t e r i a l für die von allen Seiten einstrahlenden und sie durchdringenden Gestaltungskräfte.

Nur die Lebensleistungen des Erwachsenen dürfen also mit Recht als Leistungen seiner körperlichen Organe gedacht werden, und es ist hier sogar in einer Hinsicht gestattet, von einer „Lokalisation" des Geist-Seelischen im Innern des menschlichen Leibes zu sprechen, denn das übersinnliche Wesen ist hier ja tatsächlich in den anatomischen Bau und die physiologische Funktion der Organe hineingeschlüpft und bricht nun wieder daraus hervor. Was jedoch den werdenden Embryo gestaltet, das darf nicht im Embryo selbst lokalisiert werden, aus dem einfachen Grunde, weil dieser ja erst im Entstehen begriffen ist und ihm also alles das noch äußerlich ist, was dem Erwachsenen innerlich ist. Im Embryonalkeim beginnt sich nur erst leise und schüchtern hereinzuspiegeln, was im Leibe des Erwachsenen zum vollen Ausdruck kommt: das geistig-seelische Menschenwesen.

Es ist daher wohl möglich, das Leben des Erwachsenen in mancher Hinsicht „mechanisch" zu begreifen, denn in Bau und Funktion des Skelettes, des Nervensystemes, der Sinnes- und Verdauungsorgane, herrschen tatsächlich physikalisch-chemische Gesetzmäßigkeiten, was uns ja auch bei einem Organismus nicht wundern darf, dessen Baumaterialien physische Stoffe und Kräfte sind und der in einer ebensolchen Umwelt zu leben entschlossen ist. Das Werden des Embryo hingegen ist in keiner Hinsicht mechanisch, d. h. aus den Gesetzlichkeiten der materiellen Natur zu begreifen. Es ist vielmehr — und das je weiter wir gegen die Konzeption zurückgehen und sich da alles in unsichtbare Anfangszustände verliert — um so ausschließlicher übersinnlich-geistig. Dies ist eine Konsequenz, der man sich auf Grund neuerer entwicklungsgeschichtlicher Erfahrungen nicht entziehen kann [6].

Die zahlreichen Hüllenbildungen, welche die Frucht umgeben, sind daher gleichsam Bilder für den stufenweisen Herabstieg des geistig-seelischen Menschenwesens aus dem Überräumlichen und Übersinnlichen zum vollen körperlichen Dasein. Der Beginn einer solchen Inkarnation kann erlebt werden unter dem Bilde einer umfassendsten Sphäre, die sich in Rhythmen schrittweise ins engere zusammenzieht und endlich ins engste des Mittelpunktes hineinführt, welcher Mittelpunkt nichts anderes als der Embryo ist. Was daher im Bereich der übersinnlichen Sphären, als dynamisches Wesen verschwindet, erscheint in der Mitte als verdichtete materielle Körperlichkeit.

---

[6] Vgl. D ü r k e n , Entwicklungsbiologie.

Es darf uns daher nicht wunder nehmen, daß zum Unterschied von allen, selbst den höchsten Tierformen, beim Menschen bis in die zweite Schwangerschaftswoche hinein, überhaupt noch keine Embryonalanlage zu sehen ist, sondern die Gestaltungsvorgänge des intensiv wachsenden Eies sich gänzlich in der Ausbildung der Eihüllen und Nebenorgane (Amnion, Dottersack, Allantois, Chorion) erschöpfen, die mit dem werdenden Menschenleibe unmittelbar gar nichts zu tun haben und später zugrunde gehen. Im Augenblicke der Befruchtung beginnt also das geistig-seelische Menschenwesen noch gar nicht

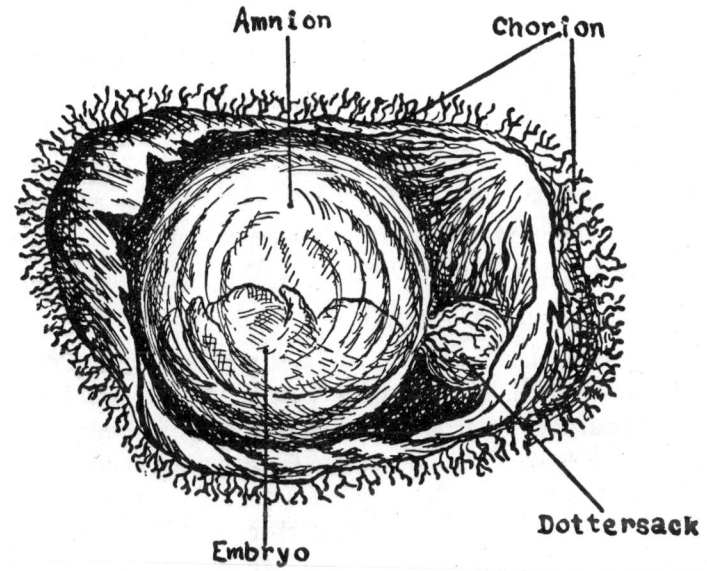

Abb. 3.

Menschliche Frucht im Alter von ca. 7 Wochen (nach Kollmann, vereinfacht). Die zottenförmige Verästelungen tragende äußere Eihülle (Chorion) aufgeschnitten, so daß man auf die kugelige, mit Flüssigkeit gefüllte innere Eihülle (Amnion) sieht, in welcher der Embryo, wie in einer kosmischen Urwelt und durchtönt von tiefschlafhafter Urweltweisheit, (Kopf nach rechts, Rücken nach abwärts) schwimmt. Abb. 4 zeigt ihn, nur eine Woche älter, ohne seine Umhüllungen.

mit der Ausgestaltung seines zukünftigen Leibes, sondern bereitet sich erst das „Keimbett" vor. Es umkreist gewissermaßen in Gestalt peripherer Hilfsorgane das eigentliche Bildungszentrum der Embryonalanlage, welches erst später inmitten aller dieser Hilfsorgane als eine zunächst ganz unscheinbare Stelle sichtbar wird. Ursprünglich glaubte man diese mangelhafte Sichtbarkeit der ersten menschlichen Embryonalanlage dem mangelhaften Erhaltungszustande zuschreiben zu müssen, in welchem früheste Schwangerschaftsstadien zumeist zur wissenschaftlichen Untersuchung gelangen, bis man sich endlich doch davon überzeugte, daß die Hüllen und Hilfsorgane v o r der Embryonalanlage entstehen. Nicht der Embryo bildet also die Hüllen, sondern diese bilden den Embryo, oder besser: das sich zuerst in den Hüllen und Hilfsorganen verkörpernde Menschenwesen bereitet mit ihrer Hilfe und in ihrer Mitte die „Grundsteinlegung" der eigentlichen Embryonalanlage vor.

Die den Embryonalkeim umgebenden Hüllen sind nun, von innen nach außen, folgende (vgl. Abb. 3):

1. Das sogenannte A m n i o n.

2. Das sogenannte C h o r i o n, d. h. die den ganzen Eikeim nach außen abschließende Hülle, welche an ihrer Oberfläche bäumchenartige Verästelungen (Zotten) trägt. mittels deren das Ei sich in die Schleimhaut der Gebärmutter einnistet und von dort wurzelähnlich Nährstoffe einsaugt. Erst später kommt es zur Ausbildung des sogen. Mutterkuchens (Plazenta). Amnion und Chorion stellen Flüssigkeits-gefüllte Sphären dar, in denen der noch selbst fast ganz aus Flüssigkeit (im zweiten Schwangerschaftsmonat noch 97 % Wassergehalt, 3 % Trockensubstanz, 0,001 % Aschensubstanzen) bestehende Embryo schwebt und schwimmt.

3. und 4. Um die Frucht schließt sich die G e b ä r m u t t e r und endlich der ganze M u t t e r l e i b. Alles nämlich, was der Erwachsene selbst im unmittelbaren Kontakt mit der Außenwelt leisten muß (atmen, essen, trinken, wärmen, verdauen,

ausscheiden), das leistet für die Frucht die Mutter. Sie erspart der Frucht die unmittelbare Auseinandersetzung mit einer un- und untermenschlichen Außenwelt, indem sie deren Stoffe (Luft, Wasser, Gemüse, Fleisch etc.) erst in sich selbst vermenschlicht (assimiliert) und sie in durchgeistigter Form (als Mutterblut, später als Muttermilch) darreicht. So kann die Frucht neun Monate lang ein Gebilde sein, welches nach Form und Beschaffenheit in der Außenwelt nicht existenzfähig wäre.

5. Diese vierfache Hüllenwelt ist aber noch nicht alles. Denn das Dasein der schwangeren Mutter selbst ist noch von den höheren, mehr geistig-seelischen Hüllenbildungen der m e n s c h l i c h e n   G e m e i n s c h a f t , von Familie, Haus, Heimat, Stadt, Staat, behütet. Und zwar ist dies aus folgenden Gründen nötig: Im Augenblick der Empfängnis bereitet sich nämlich eine gänzliche Umlagerung, ja Umstülpung der Frau vor, die sich in den ersten Wochen der Schwangerschaft dann vollständig ausbildet. Man kann dies schon äußerlich an der Art des Blickes beobachten. Dieser schaut nämlich nicht hart und tagwach wie beim normalen Erwachsenen nach außen, sondern ist umflort und nach innen gewandt. Ein wesentlicher Teil der Kräfte, die der Erwachsene sonst in Form des Tagesbewußtseins nach außen richtet und in der Auseinandersetzung mit der Umwelt verbraucht, ist nun von der Außenwelt abgezogen und dient der Frucht. D i e   S c h w a n g e r e   h ö r t   u n d   s i e h t   g a n z   e i g e n t ü m l i c h   n a c h   i n n e n . Die charakteristischen Krisen am Beginn jeder Schwangerschaft hängen mit dieser totalen Richtungsänderung aller leiblichen, seelischen und geistigen Kräfte zusammen. In der Schwangerschaftsmitte besteht dann ein neuer Gleichgewichtszustand, der erst gegen das Ende den umgekehrten Richtungsänderungen Platz macht, die schließlich zur Geburt führen. Da die Schwangere Kräfte nach innen abberief, welche der normale Mensch zu Kampf und Abwehr nach außen einsetzt, ist sie den Einflüssen der Umgebung, besonders Entbehrungen, Aufregungen, Kränkungen stärker preisgegeben und bedarf ganz besonderer leiblicher, seelischer und geistiger Um-

sorgtheit. Das heißt: wie die Frucht den Mutterleib, so verlangt die Schwangere die Familie, und der Mann ist es, der ihr da die nach außen gerichtete Auseinandersetzung mit der Umwelt abnimmt.

Die sichtbarste Bedeutung dieser fünffachen Hüllenwelt ist „Schutz". Die Hülle schützt das Werdende und ermöglicht ihm einen Zustand der Abgeschiedenheit, dank welchem es alle Kräfte nach innen wenden und in die keimenden Organe hineinsenden kann. Ein freilebendes Wesen muß an die materielle Außenwelt angepaßt sein. Es muß eine Haut haben, die es abgrenzt, Gliedmaßen, die es fortbewegen, Sinnesorgane, die wahrnehmen, es braucht einen gut funktionierenden Verdauungskanal etc. Alles das braucht der Embryo im Mutterleib zunächst nicht. Er hat Zeit, er kann warten. Er kann alle Kräfte nach innen richten und braucht sie nicht vorzeitig in der Anpassung an die Außenwelt zu verbrauchen.

Das Gegenteil ist bei den Tieren der Fall, deren Eier sich im Freien entwickeln (z. B. Insekten, Fische, Amphibien) und da nicht nur dem Wechsel von Licht und Dunkelheit, Wärme und Kälte, Feuchte und Trockenheit etc. ausgesetzt sind, sondern auch zeitig als Larven (Raupen, Kaulquappen) das Ei verlassen. Das Stadium, auf dem z. B. eine Froschlarve frei wird, entspricht etwa dem Zustande des menschlichen Embryo gegen Ende des ersten Schwangerschaftsmonates. In der Ausbildung und der regen Bewegung ihres langen Schwanzes, verausgabt die Kaulquappe daher Kräfte, die bei den Säugern und Menschen zurückgestaut und zur höheren Innenorganisation verwendet werden. Man kann aber auch sagen: für die Tiere, welche sich außerhalb des Mutterleibes entwickeln, sei die ganze Natur, seien Flüsse, Seen, Meere, Luft und Erdboden eine Art Mutterleib, freilich ein solcher „Mutterleib", den sie niemals verlassen und von dessen Kräften sie dauernd festgehalten werden, so daß sie nicht zur Entfaltung eines höheren Eigenlebens (wie die Säuger) und noch weniger zur persönlichen Freiheit und Seeleninnerlichkeit (wie der Mensch) erwachen. In gewisser Hinsicht sind alle Tiere dem Menschen gegenüber Gebilde, welche nicht „warten" konnten und vorzeitig ein Leben in der Außenwelt begannen, wodurch sie zwar hohe Grade zweckmäßiger Anpassungen und Instinkte erreichten, zugleich aber eben in die einseitigen und ichlosen Gestaltungen hinausgerissen wurden, welche eben das Tiersein vom Menschsein unterscheiden [7].

3. Kap.: E l t e r n u n d K i n d e r.

Umhüllt von Mutterleib und Elternhaus wächst nun der Mensch nicht in einer physischen, sondern gleichsam in einer moralischen Umwelt heran, welche aufs schärfste mit dem verhärteten und grobmateriellen Zustande der heutigen Erdenumgebung kontrastiert und deren tiefster Sinn „Liebe" ist. Solche Liebe wirkt zwar auch in der Innenwärme des Bienenstockes oder der Brutwärme des Vogelnestes oder im Leibe schwangerer Säugetiere, dort aber eben nur als naturhaft-instinktive Kraft, während sie von der Menschenmutter als freibewußte Tat vollzogen werden kann. Und nun bedenke man das Folgende: Die Außenwelt ist heute kalt und tot (Symbol dessen in der Natur die harten Gesteine, in der Menschenwelt Ichsucht, Herrschaft- und Gewinnstreben). In dieser Welt können sich daher nur Erwachsene, nicht Embryonen und Kinder behaupten. Letztere bedürfen daher um sich her in Mutterleib und Elternhaus einer Wärme-Liebes-Sphäre und was in dieser lebt, das strahlt herein in das Kind und wird in diesem nach und nach als eigene freie Liebeskraft innerlich. Wer in der Kindheit Liebe im weitesten Sinne empfing, der kann solche im Alter selbst spenden und wahrhaft sozial sein.

Folgendes ist daher ein G r u n d g e s e t z d e r E n t -
w i c k l u n g : Je vollkommener und mächtiger ein Organismus sich entwickeln, und je mehr er zum Werkzeug eines ich-

---

[7] Vgl. O. J. H a r t m a n n , Der Kampf um den Menschen, 1934; H. P o p p e l b a u m , Mensch und Tier, 1928; d e r s. Tierwesenskunde 1937.

haften Geistes werden soll, eine um so längere Embryonalzeit und Kindheit muß ihm beschieden sein. Daher gönnt euren Kindern eine echte und lange Kindheit! Gönnt ihnen das träumerische Spielen in einer Welt des Märchen und der Phantasie! In diesem scheinbaren Spielen vollzieht sich nämlich etwas sehr Ernsthaftes: Spielend wächst das Kind in sich selbst hinein und bereitet sein freies Ich-bin vor. Die Folgen verfrühter intellektueller oder willensmäßiger Beanspruchung nach außen aber führen unweigerlich zur Verhärtung (Dressur, Routine) in der Jugend und zur Leerheit im Alter.

Niemand wird freilich die Frucht vorzeitig aus dem Mutterleibe reißen, um sie möglichst bald zur „Selbständigkeit" zu erziehen, denn hier sieht jeder die physische Hülle, die ein noch Werdendes umschließt. Aber nicht alle sehen die seelischen und geistigen Hüllen, von denen das Kind, und auch noch der Jugendliche, umgeben sind. Denn wie die Schwangerschaft die Zeit der Ausgestaltung physisch-leiblicher Organe ist, so sind Kindheit und Jugend die Zeiten der Ausgestaltung geistig-seelischer Organe. Für das Kind ist daher die Seelenatmosphäre des Elternhauses eine schützende, aber zugleich auch nährende und formende Hülle, denn es verhält sich allem, was in seiner Umgebung geschieht, was da gesprochen, getan, ja auch nur gefühlt, gewollt und gedacht wird, gegenüber intensiv nachahmend und bildet dadurch buchstäblich das Positive und Aufbauende, aber leider auch das Negative und Zerstörende seiner Umgebung in sich hinein, formt seine Seelen- aber auch seine Leibesorgane danach. Auf höherer Stufe werden dann für den Jugendlichen Eltern, Freunde und Lehrer zu autoritativen Vorbildern, durch die er sich die Prinzipien seines Denkens, Fühlens und Handelns geben läßt, bis endlich erst um das 21. Jahr ein Durchbrechen auch dieser letzten Hülle und damit die volle Geburt zur freien, selbständigen Persönlichkeit vollzogen wird.

Denn es besteht folgendes Grundgesetz: So viele Hüllen, so viele Geburten. Was wir daher die „Geburt" eines Menschen nennen, ist Geburt nur auf der untersten Ebene, nämlich die Geburt des selbständigen (d. h. aus eigener Kraft atmenden, verdauenden, wärmenden und ausscheidenden) und freibeweglichen Menschen-Leibes. Geist und Seele sind da aber noch ungeboren. Sie weben vielmehr gleichsam noch um das Kind herum in der geistig-seelischen Aura des Elternhause und später der Schule. Um das 7. Jahr (Zeit der Schulreife bzw. des Zahnwechsels), um das 14. Jahr (Zeit der Geschlechtsreife bzw. der Schulentlassung und des Eintritts in die „Lehre") und endlich um das 21. Jahr (Abschluß des Körperwachstums, Eintritt in einen Beruf und selbständige Gestaltung des äußeren Schicksalweges, Eheschließung) vollziehen sich daher ebensoviele, mehr oder weniger krisenreiche und heftige „Geburten", d. h. Durchbrechungen des in sich bis zu einem gewissen Grade herangereiften und inkarnierten Menschenwesens durch die jeweiligen schützenden und nährenden Hüllen (R. Steiner).

Fühlt man sich in unsere Abbildungen 3—6 ein, so kann man dieses Selbständigwerden des ichbewußten Menschen und den stufenweisen Wegfall der „Hüllen" deutlich erleben.

Man kann also sagen: Die Schwangerschaft ist die Zeit, in der das geistig-seelische Menschenwesen noch außerhalb des physischen Leibes lebt, denn die Ausgestaltung des Embryos und der Frucht ist ja nichts anderes als die schrittweise Hereinbildung dieses Wesens in die l e i b l i c h e Organisation. Kindheit und Jugend sind dann dessen Hereinbildung in die g e i s t i g - s e e l i s c h e Organisation, welche, zunehmend ich-bewußter und freier, die Leiblichkeit von innen her durchdringt. Jede erreichte Entwicklungsstufe ist daher mit dem Durchbrechen einer bisherigen Umhülltheit, d. h. mit einer Geburt verbunden. S o   v i e l e   a u f e i n a n d e r f o l g e n d e „G e b u r t e n"   a b e r ,   e b e n s o v i e l e   A k t e   d e r   V e r - s e l b s t ä n d i g u n g   u n d   F r e i w e r d u n g   d e s   M e n - s c h e n w e s e n s   a u f   i m m e r   n e u e n   E b e n e n[8].

---

[8] Vgl. dazu die pädagog. Schriften von N o h l , S p r a n g e r und T u m l i r z , allen voran aber die Rudolf S t e i n e r s.

Es ist nun sowohl medizinisch als pädagogisch wichtig, um die Störungen zu wissen, die zwischen dem Umhüllenden und dem Umhüllten eintreten und entweder zur Verfrühung oder zur Verspätung der jeweiligen Geburt führen können. Der Idealfall ist die Rechtzeitigkeit. Diese ist z. B. dann gegeben, wenn sich Frucht und Mutterleib nach Maßgabe des Reifungszustandes der ersteren zu entfremden und endlich einander abzustoßen beginnen, wodurch dann eben die Austreibung der reifen Frucht (die Geburt) erfolgt. Es kann aber auch der Fall eintreten, daß sich vorzeitig eine Art Abstoßung (gleichsam Antipathie) zwischen Mutter und Frucht entwickelt, welche wieder mehr von der Frucht oder der Mutter ihren Ausgang nehmen kann. Dann treten Störungen des physiologischen Gleichgewichtes, gewissermaßen Vergiftungen auf, die zur vorzeitigen Austreibung der Frucht führen. Der Fall einer zu lange hinausgeschobenen Geburt, wobei beide Teile voneinander nicht lassen wollen, ist wohl viel seltener.

Aehnliche Störungen ergeben sich nun auf geistig-seelischer Ebene zwischen Kleinkind und Mutter oder Jugendlichem und Elternhaus. Da gibt es Mütter, welche sich um ihr Kind nicht kümmern und ihm dadurch die Liebes-Seelennahrung (oft genug aber auch die Mutterbrust) vorenthalten und dadurch eine vorzeitige Verselbständigung des Kindes erzwingen. Dieses hat dann etwas nicht erhalten, was es erhalten sollte, um im späteren Leben gesund, freudig und ein vollwertiger Mensch zu sein. Viele Menschen tragen an solchen Entbehrungen unbewußt ihr ganzes Leben lang und zeigen allerlei darauf hindeutende Verkrampfungen. Aber es gibt andererseits auch Mütter, die ihr Kind verzärteln und es als „Eigentum" möglichst lange festhalten wollen. Sie wachen ängstlich über jede sich regende Selbständigkeit und suchen sich selbst möglichst lange unentbehrlich zu machen. Die zuerst genannte Mutter betrachtet ihr Kind als unbequeme Last, die zuletzt genannte genießt so recht ihre Fürsorge und ihren Besitz. Beides sind nur verschiedene Formen des Egoismus, ja die letztere ist oft noch verderblicher, weil sie sich als „Liebe" verkleidet. So gibt es Mütter bzw. Eltern, die froh sind, daß sie endlich das Kind geboren haben und die später froh sind, wenn es zur Schule geht und endlich als Erwachsener das Elternhaus verläßt. Aber es gibt auch Mütter, die am liebsten das Kind dauernd im Mutterleib und später an der Mutterbrust und in der Kinderstube hielten, weil sie die Zustände der Schwangerschaft, des Säugens und Pflegens lustvoll genießen. Es gibt Eltern, die sich z. B. der freien Berufswahl oder der Ehe ihrer Kinder, besonders der Tochter, mit allen Mitteln entgegenstellen, weil sie „ihr" Kind wie ihren Hund, als Besitz betrachten und den Gedanken nicht ertragen, daß ihr Kind als Erwachsener sein Schicksal selbst gestalten will. Solche Eltern gleichen blutsaugenden Dämonen, die ihr Saugen und Herrschen „Liebe" nennen [9].

Wahre Liebe und pädagogische Weisheit aber ist: das Kind mit aller nur möglichen Opferkraft zu umhüllen und zu nähren, aber auch die Kraft des Verzichtes aufzubringen, um schrittweise, wie das Kind auf den verschiedenen Ebenen menschlichen Daseins (leiblich, seelisch, geistig) heranreift, zurückzutreten und sich selbst entbehrlich zu machen. Denn das Kind sagt durch alle seine Zärtlichkeiten oder Launen im Grunde zum Erwachsenen nur eines: „Führe mich durch Embryonalzeit, Kindheit und Jugend zur vollen Entfaltung und zum freien Besitz meiner selbst!" Wer seine Kinder als sein Eigentum oder als Objekte seiner Dressur- und Erziehungspläne betrachtet, vergeht sich am höchsten menschlichen Wert: der freien Ichheit. Er bewirkt bei schwachen Individualitäten Entwicklungshemmung und Infantilität verschiedener Grade, bei starken aber den Verlust des kindlichen Vertrauens und den gewaltsamen Ausbruch aus dem Elternhaus. Viele Eltern verlieren die Liebe ihrer Kinder nicht so sehr durch Gleichgültigkeit, als w e i l   s i e   e s   n i c h t   v e r s t a n d e n ,

---

[9] Die Voraussetzung richtiger Pädagogik ist daher die „Erziehung des Erziehers". Zu dieser kann behilflich sein Fritz K ü n k e l , Die Arbeit am Charakter, 1935.

rechtzeitig zurückzutreten und auf neuer
Ebene den heranwachsenden Menschen als
eigenständiges Geistwesen, d. h. als Freund
zu betrachten.

Hier erhebt sich daher die Frage: in welchem Sinne ist
überhaupt mein Kind „mein" Kind? Die Befruchtung des Eies
ist gewiß der Beginn des sichtbaren menschlichen Erdenlebens,
ist sie aber schlechthin der absolute Anfang? Wer im Einzelmenschen ein nur-biologisches Lebewesen gleich Pflanze oder
Tier und daher nur ein Glied des Sippen- und Erbstromes sieht,
muß dies selbstverständlich bejahen. Nichts ist aber auf Grund
der bisherigen und der folgenden Überlegungen gewisser, als
daß der Einzelmensch einen individuellen geistigen Wesenskern besitzt. Dann aber kann die Konzeption kein absoluter
Anfang, der Tod kein absolutes Ende sein, sondern beide sind
Anfang und Ende zugleich.

Nichts ist nun für den heutigen Menschen wichtiger, als
wenigstens versuchsweise dem Gedanken Raum zu geben:
Die Konzeption (das befruchtete Ei) ist zwar ein
Anfang des Lebens im Leibe, zugleich aber
auch das Ende einer rein geistig-seelischen
Vorgeschichte, und der Tod ist zwar das
Ende des Leibeslebens, zugleich aber der
Anfang eines Lebens im Übersinnlichen.
Denn wirkt nicht in der Neigung, die zwei Menschen verschiedenen Geschlechtes zueinander ergreift und die selbst
wieder das Ende einer oft langen Vorgeschichte des unbewußten Sich-Suchens und schicksalhaften Sich-Findens ist, ganz
real auch die übersinnliche Wesenheit von Menschen, die
durch diesen Mann und diese Frau hindurch als Kinder nach
einem Erdenleben verlangen? Ja, vielleicht haben bestimmte
nach Erdendasein verlangende Menschenwesen schon durch
Generationen hindurch daran mitgewirkt, daß der Ahn die
Ahnin, der Großvater die Großmutter und so endlich der Vater
die Mutter finden konnte? Hat man sich einmal vom Vorurteil
losgemacht, der Mensch sei mit seinem materiellen Leibe iden-

70

tisch, dann wird man an die Wirkung eines Menschen auch gerade dann und dort zu denken haben, wo er noch nicht in einem Leibe lebt, wohl aber andere verleiblichte Menschenwesen gleichsam umkreist, um sich so von langer Hand her seine eigene Leiblichkeit vorzubereiten.

Wer sich in vorurteilsfreier Weise solchen Überlegungen hingibt, wird bald bemerken, daß durch sie vieles verständlich wird, was sonst unverständlich bleibt oder aus Gedankenlosigkeit gar nicht als Problem empfunden wird. Man muß dann sagen: Ein Menschenwesen inkarniert sich gar nicht nur allein mittels Vater und Mutter, sondern mittels langer Sippen- und Geschlechterfolgen. Vom weitesten Kreise der Urahnen arbeitet es sich während langer Zeitenläufe herein ins Engere und immer Engere, um endlich im engsten Kreise von Vater und Mutter anzulangen und im Augenblicke der Befruchtung ganz den Mittelpunkt zu erobern. Im befruchteten Ei ist der Herabstieg aus den Sphären des Überräumlichen und Übermateriellen ins „Da" eines unscheinbaren Körperchens zunächst beendet. Die materielle Ebene ist endlich erobert. An dieses Ziel und Ende fügt sich aber sogleich der Anfang einer neuen Epoche: Die schrittweise Verkörperung des Übersinnlichen mittels dieses materiellen Eikeimes, dieses Mutterleibes und Elternhauses.

Daher empfindet wohl jede Mutter, daß sie nicht eigentlich ihr Kind „erzeugt", sondern daß sie in der Schwangerschaft wie von einer jenseitigen Macht erwählt und ergriffen wurde, die nun ihren Leib zum mütterlichen Keimbett umgestaltet und sich ihrer als eines Werkzeuges bedient. N i c h t a l s i h r P r o d u k t , s o n d e r n a l s h i m m l i s c h e s G e s c h e n k e r l e b t d i e u n v e r b i l d e t e M u t t e r i h r K i n d. Denn früher oder später werden sie die Auseinandersetzungen mit ihrem heranwachsenden Kinde sehr deutlich belehren: Ein Kind ist zwar seinem Erdenleibe und seinem Erdenbewußtsein (seinem Wissen und Können) nach ein „Kind", und als solches dem Erwachsenen zur Pflege und Führung anvertraut, seinem Wesen nach ist es jedoch eine eigenständige

71

geistige Individualität, welche ihr Ich meinem Ich sehr kräftig entgegenzusetzen vermag. Die pädagogisch richtige Einstellung Kindern gegenüber kann daher nur die sein, wenn sich die Erwachsenen sagen: Wir Eltern helfen als im Erdenleben bereits erwachsene und erfahrene Geistwesen dem Geistwesen des Kindes bei seinem Bemühen, selbst auch in dieses Erdenleben hineinzuwachsen und sich selbst darin im freien Ichbewußtsein zu ergreifen. — Mag dieses Schicksal oft auch schwer sein, — wir können es dem Kinde nicht ersparen, noch sollen wir es darüber hinwegtäuschen. Was wir können, ist nur, dem heranwachsenden Menschen durch Vorbild und Lehre die Kraft zu geben, auch ein schweres Erdenschicksal fruchtbar und mutig zu gestalten.

Von solchen Einsichten erfüllt, betrachte man nun die Abbildungen 3, 4, 5, 6 und versuche zu erleben, wie hier ein Geistwesen aus kosmisch-übersinnlichen Sphären hereintritt, sich aufrichtet und dadurch ein ichtbewußt-freier Erdenmensch wird!

Der heranwachsende Mensch kann also, wenn er sich recht versteht, nicht sagen: „O, hätte ich andere Eltern gehabt, was wäre aus mir da geworden!" Noch können die Eltern sagen: „Wie konnten wir ein solches ungeratenes Kind bekommen? Was haben wir mit ihm zu schaffen?" Denn da betrachten beide ihr wechselseitiges Schicksal noch von außen. Das Kind muß sich vielmehr sagen: „Ich wurde gemäß meiner innersten Wesensart von verwandtschaftlicher Sympathie gerade zu diesem Familienstrome ergriffen, so daß ich mich gerade von diesem Elternpaar zeugen und großziehen ließ. Ich bin weder ein bloßes Produkt des elterlichen Keimplasmas, noch bleibt mir dieses äußerlich und zufällig, so daß ich wünschen dürfte, andere Eltern gehabt zu haben. Ich habe vielmehr in diesen meinen Eltern mich selbst in meinem mir wesensgemäßen Schicksale ergriffen." Dementsprechend können sich die Eltern sagen: „Gemäß unserer eigenen Beschaffenheit haben wir gerade dieses Kind zeugen und großziehen können. In seinen Vorzügen und Schwächen begegnen wir im Spiegel unserem eigenen Wesen und Schicksal. Ganz besonders aber werden im Verhalten des Kindes uns und der Welt gegenüber die Früchte unserer bewußten oder unbewußten Erziehung und unseres ganzen Verhaltens sichtbar." Besonders letzteres will nun freilich der pädagogische Ehrgeiz der Eltern und Erzieher am wenigsten zugeben. (Vgl. auch Teil V.)

So sind nun also die Eltern das Schicksal des Kindes, aber auch das Kind das Schicksal der Eltern. Dies erfahren beide Teile als Glück oder Last, je nachdem sie dieses wechselseitige Schicksal auf sich nehmen und gestalten.

4. Kap.: Durchseelung des Leibes und Verinnerlichung.

Zum Unterschiede von den Pflanzen, die sich vom Samen aus mit dem oberirdischen Sproß in den Luftraum, mit der Wurzel in den Erdenraum hinaus entfalten und verzweigen, besteht die tierische und auch die menschliche Keimesentwicklung im wesentlichen aus Einfaltungs- und Einstülpungsprozessen. Während die äußere Oberfläche des Eies bzw. Embryos rundlich bleibt, bzw. keine besonderen Gestaltungsvorgänge zeigt, bildet sich in das unsichtbare Innere hinein der ungeheure Reichtum der anatomischen Organisation. In der sogen. „Gastrulation" (Becherlarvenbildung) niederer Tiere kann unmittelbar und in einfachster Weise ein Vorgang angeschaut werden, der auf körperlicher Ebene ein Gleichnis aller, auch der höchsten geistig-seelischen Verinnerlichungsvorgänge darstellt: Ein Teil der Oberfläche des gefurchten bläschenförmigen Eies wandert oder stülpt sich nach innen wodurch ein Teil desjenigen, was früher als Peripherie ganz der Umwelt hingegeben war, jetzt zur Eigen- und Innenwelt wird. Bei den höheren Tieren und dem Menschen verläuft dieser Vorgang weniger übersichtlich, im Prinzipe aber gleich[10].

---

[10] Dies ist ausführlich dargestellt in O. J. Hartmann, Erde und Kosmos, 1938, S. 318 ff. und „Menschenkunde", 1941.

Durch diese Vorgänge wird nun ein Teil desjenigen,, was früher ganz der Umwelt hingegeben war, jetzt zur Eigen- und Innenwelt, die sich nun erst als „Innerlichkeit" der „Äußerlichkeit" entgegensetzen kann. Eine Welt um sich her (also eine Um- und Außenwelt) kann nämlich nur ein Wesen erleben, das sich zunächst von der unmittelbaren Verhaftung an die Umwelt (wie sie die Pflanze kennzeichnet) durch Herstellung einer Eigen- und Innenwelt (also durch Einstülpung im weitesten Sinne) befreite und nun Innen- und Außen-Welt, Eigen- und Fremd-Dasein im Kontrast aneinander (Sym- und Antipathie) erfährt. Ein solches Wesen aber ist beseelt und deshalb ist die Gastrulation eine nur aus dem Wesen des Seelischen heraus verständliche Ur-Geste. Es ist klar, daß nur ein solches sich in sich hinein verinnerlichendes Wesen Bewußtsein (Empfinden und Begehren wie die Tiere) bzw. Selbstbewußtsein (wie der Mensch) entwickeln kann.

Mithin geschieht in der am Beginne der tierischen und menschlichen Keimesentwicklung stattfindenden Gastrulation nichts geringeres, als der Beginn der Durchseelung eines lebendigen Leibes. In der Gastrulation wirken sichtbarlich Kräfte, die über die Wachstums- und Lebensprozesse des Pflanzlichen hinaus in das Reich des Seelischen führen. Der einfachste Innenraum einer Gastrula ist daher ein Gleichnis des höchsten irdischen Innenraumes: des menschlichen Gemütes, wie es sich sogleich selbst wieder z. B. in der Gestaltung von Innenräumen in der Architektur betätigt. Der Innenraum einer gotischen Kirche ist ein Bild der Innerlichkeit der menschlichen Seele, wie sie selbst wieder in der Innenorganisation z. B. der menschlichen Brust erscheint.

Hat man sich dies klargemacht, so kann man im weitesten Sinne sagen: Die ganze Menschwerdung ist ein einziger großer Vorgang der Einstülpung und Verinnerlichung, welcher sich während der Schwangerschaft auf leiblicher, während der Kindheit vorwiegend auf seelischer und später auf geistiger Ebene ereignet. Allen diesen Einstülpungs- und Verinner-

74

lichungsvorgängen ist das Folgende gemeinsam: Was erst im Peripherisch-Umfassenden lebte, das zieht sich zusammen, drängt sich nach innen, stülpt sich in sich selbst hinein und erscheint nun als leibliche, seelische und geistige Organisation einer zur Freiheit erwachten Persönlichkeit. Dies gilt sowohl für die individuelle wie die menschheitliche Geschichte. Man denke z. B., wie Völker vergangener Zeiten im kollektiven mythischen Bewußtsein träumen und in diesem Träumen ganz den inspirierenden Natur- und Weltenmächten hingegeben waren. Solche Menschen waren noch „außer sich". Ihr Geistig-Seelisches war noch in die umliegenden Natur- und Weltereignisse verflochten und zog sich erst nach und nach ins Innere des Einzelmenschen herein, womit die mythische Periode ihren Abschluß fand und die Periode der wissenschaftlichen, sittlichen und religiösen Autonomie (Freiheit) des Einzelmenschen begann. Dieser muß nun lernen aus eigener Freiheit in sich zu finden, was ihm bisher wie im begnadeten Traume von außen kam.

Ähnlich muß man die individuelle Entwicklung des Menschen begreifen. Auf dem Stadium des eben befruchteten Eikeimes ist das Menschenwesen in einem gar nicht auszudenkenden Grade „außer sich" und seiner selbst ohnmächtig und unbewußt. Aber schon die Gastrulations- und Organisationsprozesse der ersten Schwangerschaftswochen sind ein Sich-in-sich-selbst-ergreifen, freilich noch ein solches, das sich erst ganz mittelbar im leiblichen Gleichnis vollzieht, aber immerhin die Möglichkeit späteren geistigen Selbstbewußtseins vorbereitet.

Nach der Geburt setzt sich dieser Vorgang der Hereinbildung des geistig-seelischen Wesens auf höheren Ebenen fort. Man kann ein Kind nur richtig behandeln, wenn man weiß, daß es im geistig-seelischen, ja selbst noch im leiblichen Sinne außer sich ist. Es tritt der Umwelt nicht mit fertigen, sondern mit werdenden, höchstempfindlichen leiblichen, seelischen und geistigen Organen gegenüber. Indem es nun nach und nach sein totales Wesen in seine leibliche und geistig-seelische

Innenwelt herein-stülpt und herein-bildet, prägt es damit zugleich die Einflüsse seiner Umgebung mit herein und tingiert damit seine innere Organisation. Man vergesse nur niemals: geistig-seelisch ist das Kleinkind noch ebenso ein hüllen- und pflegebedürftiger „Embryo" wie auf Abb. 3 und 4 leiblich!

Die Einflüsse der Umgebung, besonders aber die geistigseelische Haltung der Eltern und Erzieher, ist daher von um so größerem Einfluß auf das Kind, je jünger dieses ist. Oft hört man Eltern gelegentlich heftiger Auseinandersetzungen im Familienkreise sagen: „Ach, das versteht das Kind ohnehin nicht, es ist noch viel zu klein!" Aber dies ist ein verheerender Irrtum! Freilich versteht das kleine Kind noch nicht die inhaltliche Bedeutung der elterlichen Gespräche usw., wohl aber ist es hellhörig und hellsichtig für die moralische und seelische Stimmung seiner Umgebung. Aber auch diese nimmt es nicht bewußt auf. Es kann nicht z. B. sachlich feststellen: „Jetzt ist mein Vater zornig, oder jetzt verstellt sich meine Mutter!" Dennoch und gerade deshalb aber wirken Jähzorn, Lüge, Verstellung, Neid, Mißwollen usw. tief, nicht nur in das unbewußte Seelen-, sondern auch in das Leibesleben des Kindes. Denn dieses kann noch kein freies Selbstbewußtsein der Welt entgegensetzen und durch Kritik schädliche Einflüsse abwehren. Es ist vielmehr in religiös zu nennendem gläubigem Vertrauen der Umwelt, besonders den Eltern und Erziehern, hingegeben. Daher sieht und hört, trinkt, ißt und atmet es mit Licht und Ton, Luft, Speise und Trank zugleich in sich hinein die moralische Seelenaura seiner Umgebung.

So wird nicht nur dasjenige, was sich das Kind als angeborene Eigenart aus dem Vorgeburtlichen mitbrachte, sondern auch die Seelenaura des Elternhauses und der Schule dem Kind zum Schicksal. Nicht nur sein Geistig-Seelisches, nein, auch Atmung, Verdauung und Blutzirkulation, ja selbst der anatomische Feinbau der Organe wird sich anders entwickeln bei einem Kinde, das in liebevoller, wahrhaftiger und beherrschter Atmosphäre heranwuchs, als bei einem Kinde, das von der Geburt an den unbewußten Schockwirkungen elterlicher Zornausbrüche oder lügnerischer Verstellungen ausgesetzt war. Es ist auch bedeutsam, ob ein Kind von materialistisch und nihilistisch, oder von spirituell und religiös eingestellten Eltern erzogen wird, auch dann, wenn die Eltern darüber nicht unmittelbar zum Kinde sprechen. Es lebt aber als Seelenstimmung in allem, was geschieht.

Viele Menschen leiden im späteren Leben an seelischen Minderwertigkeitsgefühlen der verschiedensten Art, wie z. B. unmotivierter Angst, Scheu und Schüchternheit, Neigung zu Lüge und Verstellung, pessimistischen und hypochondrischen Stimmungen usw., ja auch an Organminderwertigkeiten, wie Herz-, Magen-, Darm- oder Gefäßneurosen, sie erröten oder erblassen leicht, erleben unbegründete Schweiß-, Hitze- oder Kälteausbrüche usw. Geht man solchen Erscheinungen nach, so findet man sie meistens nicht angeboren oder vererbt, sondern durch ein, zwar wohlgemeintes, aber total verkehrtes pädagogisches Betragen der Eltern und Erzieher schon in den ersten Lebensjahren veranlagt. Meistens wundern sich diese später, „woher ihr Kind das herhabe", weil sie weder gewillt noch befähigt sind, in ihrem eigenen halb- oder unbewußten Verhalten die Gründe dafür zu suchen. Denn überängstliche, besorgte Eltern legen ebenso durch Verzärtelung, stetes Bemitleiden und Beachten, wie strenge Eltern durch ihr Drohen, Strafen, Spotten und Kritisieren den Keim zu jeweils verschiedenen organisch und seelischen Minderwertigkeiten [11].

Was also in der Umgebung des Kindes lebt, das tönt in es herein und wird einmal aus ihm zurück in die Umwelt tönen. Am deutlichsten kann man dies gelegentlich des Sprechenlernens beobachten. Eine bestimmte Sprache ist zwar dem Kind nicht angeboren, aber gierig saugt es die in seiner Um-

---

[11] Der Erforschung und Heilung solcher Erscheinungen widmet sich besonders die „Münchener Arbeitsgruppe für Gemeinschaftspsychologie", Leitung Nervenarzt Dr. S e i f.

gebung ertönende Muttersprache auf und hört sie in sich hinein, ergreift sie endlich und tönt sie zurück in die Umwelt. Das erste Sprechen ist tatsächlich ein echohaftes Nachlallen. Später aber werden nicht diese oder jene Worte im einzelnen, sondern die schöpferischen Wurzeln der ganzen Sprache, gewissermaßen der Sprachgenius selbst angeeignet und damit ist erst die eigentliche Sprachbeherrschung gegeben. Es ist dies eine Einstülpung und Verinnerlichung höherer Ordnung, welche aber durchaus der Gastrulation am Beginne der Embryonalzeit entspricht. Die Art der Sprache trägt ja schließlich nicht nur unser geistig-seelisches Bewußtsein, sondern macht sich bis in die feinere Gestaltung unseres Leibes, z. B. des Mundes usw. bemerkbar.

In ähnlicher Weise wie das Sprachvermögen ziehen nun unter dem Einflusse von Eltern und Lehrern in den jeweiligen Altersstufen in das Kind auch ein die Fähigkeiten des freien Stehens und Gehens, und weiterhin des freien Eigendenkens, Eigenfühlens und moralischen Eigenwollens. Hier überall zeigt uns aber späterhin der Erwachsene nicht nur, was er sich als angeborene Schicksals- und Charaktereigenart ins Dasein mitbrachte, sondern auch, wie die Einflüsse der Kindheit ihm z. B. in Gestalt bestimmter Denkrichtungen, moralischer oder religiöser Vorurteile, oder bestimmter Gewohnheiten) zum Schicksal wurden. „Und so kommt es, daß wir uns nicht gestatten dürfen, in der Umgebung des Kindes anders zu empfinden und zu denken, als dasjenige, was in dem Kinde weiter vibrieren kann. D a s   g r ö ß t e   a b e r ,   w a s   m a n   v o r - b e r e i t e n   k a n n   i n   d e m   w e r d e n d e n   M e n s c h e n , i s t ,   d a ß   e r   i m   r e c h t e n   M o m e n t e   s e i n e s   L e - b e n s   d u r c h   d a s   V e r s t e h e n   s e i n e r   s e l b s t   z u d e m   E r l e b e n   d e r   F r e i h e i t   k o m m t" (R. Steiner) [12]. Hierzu helfen ihm aber keine abstrakten Vorschriften, Gebote

---

[12] Vgl. R. S t e i n e r, Methodik des Lehrens und Lebensbedingungen des Erziehens, 1924; d e r s., Der pädagogische Wert der Menschenkunde, 1929.

oder Dogmen, sondern einzig und allein Ideen und Ideale, die ihm von Eltern und Erziehern vorgelebt oder später durch große Gestalten der Geschichte, Literatur und bildenden Kunst vorgestellt werden [13].

5. Kap.: Woher kommt das Bewußtsein?

Die verhängnisvolle Kluft zwischen Natur- und Geisteswissenschaften bzw. Biologie und Psychologie hat es mit sich gebracht, daß z. B. einerseits der Anatom die Entwicklung der Frucht im Mutterleibe als rein materielle geist-lose Tatsache betrachtet und beschreibt, andererseits der Psychologe, Pädagoge oder Biograph nur das mehr oder weniger bewußte oder unbewußte Seelenleben beachtet. Da beide Betrachtungsweisen keine Rücksicht aufeinander nehmen, weil wir noch keine „anatomische Psychologie" und keine „psychologische Anatomie" haben, kann man heute den Übergangsbereichen, wie sie z. B. im Säugling vorliegen, nicht gerecht werden.

Was liegt nun hier vor? Im Mutterleib und gleich nach der Geburt ist das Kind ein ausschließlich körperlich-leibliches Wesen, zu dem es noch keinen seelischen Zugang gibt. Nach wenigen Tagen aber ist der Bann gebrochen: Dem suchenden Lächeln der Mutter begegnet das erste Lächeln des Kindes. Seele hat Seele gefunden! Dieses erste Lächeln ist wie der Sonnenaufgang einer neuen Welt. Der Seelenmensch ersteht wie ein Lichtschein im bisherigen Leibesmenschen und bricht strahlend nach außen durch zum mitmenschlichen Du. Und dieser Seelenmensch wird nun immer stärker aufglänzen und sich nach und nach zum Geistesmenschen erhöhen und in späteren Jahren zur vollen Geburt gelangen.

---

[13] Vgl. zu diesem ganzen Kapitel das schöne Buch von C. von Heydebrand, Vom Seelenleben des Kindes, 1939.

Woher kommt jener Seelen-Sonnenaufgang, darin sich das Kind erstmals als selbständige Individualität bekundet und sich die Umwelt erschließt und nun immer mehr und mehr „ansprechbar" wird? Im Mutterleib ist der Mensch ein einheitliches (monopolares) und insofern scheinbar leicht verständliches Wesen. Vom ersten Lächeln an bis zum Tode aber ist er nun ein zweiheitliches (bipolares) Wesen. Woher kommt jener zweite Pol, welcher das menschliche Dasein fortan so ungeheuer spannungsreich, nämlich reich am Schönsten und Höchsten, aber auch reich am Niedrigsten und Gemeinsten macht? Woher kommt jener zweite Pol, welcher das bisherige einheitliche Dasein der Frucht im Mutterleib, auseinanderreißt in Schlafen (Hingegebensein den heiligen, schönen und gesunden Kräften der Natur) und Wachen (Wirksamkeit des freien, eigenwilligen Ich-bewußtsein), die sich nun immer weiter voneinander entfernen, je älter das Kind wird? Aus welchem Reiche erhebt sich das erwachende Bewußtsein des Kindes? (Vgl. dazu Abb. 3—6.)

Es gibt nun Erfahrungen, welche darauf von einem bestimmten Gesichtspunkte Antwort zu geben erlauben. Wir beobachten nämlich folgendes:

1. Je mehr sich der Leib des Kindes und Jugendlichen in Wachstumsgröße und Organausbildung nach innen vollendet, desto stärker tritt nach außen das Bewußtsein und Selbstbewußtsein hervor. Während der Säugling nahezu dauernd schläft, verlängern sich später die Wachperioden, bis sich schließlich der für den normalen Erwachsenen typische Rhythmus von 16 Wach- und 8 Schlafstunden einstellt. D a s   Z u r ü c k t r e t e n   d e s   L e i b e s l e b e n s   i s t   d e m n a c h   m i t   e i n e m   V o r t r e t e n   d e s   B e w u ß t s e i n s   v e r b u n d e n.

2. Werden aus irgendwelchen Gründen die leiblichen Organisations-, Wachstums- und Ernährungsvorgänge verstärkt, so beobachtet man sogleich eine Herabdämpfung der Bewußtseinskräfte. Ein aufgewecktes und lerneifriges Kind z. B. beginnt in der Schule plötzlich unaufmerksam zu werden, vor sich

hin zu träumen und schwer zu lernen. Die Gründe: Als Ursachen dafür ergeben sich oftmals bestimmte Schwierigkeiten seines Leibes, z. B. das Durchbrechen eines Zahnes oder eine beginnende Kinderkrankheit. Da das kindliche Bewußtsein noch besonders stark von Leibesvorgängen abhängt, muß der Erzieher dieses eingehend studieren, ehe er zum leichtfertigen Urteil kommt: „Du bist ein faules Kind!" Auch beim Erwachsenen sinkt ja die geistig-seelische Leistungsfähigkeit sofort und es entsteht Schlafbedürfnis etwa nach reichlicher Mahlzeit, in der Rekonvaleszenz nach schweren Krankheiten, starken Blutverlusten, beim Ausheilen größerer Wunden, oder auch, wenn sich in der Schwangerschaft die Kräfte nach innen und zur Frucht hinwenden. Das Hervortreten des physiologischen Leibeslebens ist demnach mit einem Zurücktreten des psychologischen Bewußtseinslebens verbunden.

Die Frage nach der Herkunft des Bewußtseins (diese uralte philosophische Frage) läßt sich daher auf Grund unserer physiologischen und medizinischen Erfahrungen einwandfrei dahin beantworten, daß man sagt: Das Bewußtsein erhebt sich aus dem Leibe, es reißt sich los von den inneren Organen. Je mehr sich die Organe und Leibesglieder des Menschen der fertigen anatomischen und physiologischen Ausbildung nähern, sich ausformen und verdichten, desto mehr pressen sie gleichsam Geistig-Seelisches aus sich heraus. Aus leibgebundenem (organisierendem, wachsenmachendem und ernährendem) Geistig-Seelischem wird leibfreies und umweltbewußtes Geistig-Seelisches.

Wir gelangen also zur wichtigen Feststellung, daß die Verdichtung und Ausformung des Physisch-Leiblichen nach unten mit einem Freiwerden und Aufleuchten des Geistig-Seelischen nach oben innigst verbunden ist. Es liegt hier eine grundlegende Weltgesetzlichkeit vor, die sich auf niederster Ebene dann zeigt, wenn Wasserdampf zu Wasser kondensiert bzw. dieses weiter zu Eis gefriert: Mit der Verdichtung und Ausformung der Substanz geht Schritt für Schritt ein Freiwerden der

Wärme. Bei jeder Verkörperung und Verfestigung (und die menschliche Embryonalzeit und Kindheit ist dies nur auf höchster Ebene) trennen sich also Stoff und Kraft, sie stoßen sich gleichsam voneinander nach entgegengesetzten Richtungen ab und es entsteht dadurch eine polarische Spannung dessen, was erst eine innige Einheit bildete. (Vgl. Abb. 7—10.)

Es gibt nun auch das Weltgesetz der konstanten Energiesumme: Auf physikalischem Gebiete kann nämlich die Wärme nur entweder als gebundene Wärme innerlich im Stoff wirken und ihm z. B. die flüssige Beschaffenheit verleihen (Zustandswärme), dann aber tritt sie äußerlich nicht in Erscheinung. Tritt sie aber äußerlich als Wärme in Erscheinung, dann muß sie sich dem Stoffe entziehen, wobei der Stoff gefriert oder auskristallisiert. Unmöglich aber kann sie zugleich auf beide Arten wirken. Dasselbe gilt nun für das Geistig-Seelische. Seine Gesamtkraft ist eine gegebene Größe, eben die des übersinnlichen Wesens, welches sich der Mensch in das Erdendasein hereinbringt. In der ersten Hälfte seines Erdendaseins (mit dem Maximum in der Embryonalzeit) sendet er diese Kräfte herein in die Leibwerdung (Geistig-Seelisches wird gleichsam zum Physisch-Leiblichen). Aber in der zweiten Hälfte seines Erdendaseins (schüchtern mit der Kindheit beginnend) hebt er diese Kräfte heraus in die Geistwerdung (Physisch-Leibliches verwandelt sich gleichsam in Bewußtsein und Selbstbewußtsein). Leiblichkeit und Bewußtsein sind mithin die zwei Erscheinungsformen desselben übersinnlichen Wesens, jedoch so, daß letzteres erstere voraussetzt.

Was aber ist das letzte Endergebnis dieser Verdichtung und Ausformung des Physisch-Leiblichen und dieser Freiwerdung des Geistig-Seelischen? Was ist das Endergebnis dieser im Mutterleib beginnenden Inkarnation und des sich durch Kindheit, Jugend und Erwachsenheit schrittweise vollziehenden Erwachens? — — Der Tod! Im Groben ist freilich der menschliche Leib schon fertig mit der Geburt (weshalb bald danach das erste Erwachen eintritt) und er erreicht am Ende der

Jugend (zwischen dem 21. und 28. Jahre) seine endgültige Größe und Durchgestaltung, (weshalb in diesen Jahren das volle Ichbewußtsein und die selbständige Schicksalsgestaltung einsetzt). Die feinere und feinste Durchmodellierung unseres Leibeslebens aber geschieht während des ganzen Erdenlebens und hier sind es gerade die sich in der zweiten Lebenshälfte aus den leiblichen Organen befreienden Bewußtseinskräfte, welche rückwirkend an unserem Leibe modellieren, so daß nun gerade der Leib des Erwachsenen und Alternden, z. B. in Gesichtsausdruck, Gangart, Haltung usw. von den bewußt durchlittenen und durchkämpften Mühen eines langen Lebens erzählt. Wenn auch in anderer Weise als das Kind, so gestalten wir doch lebenslang an unserem Leibe und zeigt dieser alles das in seine physische Gestaltung hineinverdichtet und hineingeronnen, was wir ihm während eines Erdenlebens einbilden konnten. Erst mit der endgültigen Vollendung unseres Physisch-Leiblichen erwacht daher unser Geistig-Seelisches vollständig, d. h. es tritt aus der materiellen in die geistige Welt ein, d. h. der Mensch stirbt.

Die Geschichte der Philosophie ist erfüllt vom Kampfe der monistischen mit der dualistischen Weltbetrachtung und besonders gegenwärtig will man den Menschen als untrennbare monistische Leib-Seele-Einheit verstanden wissen. In der Tat, der Monismus gilt vom kindlichen und noch mehr vom embryonalen Dasein. Hier besteht wirklich die Einheit von Leib-Seele und Geist, weil alles Geistig-Seelische zugleich ein Physisch-Leibliches ist und umgekehrt. Absolut dualistisch betrachtet aber muß werden der Alternde und im denkbar stärksten Maße der Sterbende. Denn im Tode zieht sich das Geistig-Seelische ganz aus dem zuendegelebten Physisch-Leiblichen heraus und dieses fällt gleichsam als erstarrter Niederschlag zu Boden. Wer monistisch denkt, kann daher nur das Jugendliche, Sprossende und Wachsende (d. h. die Welt der schlafenden, organisch-lebendigen Leiber) nicht aber das Alternde und Er-

s t e r b e n d e (d. h. die Welt des Bewußtseins und Selbstbewußtseins) verstehen.

Ein Blick auf unsere Abbildungen kann dieses verdeutlichen:
Auf den Abb. 3 und 4 ist das geistige Menschenwesen noch tief
schlafhaft in die Leibgestaltung versenkt (Leib-Seele-Geist-
Einheit). Es beginnt dann leise im Haupte zu erwachen auf
Abb. 5 und ist vollwach auf Abb. 6 und 1. Aber auch hier bezieht sich das Wachen nur auf den oberen, nicht auf den mittleren und unteren Menschen (Brust und Unterleib), denn in
letzteren ist zeitlebens das Geistig-Seelische träumend und
schlafend in die Leibesvorgänge versenkt. (Vgl. darüber das
nächste Kapitel.)

Aber noch mehr! In der Bewußtwerdung des Hauptes hört
das Geistig-Seelische nicht nur auf, leibgestaltend und organ-
aufbauend zu wirken und wird dadurch leibfrei (d. h. bewußt),
sondern es beginnt nun sogar in umgekehrter Richtung, nämlich
abbauend am Leibe zu wirken. Die Bewußtseinsprozesse sind
also nicht nur das Ende der Wachstum- und Aufbauprozesse,
sondern deren Gegenteil. Das Geist-Erwachen ist mit einem
Altern, Welken und Hinscheiden des Leibes verbunden. Deshalb benötigen wir des Schlafes, der den Abbau des Tages
wenigstens teilweise wieder ausgleicht und so einem allzu
raschen Altern und Sterben entgegenwirkt. Der Leib eines
Schlafenden erweist sich wie von einem inneren Feuer linde
durchglüht, sein Gesicht ist leicht gerötet, es geschieht etwas
wie ein Aufgrünen und Erblühen von innen her. Nach tiefem
Schlafe sind wir daher zunächst seltsam dumpf und benommen,
bis es uns nach und nach gelingt, die innere Wachstums- und
Lebensfülle zurückzudämmen und ganz wach zu werden. Wir
können es dann unmittelbar erleben, wie wir durch die Inten-
sität unseres vollerwachten Bewußtseins Abbau und Tod in
die Lebensblüte unseres Leibes hineintragen. „J e b e w u ß -
t e r w i r w e r d e n , d e s t o m e h r p r e s s e n w i r i n u n -
s e r e n l e b e n d i g e n M e n s c h e n e i n e n t o t e n h i n -
e i n." „Solange die Dinge sprießen und sprossen, da arbeitet
das Geistige in den Wesen drinnen, da tritt es nicht als Geisti-

84

ges auf, da offenbart es sich äußerlich durch die materiellen Prozesse. W e n n d a s G e i s t i g e a n s i c h e r s c h e i n e n s o l l , m ü s s e n Z e r s t ö r u n g s p r o z e s s e v o r g e h e n" (R. Steiner).

Nun aber könnte sich folgendes Bedenken erheben: Früher wurde von der Ein-bildung und Verinnerlichung des Geistig-Seelischen in das Physisch-Leibliche während Embryonalzeit und Kindheit gesprochen, jetzt aber reden wir vom stufenweisen Freiwerden des Geistig-Seelischen aus dem Physisch-Leiblichen. Besteht da nicht ein Widerspruch? Keineswegs, wenn man sich nur klarmacht, daß es sich hierbei um zwei verschiedene Aspekte desselben Vorganges handelt. Je mehr nämlich das Geistig-Seelische einerseits in der Gestaltung des wachsenden und sprossenden Leibes erscheint und dieser sich immer vollständiger ausdifferenziert (erwachsen wird), desto mehr kann es andererseits durch die fertigen Leibesorgane hindurch bewußt in die Umwelt hinaus-schauen und hinaushandeln.

In Embryonalzeit und Kindheit verinnerlicht sich also das übersinnliche Menschenwesen in der schrittweisen Ausgestaltung des Leibes, es schlüpft gleichsam in die werdende Organisation hinein (man denke an den Urvorgang der Gastrulation), dringt aber zugleich durch die ausgebildeten Organe hindurch in die Umwelt. Überdenkt man diese Zusammenhänge, so erlebt man den keimenden Leib der Frucht noch wie undurchlässig für das geistig-seelische Wesen. Dieses staut sich hier gleichsam noch in den unausgebildeten werdenden Organen. Hingegen beginnt schon der Leib des Neugeborenen (eben z. B. im ersten Lächeln) durchsichtig zu werden, welche Durchsichtigkeit nun mit der Bewußtseinsaktivität des weiteren Lebenslaufes ständig wächst. Man vergleiche doch nur den seelenwarmen geistdurchleuchteten Blick eines zur Güte und Weisheit gereiften Greises mit dem eines Kindes: Wie hier alles träumt und nach innen zu in den physiologischen Wachstumsvorgängen gleichsam ertrinkt, dort aber herausleuchtet und nur noch schwach mit dem zerfallenden Körper verbunden ist (vgl. Abb. 7—10).

Ein einleuchtendes Beispiel zur weiteren Verdeutlichung dieser Zusammenhänge ist folgendes: Während der Embryonalzeit baut das Geistwesen z. B. wohl an den Augen, aber kann natürlich mit den unfertigen Augen noch nicht sehen, es baut wohl z. B. am Gehirne, kann aber damit noch nicht denken; es organisiert wohl an den Gliedern, aber kann mittels ihrer noch nicht handeln. Das Geistwesen strahlt also wohl von der Sphäre des Übersinnlichen herein gegen den materiellen Mittelpunkt (den bildsamen Embryo), aber es vermag eben noch nicht durch diesen Mittelpunkt in die materielle Um- und Außenwelt hindurchzudringen. Das wird es nämlich erst können, wenn es sich ganz in den Leib ein-gebildet und damit diesen zum transparenten (durch-sichtigen, durch-fühlbaren und durch-wollbaren) Werkzeug gemacht haben wird. Der menschliche Leib ist mithin doppelseitig vom Geistig-Seelischen umgriffen, denn er steht mitten inne zwischen der zentripetal auf ihn zukommenden Leib-Werdung des Geistig-Seelischen und der zentrifugal von ihm ausgehenden Geist- und Bewußt-Werdung desselben. Wie nun die erste Richtung in der Jugend, die zweite im Alter überwiegt, soll in einem späteren Kapitel eingehender betrachtet werden.

Die vorbesprochenen Zusammenhänge einer vertieften Menschenkunde bilden nun die Grundlage der von Rudolf Steiner begründeten Pädagogik. Bis ins Einzelnste läßt sich nämlich zeigen, wie im Kinde und Jugendlichen in dem Maße bestimmte Kräfte frei und zur äußeren Leistung verfügbar werden, als die Entwicklung des Leibes bestimmte Stadien erreicht. Hier nur kurz ein Hinweis auf die Grundtatsachen: In der Zeit des Zahnwechsels, ums 7. Lebensjahr, werden Gedanken-, Lern- und Gedächtniskräfte im Kinde frei, die früher in die Leibesprozesse hineinschossen. Deshalb schickt man das Kind jetzt zur Schule. „Der Leib wird schwächer, die Seele stärker" (R. Steiner). Bliebe der Mensch seinem Leibe nach dauernd so vital wie der Säugling oder wie viele niedere Tiere (welche z. B. den Verlust ganzer Schwänze oder Gliedmaßen regenerieren, oder zeitlebens abgebrauchte Zähne durch neue ersetzen, ja selbst die Linse des Auges neubilden), so müßte er diese „ewige Leibesjugend" mit völligem „Bewußtseins-Schwachsinn" bezahlen. Tatsächlich gibt es Fälle von Infantilität und Schwachsinn, wobei der Mensch infolge seiner Entwicklungshemmungen einen rein vegetativen Zustand nicht überschreitet und wobei dann das oft blühende Aussehen der Leiber mit dem restlosen Schlafen des Ich-Bewußtseins schauerlich kontrastiert.

Der z w e i t e , auf dem Zahnwechsel folgende Einschnitt ist die Geschlechtsreife. Hier erschließt sich dem jungen Menschen „himmelhoch jauchzend und zu Tode betrübt" die Welt des Gefühles, die bisher unbewußt in der physiologischen Dynamik von Atmung und Herzschlag wirkte. Es erwacht die Begeisterung für große Vorbilder (Helden der Geschichte, des Dramas und Filmes), womit dem Erzieher ganz neue Aufgaben gestellt sind. „Die Seele wird schwächer, der Geist wird stärker (R. Steiner). Der d r i t t e Einschnitt ist endlich der Beginn der Vollerwachsenheit, um das 21. Lebensjahr. Jetzt wird man bei aufmerksamer Beobachtung bemerken, wie der Jugendliche in ganz neuer Weise willenshaft und entschlossen seinen Leib ergreift, wie er selbstbewußter steht und geht. Schon ein kleiner Junge kann verstandesmäßig dem Erwachsenen ähnlich sein, ja ihn an gewandter Klugheit oft übertreffen. Das darf uns jedoch als Erzieher nicht darüber täuschen, daß hier der eigentliche Wille noch ganz in den Leibesgliedern schläft. Ja dieser wahre Wille schläft sogar bei vielen Erwachsenen zeitlebens, nämlich bei allen denen, deren äußere Selbständigkeit und gehobene Berufsstellung nur schlecht die Tatsache verbirgt, daß dahinter nur ganz kleine Ich-Flämmchen flackern, die aber schon gar nicht der Last ihres Schicksals und Charakters gewachsen sind. Wie oft steckt hinter dem angesehenen „Herrn" und der gefeierten „Dame" noch der kleine Junge oder das kleine Mädchen, die sich selbst und andere darüber hinwegtäuschen, d a ß s i e b e i d e r l e t z t e n u n d s c h w i e r i g s t e n „G e b u r t", n ä m l i c h d e r G e b u r t d e s f r e i e n I c h - b i n , v e r s a g t e n .

Man vergegenwärtige sich hier nur die zahlreichen, traurigen Fälle, in denen sich Eltern und Kinder nicht in rechter Weise voneinander lösen. Der Sohn heiratet dann z. B. in seiner Frau nur eine Art „Mutterersatz", oder die Eltern halten ihre Tochter dadurch im Hause fest, daß sie die Hilfsbedürftigen und Bedauernswerten mimen. Man mache sich doch nur folgendes klar: Mangelnde, ebenso wie übertriebene Selbstsicherheit, Feigheit wie Brutalität, stolze Isolierung wie herdenhafte Anschlußbedürftigkeit, Anmaßung wie Schüchternheit s i n d g l e i c h e r w e i s e Z e i c h e n i n n e r e r U n s i c h e r h e i t, und es ist erschütternd zu sehen, wie die Menschen gegenseitig ihre Schwächen, Eitelkeiten, Anmaßungen und Minderwertigkeitskomplexe züchten, statt einander a u f d e m W e g e z u r w a h r e n, s e l b s t l o s e n S a c h l i c h - k e i t b e i z u s t e h e n (vgl. Anm. auf S. 77).

Hinsichtlich der Entwicklung zur freien Persönlichkeit besteht nun folgendes Grundgesetz: Je früher durch äußere oder innere Ursachen diese Entwicklung gehemmt oder abgebogen wird, um so tiefgreifender sind die schließlichen Ausfallserscheinungen. Wer freilich schon die Bewußtseinseinschnitte des 7. und 14. Lebensjahres nicht bewältigt, zeigt ganz offenbare und pathologische Infantilität, die sich dann auch in verschiedenen anatomischen und physiologischen Hemmungsbildungen äußert. Die feineren und mehr innerlichen Grade der Gehemmtheit jedoch entziehen sich zumeist dem gewöhnlichen, ungeschulten Blick. Die Lebenseinschnitte des 0. und 7. und 14. Lebensjahres sind sehr markant, die folgenden, ebenfalls ungefähr in siebenjährigen Rhythmen verlaufenden Einschnitte des 21., 28., 35. etc. Jahres aber werden immer undeutlicher. Auch geschehen die ersten Lebensepochen gewissermaßen von Gnaden der Natur und ohne unser besonderes Zutun, während zum richtigen Vollbringen der folgenden in immer höherem Maße der Einsatz eigener freier Mühe erforderlich ist. Abgesehen von ausgesprochenen Krankheitsfällen, werden wir also wohl alle, ohne viel eigenes Zutun, geboren und gelangen weiterhin zum Gehen, Sprechen, Denken. Aber schon die Geburt der ichhaften, freien Persönlichkeit zwischen dem 21. und 28. Jahre machen wir nicht mehr alle gleicherweise mit. Zur souveränen Selbst-Erkenntnis und Selbst-Gestaltung ihres Schicksals schließlich gelangen nur ganz wenige, während die Mehrzahl der „Erwachsenen" einer frühzeitigen Lebens- und Berufsroutine verfällt. Davon soll noch in einem späteren Abschnitt gesprochen werden.

Indem wir nun zum Schluß dieser Ausführungen nochmals auf die Frage der, aus dem organischen Leibesleben in Kindheit und Jugend schrittweise frei werdenden geistig-seelischen Bewußtseinskräfte zurückkommen, fassen wir die hier für den Arzt und Erzieher in Betracht kommenden Probleme in zwei Grundsätzen zusammen:

1. Für äußere, bewußte Leistungen dürfen nur Kräfte beansprucht werden, die bereits aus dem Organisch-Leiblichen frei wurden. Der Eintritt in die Schule, Auswahl und Behandlungsart der Unterrichtsgegenstände etc. hat sich strenge dem jeweiligen Reifegrad des Kindes und Jugendlichen anzupassen. Zu frühe Beanspruchung, wie sie eitle Erzieher oder Eltern oft erzwingen, geht auf Kosten der leiblichen und später auch der geistig-seelischen Entwicklung. Frühreife Kinder versagen sehr oft im späteren Leben. Vorzeitige sportliche Beanspruchung ist nicht minder als vorzeitige intellektuelle schädlich. Gesundend ist hingegen alles, was aus dem Künstlerischen stammt und der Märchenwelt des Kindes Rechnung trägt.

2. Umgekehrt aber müssen nun auch alle jeweils aus dem Organismus freiwerdenden Kräfte sogleich entsprechend beschäftigt und beansprucht werden, sonst stauen sie sich und ergeben die umgekehrten Schädigungen, wie bei zu früher Beanspruchung. „Schlechte Grwohnheiten", „Ungezogenheiten", phantastisch-lügnerisches oder cholerisch-explosives Gebaren der Kinder weisen den erfahrenen Beobachter oft in diese Richtung. Rudolf Steiners pädagogische Schriften sind eine Fundgrube wunderbarster Hinweise in dieser Richtung.

6. Kap.: Dreigliederung der menschlichen Gestalt und Schicksal.

In den bisherigen Betrachtungen sprachen wir meistens vom Leibe schlechthin und so, als wäre er ein einheitliches Gebilde. Dies ist aber keineswegs der Fall. Vielmehr erweist er sich, besonders beim Studium der Skelettgrundlage, deutlich gegliedert in 1. den Kopf, 2. in die Brust mit den Armen und 3. in den Unterleib mit den Beinen (vgl. Abb. 1, 6). Um jedoch die Bedeutung dieser Dreigliederung für den menschlichen Lebenslauf und die Schicksalsbildung voll würdigen zu können, mögen die Ergebnisse der vier vorangegangenen Abschnitte hier noch kurz zusammengefaßt werden:

1. Die Embryonalgeschichte ist Geistes-Geschichte, denn sie ist die Verräumlichung, Verkörperung und Versinnlichung einer übersinnlichen Wesenheit. Hierbei verwandelt sich Kraft in Form, also das Dynamische in ein Statisches. Wie später noch ausführlich darzutun ist, kommt einem Menschen sein Schicksal nicht zufällig von außen, sondern steigt empor aus seinem eigenen Wesen. Was sich daher ein Mensch durch die Beschaffenheit (Qualität) seiner übersinnlichen Wesenheit als sein Schicksal mitbrachte, das prägt er zunächst aus in der Gestaltung seines Leibes und später erst in der Gestaltung seines äußeren Lebenslaufes. Der Leib kann mithin durchaus bezeichnet werden als die primäre Physiognomik (Versinnlichung) des jeweiligen menschlichen Wesens und Schicksals.

2. Die vielfältigen Hüllen, welche den werdenden Menschen umgeben, schützen ihn nicht nur vor den vorzeitigen Einflüssen der grobmateriellen Außenwelt, sondern sind zugleich Ausdruck seines Eingebettetseins in eine geistig-seelische Umwelt, welche sich schrittweise und in zentripetaler Richtung vom Umfassenden her in den werdenden Menschenkeim hereinbildet. Je mehr sich nun aber das geistig-seelische Menschenwesen in den vom Mutterleib und Elternhaus umhegten Leib einstülpt, desto mehr entsteht schrittweise die leibliche (anatomisch-physiologische), die seelische (psychologische) und end-

lich die geistige (moralische und denkende) Innenwelt einer eigenständigen Persönlichkeit, welche nach und nach die sie umgebenden Hüllen sprengt (Geburt zur Freiheit auf den verschiedenen Ebenen). Aus dem menschlichen Inneren strahlen nunmehr in zentrifugaler Richtung aktive Kräfte hinaus gegen Welt und Mitmenschen.

3. Aus anfänglichen ohnmächtigen, den Einflüssen der Umwelt hingegebenen Zuständen gelangt das geistig-seelische Menschenwesen während Embryonalzeit, Kindheit und Jugend schrittweise zu sich selbst. Der tiefe Schlaf der Frucht im Mutterleibe, die träumerische Märchenwelt des Kindes wandeln sich nach und nach in die volle Selbst-Bewußtheit und Selbst-Mächtigkeit des Erwachsenen. Kräfte, welche erst leibgestaltend sich betätigten, werden frei und erscheinen auf der Ebene des Selbst- und Weltbewußtseins (Wahrnehmen, Vorstellen und Denken). Auf die zentripetale Leib-Werdung des Geistig-Seelischen folgt seine zentrifugale Geist-, d. h. Bewußt-Werdung. Je mehr sich der Leib nach unten hin ausformt und verdichtet, desto mehr wird das Bewußtsein nach oben hin frei und wach. Der werdende Leib des Embryos und Kindes saugt das Geistig-Seelische auf und dieses erscheint in anatomischen und physiologischen Organvorgängen. Das Ziel des Geistes ist hier der Leib. Der fertige Leib des Erwachsenen hingegen läßt das Geistig-Seelische durch sich hindurch bewußt in die Umwelt treten. Das Ziel des Geistes ist hier die Welt. Am Anfang des Erdenlebens bilden das Geistig-Seelische und das Physisch-Leibliche eine untrennbare „Leib-Seele-Geist-Einheit". Im Erwachsenen und Alternden trennen sie sich mehr und mehr. Denn der fertig ausgebildete Leib ist bereits ein ersterbender Leib. In ihm reißt sich der Geist los von den verhärtenden Organen und wird zunehmend weltweit. Leib-Ersterben ist also Geist-Erwachen. Das volle Erwachen jedoch ist erst der im Tode geschehende Übertritt aus einer sinnlich-materiellen in eine übersinnlich-geistige Wirklichkeit. Daher sagte man früher: W i r d e i n E r d e n m e n s c h g e b o r e n , s o   s t i r b t   e i n   G e i s t (d. h. er wird eingepflanzt in die

Materie und erscheint als organischer Leib), s t i r b t a b e r
e i n E r d e n m e n s c h , s o w i r d e i n G e i s t g e b o r e n
(d. h. er wird als leibfreie Wesenheit eingepflanzt in übermaterielle Kraft- und Wesenswelten). (Vgl. Faust II. Teil.)

Die vorstehend geschilderten Vorgänge vollziehen sich nun
aber vollständig nur in einem ganz bestimmten Teile der
menschlichen Organisation, nämlich im Kopfe. Machen wir
uns dieses an einigen Beispielen klar: Der Kopf eilt der Bil-
dungsgeschichte des ganzen übrigen Leibes weit voran, ja er
ist in Embryonalzeit und Kindheit geradezu der Ausgangspol
aller Gestaltungsvorgänge. Dies drückt sich am deutlichsten
in den Größenverhältnissen aus; im Verhältnis zur Körperlänge
beträgt nämlich die Größe des Kopfes beim Erwachsenen $^1/_8$,
beim Jugendlichen $^1/_6$, beim Neugeborenen ¼, in der 8. Schwangerschaftswoche ⅖, und in der 4.—7. Woche ½, ja noch mehr.
Zu einer Zeit also, wenn die Ausbildung des übrigen Leibes
noch sehr zurück ist, ja die oberen und unteren Gliedmaßen
überhaupt erst aus der Körperwand in Gestalt kleiner Vor-
ragungen hervorzukeimen beginnen (ca. 4. Schwangerschaftswoche), ist die äußere und innere Organisation des Kopfes
(z. B. des Gehirnes und der Sinnesorgane) schon sehr weitgehend gediehen. Hier vollziehen sich also die Prozesse der
Verinnerlichung, Verdichtung und Formwerdung am frühesten,
werden am weitesten getrieben und finden daher auch zuerst
ihren Abschluß. In Kindheit und Jugend bleibt daher der Kopf
im Wachstum gegenüber dem sich nun mächtig reckenden Rumpf
und den in die Länge schießenden Gliedmaßen zurück, das
Geistig-Seelische hört hier auf, organbildend zu sein und wird
zu bewußtem Denken verfügbar. N u r i m K o p f e v o l l z i e h t
s i c h d i e V e r k ö r p e r u n g d e s M e n s c h e n w e s e n s
b i s z u r ä u ß e r s t e n , m ö g l i c h e n G r e n z e , w ä h -
r e n d s i e i m ü b r i g e n L e i b e m e h r i n s t a t u n a s -
c e n d i a b g e s t o p p t w i r d . Deshalb ist nun auch der
Kopf das am meisten verknöcherte, ja von einer starren
Knochenkapsel gänzlich umhüllte Glied des menschlichen
Leibes. Die übersinnliche Musik des geistig-seelischen Kräfte-

webens gerinnt hier ganz in die unbewegliche, architekto-
nische Bildgestalt der menschlichen Physiognomik (vgl. dazu
Abb. 4—6).

Wir können daher sagen: Mit dem Haupte voran bildet der
Mensch seinen Leib; mit dem Haupte voran durchbricht er den

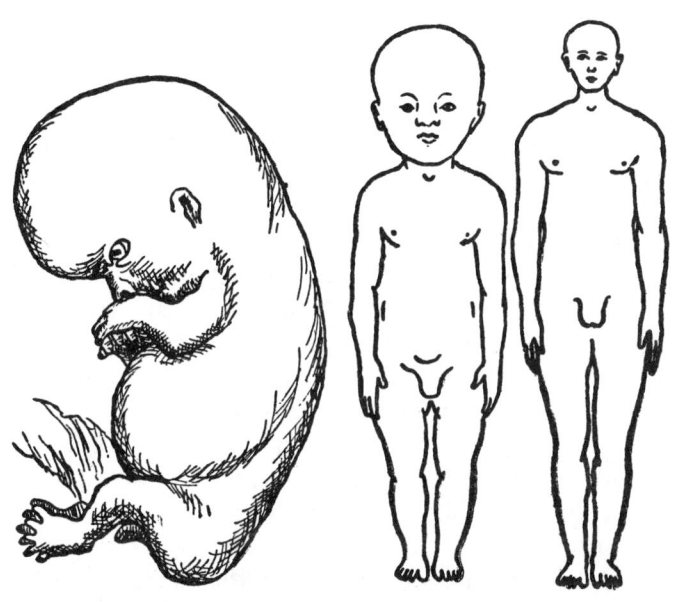

Abb. 4, 5, 6.

M e n s c h l i c h e r E m b r y o mit Nabelschnur und Schwanzanhang,
ca. 8 Wochen alt, ohne Hüllen (diese auf Abb. 3), Länge 25 mm, trotz
offener Augen (Augenlider noch nicht entwickelt!) in tiefschlafhaftem,
gleichsam kosmisch-jenseitigem Zustande.

Daneben N e u g e b o r n e r und E r w a c h s e n e r, zunehmend erwachend, sich auf die Erde stellend. Man beachte die relativen
Größenverhältnisse von Kopf, Rumpf und Gliedmaßen!

(Mit Benützung von Abbildungen aus Kollmann und Stratz.)

Mutterleib und betritt die Erde; mit dem Haupte voran erwacht er zum freien, denkenden Ichbewußtsein und durch-

bricht die seelische und geistige (nachahmende u. autoritative) Umhülltheit durch das Elternhaus und die Schule, mit hocherhobenem Haupte schreitet er seinen Lebensweg, aber er altert und stirbt endlich auch mit dem Haupte. Das Haupt ist demnach der Pol aller Ausgestaltungs- und Verdichtungsprozesse und daher auch der Pol der Bewußtseins- und Denkprozesse. Die Konzentrationsvorgänge, die geschehen, wenn wir uns besinnen und klare Gedanken bilden, zeigen ganz offensichtlich dieselben Gesetzmäßigkeiten wie die Leibbildungsvorgänge, welche zur Bildung des menschlichen Hauptes (Schädel, Gehirn) führen. Tiefer betrachtet, geschehen solche Vorgänge freilich nicht im Haupte allein, sondern in abgeschwächter Form im ganzen übrigen Organismus. Alles gestalthaft Ausgeformte und Verdichtete an der menschlichen Organisation, mithin auch Brust, Unterleib, Gliedmaßen, kann in e i n e r Hinsicht als Hauptesbildung aufgefaßt werden, sofern man nur auf die ruhende Gestalt (die Anatomie) hinblickt und ausdrücklich von allem Dynamisch-Bewegungshaften (Atmung, Herzschlag, Stoffwechsel, Säftezirkulation, Gliederbewegung etc.) absieht. Auf frühesten Embryonalstadien, lange ehe es Atmung, Herzschlag, Verdauung, Körperbewegung zeigt, lebt das Kind ausschließlich in Organ-G e s t a l t u n g s - und V e r d i c h t u n g s vorgängen, mithin in einer Geschehensrichtung, welche am reinsten vom Haupte (Knochen- und Hirnschädel) weitergeführt und vollendet wird.

Am Beginn seines Erdenlebens ist der Mensch ganz ruhende Gestalt, gleichsam „Haupt". Dies ist auch gar nicht anders zu erwarten, wenn man folgendes bedenkt: Am Beginn seines Erdenlebens ist der Mensch unbewußt und ohnmächtig ganz demjenigen ausgeliefert, was er sich als sein Schicksal in der Geist-Gestalt seines eigenen Wesens mitbringt. Die Embryonalgeschichte ist nun gar nichts anderes als die Ausprägung dieser schlechthin gegebenen und aus der Vergangenheit herüberragenden schicksalhaften Geist-Gestalt in die Leib-Gestalt. Bestünde nun aber der ganze Lebenslauf nur in dieser einen Richtung auf vollständige Gestalt-Werdung und Aus-Formung dessen, was seinem Wesen nach bereits i s t, so gäbe es gar keine Freiheit und unser Dasein wäre eine vorbestimmte fatalistische Notwendigkeit. Anatomisch käme das dann dadurch zum Ausdruck, daß jeder von uns nichts als ein einziges großes Haupt wäre und als solches äußerst rasch alterte und stürbe. Das Bewußtsein eines solchen Menschen besäße zwar außerordentliche Wachheit, Klarheit und Weisheit, aber es vermöchte weder zu fühlen noch zu wollen und gliche einem alles zermahlenden lieblosen Verstandesmechanismus.

Was bewirkt es nun, daß wir nicht nur unbewegliche, denkende Häupter, sondern fühlende und handelnde Menschen sind? Offenbar jener andere Pol unserer Organisation, dessen Entwicklung besonders in der späteren Kindheit und bei Beginn der Pubertät machtvoll einsetzt und der vom Haupte herabwirkenden Verdichtungs- und Ausformungsströmung die von unten aufsteigende Strömung des Stoffwechsel-, Bewegungs- und Willenswesens entgegensetzt. Man beachte von diesem Gesichtspunkt aus nur einmal, wie ein Kind bzw. ein Erwachsener stehen und gehen. (Abb. 5, 6.) Die Beine des Kindes sind klein und schwach, das Haupt schwer und groß. Man erhält den Eindruck, als würde das Kind von seinem großen Haupte aus aufgerichtet und im Gehen und Stehen v o n o b e n n a c h u n t e n gleichsam wie von einem Luftballon geführt. Von der Pubertät und besonders vom 21. Lebensjahre an vollzieht sich hierin ein auffallender Wandel. Jetzt stellt sich der Erwachsene eigentümlich ichbewußt auf seine Beine und richtet und reckt seinen Leib v o n u n t e n n a c h o b e n. So betrachtet, wirken Kinder in gewisser Hinsicht uralt, denn sie gestalten in ihrer Leibesentwicklung vom Kopfe her ein aus der Vergangenheit herrüberragendes Schicksal zu Ende. Wenn hingegen im Erwachsenden der Wille erwacht und er sich eigenwillig auf „eigene Füße stellt" und, oftmals im Protest zu Schule und Elternhaus, zu Vererbung und Tradition, zur Selbst- und Umgestaltung seines Schicksals schreitet, dann erleben wir eine in der Freiheit des Geistes nicht in der Jugendlichkeit des Leibes begründete Jugend. Diese auffallende Tatsache wird uns in der Folge noch öfter beschäftigen.

Nur in seinem Haupte und den von dort ausstrahlenden Ausformungs- und Verhärtungsprozessen ist demnach der Erwachsene „alt". In der feuergleichen Beweglichkeit und Leidenschaft seines Stoffwechsel-, Bluts- und Willenslebens hingegen trägt er Verjüngungskräfte in sich, welche den vom Haupte herabwirkenden Alterskräften entgegenwirken. Wie alles sich Verdichtende ist daher der Hauptespol kalt und das Geistig-Seelische wird als Sinnes- und Verstandesbewußtsein hinaus in die Umwelt frei. Im Stoffwechsel-Willenspol jedoch durchdringt das Geistig-Seelische von innen her erwärmend die leiblichen Organe und erhält sie plastisch und beweglich. Wollen und Tun machen daher warm, Verstandesdenken aber kühlt nicht nur das Seelen-, nein auch das Leibesleben ab. Das Einschlafen ist daher nichts anderes als ein tiefes Eintauchen des ganzen Menschen in den Stoffwechsel-Willens-Wärmepol.

Wir können demnach gewissermaßen z w e i e i n a n d e r e n t g e g e n g e r i c h t e t e und e i n a n d e r p o l a r d u r c h d r i n g e n d e „M e n s c h e n" u n t e r s c h e i d e n. (Vgl. Abb. 1, 6.) Der „obere" hat seinen Schwerpunkt im Haupt und wirkt von da nach u n t e n. Da er in allem wirkt, was am Menschen verdichtete und ruhende Gestaltung ist, kann man ihn Form-Menschen oder statischen Menschen nennen. Der „untere" hat seinen Schwerpunkt im Unterleib und den Gliedern (besonders den Beinen) und wirkt von da nach o b e n. Er wirkt in allem, was am Menschen Bewegung, Wechsel, Leben ist, weshalb er Kraft-Mensch oder dynamischer Mensch genannt sei. Man merke wohl: beide „Menschen" sind überall im ganzen menschlichen Leibe anzutreffen, sie haben nur jeweils den Schwerpunkt im unteren bzw. oberen Menschen. Man vergleiche doch nur einmal die Schädelregion auf der einen, die Bein- und Beckenregion auf der anderen Seite.

Was daher im oberen Menschen wunderbar feine, aber ruhende Durchformung von Knochen, Nerven, Gehirn und

Sinnesorganen ist, das erscheint im unteren Menschen als Bewegung, und zwar als äußere Bewegung in den Gliedmaßen, als innere Bewegung in den Ernährungs-, Aufbau- und Ausscheidungsvorgängen. Während sich die Ganglienzellen des Großhirnes nach der Geburt nicht mehr teilen, sondern langsam verschlacken, sind die Zellen z. B. der Eingeweideorgane und besonders des Blutes zeitlebens einer außerordentlich lebhaften Abstoßung und Wiedererneuerung unterworfen. Hier herrscht das „Stirb und Werde", im oberen Menschen aber das starre „Sein".

Es bedarf wohl keines näheren Beweises, daß wir den Pol unseres Erkennens (Wahrnehmens, Vorstellens, Denkens) im oberen Menschen (Gehirn, Nerven-Sinnessystem), hingegen den Pol unseres Trieblebens und Wollens im unteren Menschen (Stoffwechsel-Gliedmaßensystem) tragen. Der Erkennende sitzt bewegungslos da. Im klaren Lichte seines Bewußtseins liegt um ihn ausgebreitet alle Wirklichkeit. Aber er greift in diese Wirklichkeit nicht ein, sondern spiegelt sie nur an den ausgeformten und verfestigten Strukturen seines Nerven-Sinnes-Systems. Die Welt der Erkenntnis ist ebenso wie das menschliche Haupt eine im Werden ganz zu Ende gekommene, mithin in die Vergangenheit weisende Wirklichkeit. Jeder Erkennende erscheint uns wie eingetaucht in ein kühles Blau und nur im Haupte vom Lichte des Bewußtseins überleuchtet. Die Licht-Befreiung im klaren Denken ist aber unweigerlich mit Stoff-Verdichtung im Körperlichen verbunden. Ja, man kann erleben, wie wir durch jeden klaren Gedanken, den wir denken, so etwas wie eine vorübergehende Kristallbildung in unserem Gehirne bewirken, welche freilich alsbald durch den Schlaf oder durch stärkere Betonung des Gefühls- und Willenslebens wieder aufgelöst wird. So wird denn nun also wohl verständlich sein, wenn wir sagen: Das denkende Haupt ragt aus der Vergangenheit herüber, in ihm lebt ein Mensch sein mitgebrachtes Schicksal zu Ende. Wären wir nur denkende Häupter, so blickten wir fatalistisch nur auf das

Gewordene. Ein Embryo ist daher ganz vergangenheitszugewandt (Abb. 4).

Ganz anders der Wollende. Im feurigen Wollen reißt der
Mensch die Zukunft auf, indem er selbst am Zukünftigen
schafft. Der Wollende erscheint daher wie von einem inneren
Feuer durchglüht, wenn er z. B. einen Entschluß faßt, vom
Stuhle aufspringt und zur Tat schreitet oder erregt mit dem
Fuße aufstampft. Selbst sein Kopf dient ihm nicht zur ruhigen
Betrachtung, sondern z. B. als eine Art „Widder", wenn er —
wie es im Volksmund so treffend heißt — „mit dem Kopf durch
die Wand will". Im Wollen spiegelt sich das Geistig-Seelische
nicht am Fertig-Gewordenen in uns (Kopf) und um uns (materielle Außenwelt), sondern taucht tief in die Wirklichkeit selbst
ein, durchglüht, gestaltet sie und bewegt sie von innen. Unfrei
sind wir im denkenden Haupte, denn hier bleibt uns nur übrig,
die schon gegebene Wirklichkeit hinzunehmen, auch können
wir an der Form unseres Körpers, und besonders an der Physiognomik unseres knöchernen Schädels nichts mehr ändern.
H i n g e g e n g r e i f e n w i r i m S t o f f w e c h s e l - G l i e d -
m a ß e n s y s t e m z e i t l e b e n s u n m i t t e l b a r b i s i n
d i e m a t e r i e l l e n F u n d a m e n t e u n s e r e s D a -
s e i n s e i n. Denn was ist die Möglichkeit, seine Gliedmaßen
zu bewegen, seine Arme bald zu diesen, bald zu jenen Handlungen, seine Beine zu diesen oder jenen Lebenswegen hinzulenken anders, a l s F r e i h e i t z u r S e l b s t g e s t a l t u n g
e i n e s k o m m e n d e n S c h i c k s a l s ?

G e d a n k e n m e n s c h e n sind daher leicht negativ und
kritisch, weil in allem Erkennen so etwas wie Distanzierung
und Antipathie[1] (Subjekt-Objekt, Gegen-Stand) wirken.
W i l l e n s m e n s c h e n hingegen sind meistens positiv, weil
allem Wollen eine innige, sympathische Verbindung mit der
Welt zugrunde liegt, was natürlich nicht ausschließt, daß der

---

[1] Vgl. dazu R. Steiner, Allgemeine Menschenkunde als Grundlage
einer Pädagogik, 1922. Weiteres über Dreigliederung d e r s., Geisteswissenschaft und Medizin, 1937.

Wille ebenso Dinge zerstören wie aufbauen kann. Aber er greift wenigstens in die Dinge selbst ein und hält sich nicht scheu zurück. Klares Bewußtsein kann sich aber immer erst am bereits Verwirklichten und mithin Gegen-standsfähigen entzünden. Deshalb besitzen wir ein klares Wissen nur von dem, aus der Vergangenheit herüberragenden und bereits verwirklichten Schicksal, welches wir in der verfestigten Gestalt unseres Körpers und den Gegebenheiten unserer Umwelt an uns tragen. Über dem zukünftigen Schicksal hingegen, das wir eben erst durch unsere Taten vorbereiten, liegt zunächst tiefes Dunkel. Wir werden ja eben erst an den Früchten unserer Taten etwas über die wahre Beschaffenheit unserer Gesinnungen und Willensabsichten erfahren. Solange wir nämlich noch mitten im Wollen und Begehren drinnenstecken, geben wir uns meistens den größten Illusionen über unsere wirklichen Absichten und Triebfedern hin. Eine wunderbare bildhafte Schilderung dieser Polarität hat Goethe in seinem Gedichte „Pandora" gegeben. E p i m e t h e u s verkörpert da den wesenhaft auf die Vergangenheit und aufs Gewordene blickenden Hauptes-Gedanken-Menschen, in welchem sich ein Schicksal zu Ende lebt, P r o m e t h e u s hingegen den Bewegungs-Willens-Menschen, der in die Zukunft blickt und in welchem ein kommendes Schicksal keimt. Dies heißt natürlich nicht, Epimetheus müsse immer an die Vergangenheit denken, aber eben als Denkend-Betrachtender ist er nur auf schon Gewordenes und in diesem Sinne aus der Vergangenheit Herüberragendes, nicht aber aufs Werdende gerichtet. Denn das Zukünftig-Werdende kann man nicht betrachten, — es i s t noch gar nicht —, man kann es nur hervorbringen. A l l e s D e n k e n i s t a u f s S e i n, n u r d e r W i l l e a u f s W e r d e n g e - r i c h t e t.

Beide Pole begegnen und durchdringen nun einander in der fühlenden menschlichen Mitte, in Atmung und Herzschlag. (Abb. 1.) Rhythmus, wie er hier herrscht, ist immer Ausdruck des Gleichgewichtes zweier Pole. In der anatomischen Gestalt der Brust (des Thorax), in der physiologischen Beschaffenheit von Atmung und Herzschlag, bzw. endlich im Gemütsleben eines Menschen besitzen wir daher einen feinen Maßstab für die Beurteilung des Ineinandergreifens des oberen und unteren, des erkennenden und wollenden Menschen. Im W o l l e n drängt das Geistig-Seelische zentripetal aus dem Übersinnlichen herein ins Körperlich-Materielle und bewegt dieses (Stoffwechsel-Gliedmaßen-System). Im D e n k e n erhebt sich das Geistig-Seelische aus den ausgeformten Strukturen des Nerven-Sinnes-Systems und wacht zentrifugal hinaus in die Welt. In der menschlichen Mitte schwingt es rhythmisch in beiden Richtungen. Hier lebt daher auch zwischen Verstandes-Kälte und Willens-Feuer, zwischen dem aus der Vergangenheit sich zu Ende lebenden und dem in die Zukunft hineinkeimenden Schicksal d i e f r e i e G e g e n w a r t d e s H e r z e n s - M e n s c h e n.

Da das P r i n z i p d e r D r e i g l i e d e r u n g von außerordentlicher Fruchtbarkeit für das Verständnis des menschlichen Daseins ist, seien im Folgenden verschiedene, aber einander entsprechende Dreigliederungen kurz zusammengestellt: 1. Die Dreigliederung im Bereiche des P h y s i s c h L e i b l i c h e n (oberer, mittlerer, unterer Mensch; Nerven-Sinnes-System, rhythmisches System von Atmung und Herzschlag, Stoffwechsel-Gliedmaßen-System). 2. Die Dreigliederung im Bereiche des G e i s t i g - S e e l i s c h e n (Erkennen, Fühlen, Wollen). 3. Die Dreigliederung hinsichtlich der Helligkeitsgrade des B e w u ß t s e i n s (Wachen, Träumen, Schlafen). 4. Die Dreigliederung der Zeit (Vergangenheit, Gegenwart, Zukunft). 5. Die Dreigliederung der L e b e n s a l t e r (Kindheit, Erwachsenheit, Greisentum). 6. Die Dreigliederung hinsichtlich des S c h i c k s a l s (Von der Vergangenheit herüberragendes sich zu Ende lebendes Schicksal, in der Gegenwart lebendiges Schicksal, für die Zukunft sich vorbereitendes Schicksal). Ein ganzer Mensch ist in gewisser Hinsicht je der obere, mittlere und untere Mensch, das Erkennen, Fühlen und Wollen etc. so jedoch, daß alle drei zusammen noch einmal ein Ganzes ausmachen.

Solche Dreigliederungen sind natürlich zunächst nur abstrakte Schemata, welche erst in der Erforschung der Fülle des menschlichen Daseins Bedeutung gewinnen. Bisheriges zusammenfassend und Kommendes vorwegnehmend, wird es aber doch verständlich sein, wenn wir folgendes sagen: Der o b e r e Mensch weist als Form- und Gedanken-Mensch in die Vergangenheit, der u n t e r e Mensch als Bewegungs- und Willens-Mensch aber in die Zukunft. Der G e d a n k e n - Mensch lebt im Lichte klaren Bewußtseins, welches sich aus dem verhärtenden Kopfmenschen heraushebt; der W i l l e n s - Mensch lebt in der Dunkelheit eines halb- und unbewußten Drängens und Begehrens, welches tief in die Stoffeswelt unseres Leibes und unserer Umwelt eingreift und daher nur einem träumerischen oder schlafhaften Bewußtseins-Zustand gleicht. Das aus der Vergangenheit herüber Gewordene liegt klar im ruhenden Lichte der Erkenntnis, das in die Zukunft hinein Werdende hingegen ringt in der Dunkelheit des schöpferischen Willens erst nach Dasein. Der b e t r a c h t e n d e Gedanken-Mensch tritt der Welt äußerlich und unbeteiligt gegenüber, er ist kühl. Der t ä t i g e Willens-Mensch aber hat sich ihr ganz zu eigen gegeben und ist begeistert mit ihr verwachsen.

Wenn nun aber wirklich der obere Gedanken-Mensch in die Vergangenheit, der untere Bewegungs-Willens-Mensch in die Zukunft weist, so entsteht die Frage: Wie hängen denn diese beiden zusammen? Hängen sie etwa so zusammen, daß sich im unteren Menschen dynamisch vorbereitet, was im oberen zur Form gerinnt? Wird also in der durchgestalteten Physiognomik unseres Schädels und unserer Gedanken bildhaft sichtbar, was erst in den Bewegungs- und Stoffwechsel-Vorgängen des unteren Menschen bzw. in unseren Handlungen und Lebens-Schritten keimte? Kommt also schließlich die Qualität und Moralität unseres Willens- und Trieb-Lebens in der Form unseres Antlitzes und unserer Gedanken zur Erscheinung?

Offenbar wird man bei tieferem Nachdenken die Berechtigung solcher Fragen wohl nicht abstreiten können, steht dann aber allerdings vor der ganz ungewohnten, ja ungeheuren Folgerung: daß wir durch die Dynamik unseres Stoffwechsel-Willens-Menschen Selbstgestalter unseres Schicksals sind, das wir in Gestalt und Physiognomik unseres Körpers an uns tragen. Man braucht einen solchen Gedanken jedoch nur auszusprechen, um sogleich dem Einwand zu begegnen: Wie kann der untere Mensch die Keimstätte des oberen sein, wo wir doch beide Pole gleichzeitig an uns tragen? Wie können unsere Hand-lungen und Lebens-schritte die Form unseres Hauptes und unserer Gedanken bestimmen, wo wir doch mit einem schon ausgeformten Haupte zur Welt kommen, ja dieses sich zu einer Zeit bereits bildet, wo überhaupt noch gar keine Gliedmaßen und kein Stoffwechsel-Willensleben vorhanden ist (in der frühen Embryonalzeit)?

Der einzig mögliche Ausweg aus diesen Schwierigkeiten ist die Annahme der wiederholten Erdenleben. Soll nämlich der dreigliedrige Mensch, wie er in diesem gegenwärtigen Erdenleben vor uns steht, verständlich sein, so benötigen wir ein diesem Leben vorhergehendes Erdendasein, in welchem sich der willenshafte Keim zum gegenwärtigen Haupt anlegte und wir benötigen ein auf dieses gegenwärtige Erdenleben folgendes Erdenleben, in welchem der gegenwärtige Willensmensch sich zum künftigen Hauptes-Gedanken-Menschen umwandeln kann. Hiermit ist zugleich der Forderung der Goetheschen Metamorphosenlehre auf oberster Stufe Genüge getan.

Im dreigliedrigen Menschen begegnen sich also in der Herzensmitte Vergangenheit und Zukunft. Die menschliche Gestalt ist ebenso ein Abbild der Polarität von Erde und Kosmos, Wille und Denken, Schwere und Licht, wie sie ein Abbild des Zeiten-Schicksalsstromes ist. Sie sprengt daher das bloße gegenwärtige Erdenleben. Dieses ist ihr zu enge. Sie braucht, um verstanden zu werden, mindestens ein vorhergegangenes und ein zukünftiges Erdendasein. Denn was an unserer Leiblichkeit starre, verwirklichte Gestaltsphysiogno-

mik (also besonders das Haupt) ist, dazu bringen wir uns ja die
fertige Anlage (die Geistgestalt) schon aus dem vorgeburtlichen Dasein bzw. aus der elterlichen Vererbung mit und modellieren nach ihr unseren Leib während Embryonalzeit und
Kindheit. Was aber an unserer Leiblichkeit ganz und gar
dynamische Bewegtheit (also Stoffwechsel und Gliederbewegung) ist, das bleibt zunächst Dynamik und kann erst im
folgenden Erdendasein zur Form gerinnen.

Man mache sich doch nur klar, daß vollständig sichtbar
und verkörpert überhaupt nur der obere Mensch ist. Denn der
Sinn dessen, was im Stirb und Werde unseres Stoffwechsels,
in der Rhythmik von Atmung und Herzschlag, und schließlich
in den beweglichen Gliedern vorliegt, ist ganz und gar nicht
Gestalt, d. h. nichts Räumliches, sondern ein Zeithaftes. Nur
Raumes-Dinge sind materiell, Zeiten-Vorgänge rein als solche
aber sind unmateriell und übersinnlich. Was also der Anatom
an den Organen des mittleren und unteren Menschen beschreibt, ist gar nicht die wahre und volle Wirklichkeit dieser
Organe, denn diese zeigt sich allein in der Funktion und Bewegung, also in einem Unmateriellen. Nur die Schädelkapsel
und das Nervensystem sind ganz und gar aus dem Werden ins
Gewordene hereinverdichtete, körperlich-materielle Formen.

Im Erwachsenen überschneiden sich daher gleichsam ein Vergangenheits- und ein
Zukunftsmensch. Der Vergangenheitsmensch lebt die
in der Embryonalzeit beginnenden Gestaltungs- und Verdich-
tungsvorgänge zu Ende, die ihren sichtbarsten Ausdruck im
Hauptesmenschen finden. Was sich ein Mensch an angeborenen und vererbten Anlagen ins Erdendasein mitbrachte, das
wird im Wachsen und Sprossen des kindlichen Leibes sichtbar, das altert aber auch da, stirbt endlich und wird begraben.
Ein Kind ist also wohl jung und zukünftig im Physisch-Leiblichen, uralt und vergangenheitszugewandt aber im Geistig-
Schicksalhaften, weil es nur die Geistgestalt eines schon gegebenen Schicksals leiblich aus- und zuendelebt. Hingegen
keimt in der feuerhaften moralischen Tat- und Opferkraft der

Erwachsenen und Alternden ein neuer, zukunftweisender Mensch, der überhaupt kein körperlich-materielles, sondern ein geistig-dynamisches Wesen ist und demnach weder sterben noch begraben werden kann. Dieser zweite Mensch wird eigentlich immer jünger. Wer kennt sie nicht, die alternden Männer und Frauen, die im Protest zum zerfallenden Leibe eine Begeisterung, Willens- und Liebeskraft zeigen, vor der die Jugendlichkeit der Jugend verblaßt? Man denke doch nur an den alten Faust, wie ihn Goethe gestaltete und selbst lebte! Hier erhebt sich mit Macht die Geistgestalt eines kommenden Erdendaseins aus den letzten Schlackenresten dieses bald von den Lemuren begraben werdenden Erdendaseins und gab Goethe die Gewißheit, in einem neuen Dasein weiter zu leben und weiter zu wirken.

Wer sich einmal die Mühe nahm, in vorurteilsfreier Weise solche Gedanken durchzudenken und sie, zunächst hypothetisch auf die Erforschung der anatomischen, physiologischen und psychologischen Einzelheiten anwendet, wird zu Perspektiven gelangen, deren Fruchtbarkeit nicht abzuleugnen ist. Warum sollten wir nicht auch den Mut haben, etwas Ungewöhnliches, ja etwas zu denken, wogegen sich zunächst alle unsere wissenschaftlichen und alltäglichen Denkgewohnheiten heftig sträuben? Ich denke, die Welt ist tiefer, als wir meinen, und das Tiefste, was wir denken, ist an dieser Abgründigkeit gemessen noch flach. Wer daher, entsprechend einer leider weit verbreiteten Ansicht vom Wesen der Wissenschaft, mit möglichst wenigen Begriffen und Gedanken sein Auslangen sucht und alles Unbekannte auf ein ihm schon Vertrautes und Gewohntes „zurückführen" und so „erklären" möchte, verwechselt den Kampf um die Wahrheit mit bürgerlicher Bequemlichkeit.

„Bist Du beschränkt, daß neues Wort Dich stört?
Willst Du nur hören, was Du schon gehört?"

(Mephistopheles zu Faust, II. Teil.)

III. Teil:

JUGEND UND ERWACHSENHEIT, ALTERN UND STERBEN.

(Praktische Lebensführung.)

1. Kap.: Die Krise unserer Lebensmitte.

In den bisherigen Kapiteln betrachteten wir den stufenweisen Hereintritt des geistig-seelischen Menschenwesens ins Erdenleben und die Entwickelung des menschlichen Leibes (Inkarnation). Diese aufsteigende leibliche Entwickelungsphase geht nun aber bald in eine absteigende (Exkarnation) über und dieser Wendepunkt der Bahnkurve unseres Erdenleben ist die „Krise der Lebensmitte"[1] (vgl. Abb. 7—10).

Mehr oder weniger selbstverständlich haben wir alle die Jugend durchlebt. Jetzt aber erhebt sich die Frage: „Was nun weiter?" Zunächst wird freilich der Ernst dieser Frage verdeckt durch das Getriebe der Berufsgeschäfte und äußeren Leistungen, welche uns ganz beanspruchen. Schließlich aber entsteht doch, wenn auch verborgen, hinter der Frage die zweite, schwerere: „Was fange ich an mit meinem Altwerden und wie gehe ich schließlich in meinen Tod?" Dieser Wandel des Menschenlebens kommt sehr launig in einem Märchen zum Ausdruck: Bis zum 30. Jahre dauert die Jugend. Die nächsten 18 Jahre sind die „Jahre des Esels", denn eine um die andere Last wird uns auferlegt. Die kommenden 12 „Jahre des Hundes" besagen, daß wir keine Zähne mehr zum Beißen haben und nur mehr knurren. In den letzten 10 „Jahren des Affen" sind wir endlich schwachköpfig und närrisch und das Gespött der Kinder.

---

[1] Gute Beobachtungen in dieser Richtung bringt W. v. Hollander, Der Mensch über Vierzig, 1938.

Der eingehende Vergleich von Jugend und Alter soll uns nun in den Stand setzen, die „Krise der Lebensmitte" richtig zu verstehen und praktisch zu gestalten, wobei wir im voll ausgebildeten menschlichen Lebenslauf naturgemäß ein erstes, zweites und drittes Lebensdrittel unterscheiden. Wer freilich schon im ersten oder zweiten Lebensdrittel stirbt, kann die im Folgenden zu besprechende Krise des beginnenden Alterns nicht erfahren. Für ihn gelten andere Schicksalsgesetze.

Der eigentümliche Reiz des ersten Lebensdrittels, der uns so oft in der Rückschau mit wehmütigen Gefühlen erfüllt, beruht offenbar darin, daß sich hier unser leibliches, seelisches und geistiges Erdendasein ungestüm drängend entfaltet. Jeder Tag bringt neue Entdeckungen und Erlebnisse, weil täglich die leiblichen, seelischen und geistigen Organe und Kräfte wachsen und neue zu keimen beginnen. Aus einem vorgeburtlichen, übersinnlichen und außerirdischen Dasein wächst unser Wesen Schritt für Schritt in die irdische Verkörperung hinein. Der befruchtete Eikeim ist nur der erste schmale Spalt, durch den sich ein Geistwesen in die Erdenmaterie hereindrängt, um bald immer voller innerhalb derselben zu erscheinen und zuerst noch mehr als physisch-leiblicher, späterhin aber auch als geistig-seelischer Erdenmensch heranzuwachsen und zu erwachen.

Abb. 7, 8, 9, 10.
Schlafender Säugling (man beachte die weichen, träumerischen Formen), Junges Mädchen (man beachte die noch kindliche Stirn-, Nasen-, Mund- und Kinn-Bildung), Mann (voller Eintritt in die Erdengestaltung und Ichwachheit), Greis (verhärteter und zerbröckelnder Körper.) (Nach C. G. Carus.)

Versteht man nun unter „Genialität" schöpferische Produktivität, so kann das erste Lebensdrittel und das, je mehr wir zur Konzeption zurückgehen, als im höchsten Maße genial gelten. Wie gleichgültig und mechanisch verlaufen die Tage, Monate und Jahre beim durchschnittlichen Erwachsenen! Dort aber bildet sich innerhalb neun Monaten das Wunderwerk des menschlichen Leibes und nach der Geburt wird in wenigen Jahren vom Kinde mehr und Grundlegenderes erobert und erlernt, als im ganzen späteren Leben. Erst beginnt das Kind seinen Leib zu ergreifen. Es ringt mit ihm und gelangt über die ersten ruckartigen und schnellenden Bewegungen des Säuglings, über das Krabbeln und Sichaufrichten des Kleinkindes endlich zum freibeherrschten Stehen und Gehen. Weiterhin erschließen sich dem heranwachsenden Menschen die Welt der Sprache, des Gedankens, des künstlerischen und moralischen Fühlens und endlich des frei-verantwortlichen Wollens.

So erbaut sich der heranwachsende Mensch stufenweise seine leibliche, seelische und geistige Innenwelt. Er lernt es, sich selbst zu ergreifen, und er erobert gleichzeitig die Um- und Außenwelt, indem er sich immer freier und beherrschter in ihr bewegt. So ist es dann freilich verständlich, wenn j e d e r T a g d e r K i n d h e i t u n d J u g e n d e i n g ö t t - l i c h e s G e s c h e n k u n d e i n e B e g n a d u n g i s t. Denn jeder Tag erschließt uns, ohne unser Verdienst und ohne unser besonderes Zutun, lediglich weil wir von Natur aus wachsen und älter werden, neue Welten nach innen und neue Welten nach außen. Welche erschütternde Entdeckung ist es z. B. für das Kind, wenn es erstmalig erlebt: „Ich kann meinen Arm bewegen, ich kann mit meiner Hand mich selbst oder ein Ding anfassen." Gewiß sagt sich das Kind das alles nicht bewußt und doch liegen in diesen ersten Tast- und Greifversuchen die Grundlagen allen späteren Ich-, Du- und Es-(Ding-)bewußtseins. Später lernt es dann beglückt das erste Wort formen und erfährt, daß es durch Worte „Etwas aussprechen" und dadurch Macht über Dinge und Mitmenschen erlangen kann. Stolz erlebt es weiterhin als Schulkind die Kraft eigenen Denkens, wenn es z. B. in der Mathematik eine Wahrheit nicht mehr nur gläubig vom Lehrer hinnimmt, sondern sie in sich selbst finden kann.

Besonders auffällig sind die Erlebnisse der P u b e r t ä t s - z e i t , die sich aber auch durch einen ganz bestimmten Einschnitt in der biologisch-leiblichen Entwicklung ergeben. Nun erfährt der Jugendliche, durch alle Höhen und Abgründe, durch nie geahnte Beglückungen und Schmerzen hindurch, den Aufbruch der Welt des Gefühles. Fast jeder Mensch ist um diese Zeit künstlerisch, besonders dichterisch produktiv. Später verliert sich dann freilich diese jugendliche Genialität, und zwar deshalb, weil sie noch gar nichts mit der freien Persönlichkeit zu tun hatte, sondern sich ausschließlich aus der naturhaft-biologischen Produktivität des jugendlichen Leibes erhob. Das Singen und Klingen der Rhythmik von Atmung, Herzschlag und Blutkreislauf, die sich physiologisch in dieser Zeit besonders entwickeln, ist die eigentliche inspirierende Kraft solcher jugendlicher Dichtungen. Das Erlebnis des Aufbruches einer neuen, bisher unbekannten leiblich-seelischen Innenwelt läßt nun auch die Außenwelt in neuem Lichte erscheinen. Sowohl die inneren Spannungen und Schmerzen als die inneren Lösungen und Beglückungen ergießen sich nun in die Welt und klingen dort mit den Stimmungen des Frühlings und Herbstes, des Sonnenscheines und Nebeltages lyrisch zusammen. Dem Verliebten spricht jede Blume, dem Enttäuschten scheint selbst die Sonne trübe. Bedeutungsloses gibt es in dieser Zeit nicht, weil alles im Menschen voll drängender, zukunftweisender Bedeutsamkeit ist.

Will man es zusammenfassend ausdrücken, so kann man sagen: Der junge und gesunde Mensch wird getragen von seinem sich entfaltenden Leibe, er genießt das Aufsprossen und Wachsen seiner Organe, und auch seine nach außen tretenden Leistungen und geistig-seelischen Erlebnisse gehen in letzter Linie auf diese wachsende und sprossende Leiblichkeit zurück. Je jünger das Kind ist, um so mehr ist sein Leib ein äußerst zartes, flüssigkeitsreiches und plastisches Gebilde, welches zugleich ganz und gar von innen her durchseelt und durchgeistigt ist. Deshalb lebt nun besonders der Säugling mit seinem traumhaften Bewußtsein ganz nach innen gewandt und ist in die jeweiligen Zustände seines Leibes hineinverwoben. E r g e n i e ß t g l e i c h s a m d a s i n n e r e W a c h s e n u n d F u n k t i o n i e r e n s e i n e r O r g a n e. Sein Bewußtsein ist noch nicht wie beim Erwachsenen scharf im Kopfe lokalisiert, s o n d e r n S e h e n, F ü h l e n, S c h m e c k e n, R i e c h e n s i n d n o c h w i e a u s g e g o s s e n ü b e r d e n g a n z e n L e i b, weshalb sich sowohl die guten wie die schlechten Eindrücke seiner Umgebung sogleich bis in Atmung und Herzschlag, Sekretion und Ernährung auswirken. Man beobachte doch nur, wie bei Hunger oder bei rauher Behandlung der ganze Leib des Säuglings bis in die Finger- und Zehenspitzen Ausdruck eines einzigen alldurchdringenden Unlustgefühles wird, und wie dann im Augenblick der Nahrungsaufnahme oder bei Liebkosungen statt dessen sofort ein Gefühl unendlichen Behagens sich über den ganzen kindlichen Leib ergießt.

Alles Physiologisch-Leibliche ist nämlich für das Kind zugleich ein, wenn auch dumpfes Erlebnis. Und je jünger es ist, um so mehr steigen die Nöte wie die Wonnen, die Spannungen wie die Befreiungen, kurz der ganze Lebenssinn aus den Zuständen des Leibes auf. Noch der heranwachsende Junge genießt in sportlicher Betätigung oder im wohligen Sichstrecken das Glück eines bildsamen Leibes und blickt mit unbewußtem, aber deutlichem Überlegenheitsgefühl oder Bedauern auf den erwachsenen Lehrer, dem diese Erlebnisquellen bereits verschlossen sind. Deshalb ist nun auch d i e k ö r p e r l i c h e G e s u n d h e i t f ü r d i e K i n d h e i t s o w i c h t i g, denn ein gesundes Kind ist normalerweise auch heiter, aufgeschlossen und tätig. Es strahlt gewissermaßen durch seinen Leib hindurch unbewußte Weisheit, Schönheit, Güte und Liebe aus und ist pädagogisch leicht zugänglich. Beginnt es sich zurückzuziehen, still und schwierig zu werden, so sind nicht moralische Predigten oder gar Strafen, sondern die Fragen am Platze: „Was fehlt ihm? Ist es krank? Leidet es Mangel an körperlicher oder geistig-seelischer Nahrung?" Denn auch die Seelenatmosphäre des Eltern- und Schulhauses ist, je nachdem, Nahrung, Mangel oder gar Gift.

Die kindlichen und jugendlichen Leistungen sind daher auch nicht zweckbestimmt von außen, sondern lebensbedingt von innen, d. h. sie zeigen den Charakter des S p i e l e s. Es wäre nun aber gänzlich abwegig, wenn wir vom nüchternen Leistungs- und Zweckmäßigkeitsstandpunkte des Erwachsenen dieses Spielen zurückdrängen wollten. Denn wenn das Kleinkind seinen Körper bewegt und in unerschöpflichem Erfindungsreichtum immer neue Stellungen erprobt, wenn dann die Kinder späterhin mit Bausteinen, Soldaten, Puppen spielen, oder im Sande graben und auf Bäume klettern, ja auch wenn sie sich im Plastizieren, Zeichnen, Malen oder Basteln üben, so liegt, zwar auf verschiedener Ebene, aber doch immer folgendes vor: Die schöpferischen Kräfte, die in der Embryonalzeit nach innen den Leib organisierten, die beginnen nun nach außen durchzubrechen. D a s S p i e l i s t e i n H i n a u s - w i r k e n l e i b g e s t a l t e n d e r K r ä f t e ü b e r d i e P e r i p h e r i e d e s L e i b e s h i n a u s. Der kindliche Leib läßt aus seinen wachsenden Organen Kräfte hervorsprossen, er preßt sie gleichsam heraus, und diese erscheinen nun nach außen in der unerschöpflichen Genialität kindlicher Spiele, Phantasien oder künstlerischer Betätigungen [2]. Deshalb ist das Spielen nicht zweckhaft nach außen, sondern erlebnishaft nach innen orientiert. E s h a t e i n e n r e i n e n F u n k t i o n s w e r t, denn spielend baut und gestaltet das Kind an seiner leiblichen, seelischen und geistigen Organisation. Die Pädagogik Rudolf Steiners, wie sie an den von ihm

---

[2] Bei Störungen der Gesundheit lassen sich daher z. B. aus der Form und Farbigkeit der kindlichen Malereien oder Plastiken wertvolle Rückschlüsse auf Art und Ort der Erkrankung ziehen, denn oft zeigen sich die Funktionsstörungen des erkrankten Organes (z. B. des Darmes, Magens, der Niere oder Lunge) in den kindlichen Erzeugnissen. Selbstverständlich spiegeln sich hierin auch Konstitution und Temperament des jeweiligen Kindes.

110

begründeten „Waldorfschulen" geübt wird, will diese kindliche Schöpferkraft anregen und sie besonders auch auf dem Gebiete des Malens, Plastizierens, Schnitzens und Bastelns von den Hemmungen befreien, die heute von der nüchternen Welt der Erwachsenen selbst schon auf die Kinder hinüberwirken und diese schon frühzeitig unkindlich, d. h. unschöpferisch machen.

Das war nun das erste Lebensdrittel, waren Kindheit und Jugend. Die „Krise der Lebensmitte" beginnt nun dann, wenn der menschliche Leib vollerwachsen ist, also zwischen dem 21. und 28. Lebensjahre. Alles Lebendige nämlich, das nicht mehr wächst, beginnt zu erstarren und endlich zu zerfallen, wenn dies auch zunächst kaum merkbar ist. So verebbt nun schon zwischen dem 21. und 28. Lebensjahre, ja manchmal noch früher, das genialisch drängende Hinstürmen des Menschen und hört endlich ganz auf. Es ist nämlich nunmehr erreicht, was Kindheit und Jugend erstrebten: Das übersinnliche Menschenwesen hat sich einerseits in der leiblich-seelisch-geistigen Innenorganisation voll verkörpert und ist andererseits im ichbewußten Erkennen und Handeln ganz auf die Ebene der dinglich-materiellen Welt hinausgetreten. Der wunderbare mythisch-märchenhafte Traum der Kindheit, das Schwelgen in den Auftriebsenergien des wachsenden Leibes und der sich entfaltenden Seele ist unwiederbringlich vorbei.

In dem Augenblick, wo unser Leib ausdifferenziert ist, ist auch unser Bewußtsein ganz hinauserwacht in die nüchterne, sachliche Dingwelt. Es geht eine Erschütterung durch unser Wesen, wenn dieses nun gewissermaßen anstößt an die sich verhärtenden Strukturen der Materie in uns und um uns. Diese Welt enthält keinen Sinn und keine tragende Kraft mehr. Sie ist ganz tot. In ihr gedeihen nur mehr technische Maschinen und egoistische Nützlichkeitserwägungen. Hieraus begreift man nun auch, warum gerade am Ende der Jugend in vielen Menschen quälende Fragen nach dem „Warum und Wozu" des Lebens auftauchen. So fragt nämlich erst, wen die lebendigen Schöpferkräfte verließen und wer aus der Fülle der geistigen Welt in die Einsamkeit und Armut heraustrat.

Das letzte große Erlebnis der Jugend ist mithin eben das Erlebnis des Endes dieser Jugend, das „Hartwerden der Welt" (R. Steiner) das Ausgestoßensein — und glücklich, wer dieses Erlebnis sich wenigstens unverblümt eingesteht. Ein solcher kann dann daraus die Kraft zur Überwindung dieser Krise schöpfen.

Eigentümlich leer und öde, nüchtern und prosaisch wird es nun um uns und in uns. Es ist eine Stimmung, wie sie auch den Sommer kennzeichnet, wenn das machtvolle Aufrauschen des Frühlings abebbt, wenn die Bäume belaubt, die Blumen verblüht sind und bereits in aller Stille Vergilben und Verwelken beginnen: Der Mensch hat einen Beruf ergriffen, eine Ehe geschlossen, seine Kinder wachsen heran, er sammelt zwar weiter noch Lebenserfahrungen, steigt zu höheren Ämtern und zu höheren Gehaltsstufen empor, gewinnt wohl auch ebenso Macht- wie Leibesfülle — aber alles dieses kann ihn doch darüber nicht hinwegtäuschen, daß ihm „Etwas" verlorenging. Der Jugendliche aber nennt rücksichtslos diesen Zustand „Philisterium" und setzt seinen Beginn schon bald nach dem Verlassen der Schule an. Immer mehr verläuft nun ein Tag wie der andere und während im äußerlichen Sinne Hochbetrieb und Vielgeschäftigkeit herrschen, geschieht im Wesenssinne nichts mehr. Begegnen sich daher z. B. zwei Schulkollegen im späteren Leben, so ist es ihnen ein Leichtes, hinter dem ergrauten Antlitz und dem gravitätischen Gebaren des anderen den „Jungen" von einst zu erleben. Denn wir müssen uns darüber klar werden, d a ß d i e m e i s t e n M e n - s c h e n h e u t e i h r e e i g e n t l i c h e, m e n s c h l i c h e E n t w i c k l u n g v o r d e m 20. L e b e n s j a h r e a b - s c h l i e ß e n und folglich oft genug jungenhafte Züge ins spätere Leben hinübernehmen und diese unter gewollter und deshalb starrer Würde verbergen.

Man kann daher beobachten, w i e i m L a u f e d e r l e t z t e n h u n d e r t J a h r e d i e E h r f u r c h t v o r den Erwachsenen und Alten seitens der Jugend verschwand. Denn was ist ein erwachsener oder alternder Mensch? Einer, der nicht mehr jung ist, der das und jenes, je älter er wird, eben nicht mehr kann und schafft. Denn nicht nur die körperliche, nein, auch die gedächtnismäßige und intellektuelle Leistungskraft beginnt bereits Ende der Zwanzigerjahre abzusinken. Erblickt man daher im Menschen nur eine Arbeits- und Leistungsmaschine, so steht es trüb um alle die Menschen über 35 oder gar über 40 Jahren.

Die Jahre, die uns früher gaben, beginnen uns nun zu nehmen, weshalb gar nicht so zu Unrecht der jugendliche Baccalaureus zum alten Faust sagt: „Hat einer dreißig Jahr vorüber, so ist er schon so gut wie tot. Am besten wär's, euch zeitig tot zu schlagen." Und in der Tat, was berechtigt uns denn, vom rein irdisch-materiellen Gesichtspunkt der gegenwärtigen Zivilisation aus anders über das Alter zu denken? Können denn der zahnlose Mund, das dünne spärliche Haar, die welke Haut, der gebeugte, zittrige Gang, üble Ausdünstungen und Gebresten oder gar die Zeugungsunfähigkeit Gegenstand der Ehrfurcht sein? Gewiß, der Alternde hat viel gesehen und erlebt, er hat, wie man so sagt, „Erfahrung", aber diese Erfahrung dient zumeist nur dazu, um enttäuscht und skeptisch die Welt zu beurteilen, niemandem mehr recht zu trauen und allen Wagemut vermissen zu lassen. Mag man daher immerhin den Alten dankbar dafür sein, daß sie uns großzogen, — in diesen Dank aber mischen sich nur zu deutlich Gefühle mitleidigen Bedauerns und überlegener Geringschätzung. Es ist ja schließlich auch keine besondere Leistung, alt zu werden, so wenig es eine Leistung ist, jung zu sein. Aber während durch den Leib des Jugendlichen ein Geistig-Seelisches hindurchstrahlt und ihm Leben, Schönheit und Wert verleiht, sprechen aus dem Leibe des Alternden nur die materiellen Kräfte des Zerfalles, der Entartung und des Todes (vgl. Abb. 7—10).

Vom Augenblick der Erwachsenheit an beginnt sich nämlich das Geistig-Seelische aus dem menschlichen Körper zurückzuziehen, wodurch dieser zum Schauplatz dunkler Dämonien der irdischen Materie wird. Tritt daher in einen Kreis Erwachsener ein Kind, so werden alle froh und heiter, denn es ist ihnen, als sei das Kind ein Bote aus einer göttlich-geistigen Welt, die sonnengleich durch den zarten, sprossenden Leib und das ungetrübte Seelenleben des Kindes hindurchscheint. Der Anblick eines trübe blickenden Greises hingegen verbreitet etwas wie Grabesluft und Dunkelheit. Der junge Mensch lebt von Gnaden der in seinem Leibe wirkenden schöpferischen Natur. Er kann sich des Übermaßes der Wachstums- und Bewegungskräfte gar nicht erwehren, die ihn zu immer neuen Erlebnissen und Taten führen. Sein wachsender Leib schenkt ihm täglich und stündlich ohne sein Zutun neue Gefühle des Glückes, des Auftriebes und der Sinnerfülltheit. Versucht aber nun der Erwachsene oder gar der Alternde sich ebenso von den Kräften seines Leibes begnaden zu lassen, so wird er eine ganz andere Erfahrung machen: Denn aus seinem Leibe erheben sich nicht Leichtigkeit, sondern Schwere, nicht Freudigkeit, sondern Mißmut und Griesgrämigkeit, nicht Sinnhaftigkeit, sondern Oede, nicht Seelenwärme, sondern Kälte, nicht Lebensbewegtheit, sondern Todesstarrheit. Und diese spiegeln sich nun herauf in sein Bewußtsein und erfüllen es mit Egoismus, Geiz und Starrheit. „Gewiß, das Alter ist ein kaltes Fieber im Frost von grillenhafter Not" (Faust II).

In der Jugend ergreift nämlich das Geistig-Seelische die Stoffe des Leibes und trägt sie, entgegen den Gesetzen der Schwere und des Toten, empor. Im Alter läßt das Geistig-Seelische die Stoffe des Leibes los und diese sinken schwer und dicht herab. Deshalb fällt nun der Körper des Greises in sich zusammen, er schrumpft und verkürzt sich. Irreversible Veränderungen an den Geweben und Organen treten auf: Verkalkung der Knorpeln, Sprödigkeit der Arterien, Schollenbildungen in den Ganglienzellen des Gehirnes, Trübungen in Glaskörper und Linse, Brüchigwerden der Knochen, mangelnde Fähigkeit Verletzungen auszuheilen, Salzablagerungen in den Gelenken, Auftreten von Zucker im Harn, Schrumpfungen bzw. Erweichungen verschiedener Organe, Zirkulations- und Atmungsstörungen, Ödeme usw. Der jugendliche Leib ist mithin eine Offenbarung der Gesetzlichkeiten des Geistig-Seelischen, der alternde Leib eine solche des Irdisch-Materiellen.

Diesen Verhältnissen des Leibes entsprechend sind nun auch die Verhältnisse des menschlichen Bewußtseins: Das Bewußtsein des jungen Menschen ist von gestaltenreichen Phantasie- und Märchenbildern erfüllt, in welchen sich die übersinnlichen Schöpfermächte seines wachsenden Leibes spiegeln. Das Bewußtsein des Alternden zeigt hingegen das Bestreben, mechanisch, intellektualistisch und materialistisch zu werden. Kalte Nützlichkeitserwägungen treten nur zu oft an Stelle feuriger jugendlicher Begeisterung.

Wenn wir also im Seelenleben Alternder materialistische Gesinnung, Besitzgier, Geiz, Egoismus, Herzenshärte, kurz a- und antisoziale Einstellungen sich entwickeln sehen, so wäre es verfehlt, diese moralisch zu beurteilen, und dem Geistig-Seelischen der betreffenden Menschen zuzuschreiben. E s i s t v i e l m e h r d e r e r s t a r r e n d e L e i b , w e l c h e r d e n M e n s c h e n i n s M a t e r i a l i s t i s c h e h i n e i n t r e i b t , i h n v o n s e i n e n Mitmenschen a b m a u e r t u n d d i e e n t s p r e c h e n d e n E r l e b n i s s e h i n a u f i n s e i n B e w u ß t s e i n s p i e g e l t. Anders beim Kinde: Ein gesundes Kind ist in Liebe und Wärme seiner Umgebung aufgetan und für alle Eindrücke äußerst empfänglich, — und zwar nicht etwa aus persönlichem, moralischem Einsatz, sondern weil in seiner zarten, flüssigkeitsdurchwobenen Leiblichkeit unmittelbar etwas Selbstloses, Hingegebenes und Soziales lebt. Ein Kind muß daher schon krank oder egoistisch erzogen sein, wenn es ungerne mit anderen Kindern spielt und nicht ein aufgeschlossenes, zu Mitleid und Liebe bereites, mithin freudiges und positives Verhalten zeigt. Erwachsene und noch mehr Alternde haben jedoch keine Veranlassung mehr, auf

Grund ihrer Leiber irgendwie freudig zu sein. Sie müssen schon froh sein, wenn ihnen diese Leiber nicht ausgesprochene Beschwerden und Schmerzen machen. Auftriebe und Positives steigen jedenfalls aus ihnen nicht mehr empor.

Ähnliches ergibt eine Betrachtung des Bewegungs- und Tätigkeitsdranges. Der gesunde, junge Mensch ist eigentlich immer bewegt und tätig. Keinen Augenblick gibt das Spielkind Ruhe und vollführt so während eines Tages ein Bewegungsmaß, das einen Erwachsenen gänzlich erschöpfen müßte. Immer ist es bereit, auf neue Dinge aufzumerken, Neues zu tun und zu lernen und es ist nur Folge einer falschen Pädagogik, wenn gesunde Schulkinder faul und interesselos sind. Meistens haben sie nämlich dann um so lebendigere Interessen außerhalb der Schule. Späterhin wird dann der Lern- und Tätigkeitsdrang immer geringer. Der Erwachsene muß sich schon einen Ruck geben und den Pflichtbegriff mobilisieren, wenn er noch Neues tun und lernen will. Der Alternde aber möchte am liebsten „seine Ruhe haben". Aus seinem Körper kommt jetzt nicht nur kein unwiderstehlicher Bewegungsantrieb mehr, sondern umgekehrt hemmende Starrheit. Weitaus in die Umwelt greift der Jugendliche mit Armen und Beinen. Der Greis aber sitzt zusammengebeugt im Winkel. Stellt sich endlich im höchsten Alter nervöse, zittrige Unruhe ein, so ist sie bereits Zeichen beginnenden Zerfalles.

Es gibt wenige Bilder, die auf das menschliche Empfinden stärker wirken und daher von der Kunst öfter dargestellt worden wären, als das „K i n d a n d e r M u t t e r b r u s t". Mit religiös zu nennender Inbrunst ist es dem mütterlichen Nahrungsstrome hingegeben. Sein ganzer Organismus ist bis in die Finger- und Zehenspitzen von den Gefühlen des Schmekkens, Genießens und Ernährens erfüllt. Und dieser naturhafte kindliche Egoismus ist tief berechtigt, denn das Kind soll ja eben in jeder Hinsicht wachsen, d. h. Stoffe und Kräfte an sich ziehen und sie sich einverleiben. Dennoch kann man fragen: Wie ist es möglich, daß das „Kind an der Mutterbrust", — also doch eine ganz physiologisch-leibhafte Wirklichkeit, zum religiösen Symbol werden konnte? Die Antwort darauf ist: Indem das Kind ganz a u s seinem Leibe und f ü r seinen Leib lebt, lebt es aus der Kraft eines Göttlich-Geistigen. D i e E r n ä h r u n g s - -u n d W a c h s t u m s v o r g ä n g e d e r K i n d h e i t s i n d r e a l e R e l i g i o n u n d K o m m u - n i o n, d. h. Vereinigung des Göttlich-Geistigen mit dem Irdisch-Menschlichen, wie es in jeder Menschwerdung geschieht.

Wollte nun aber etwa ein Greis ganz seinem Leibe und der Ernährung und dem genießerischen Schmecken leben, so gliche er einem wollüstig schmatzenden Satyr. Der naturhafte, heilige Egoismus des Säuglings würde im Greise widerlich und dämonisch. Denn indem der Greis aus dem Naturhaft-Leiblichen und für dasselbe leben wollte, lebt er nicht, — wie der Säugling —, aus dem Göttlich-Geistigen und Überirdischen, sondern aus dem Antigeistigen und Unterirdischen. Malt man sich also so recht eindringlich das Bild eines schmatzenden Säuglings aus und stellt diesem das Bild eines gierig und geizig genießenden Alten gegenüber, so wird man sogleich die Richtigkeit des eben Gesagten empfinden.

In den Bildern M e i s t e r G r ü n e w a l d s haben diese beiden Urpole menschlichen Daseins den stärksten Ausdruck gefunden. Seine „M u t t e r m i t d e m K i n d e" (Isenheimer Altar bzw. Stuppacher Altarbild) ist ganz Ausdruck der Inkarnationsströmung: Weit und hoch spannt sich über dem Bilde die Lichtwelt der göttlich-geistigen Hierarchien aus und senkt sich herab in den keimenden Leib des Kindes. Himmlisches wird hier irdisch. Anders seine K r e u z i g u n g s b i l d e r : Sie sind Ausdruck der dämonischen Vernichtungskräfte des Materiellen. Da ist jede Spur sentimentaler Schönheit verschwunden, wie sie auf den Kreuzigungen anderer Maler oft zu finden ist. Auf den Kindheitsbildern vereinigt Grünewald alles frühlingshaft Sprossende, Heitere, Lustvolle, Schöne und Aufbauende, auf den Kreuzigungsbildern sammelt er bleigrau und lastend alles Schmerzvolle, Schreckliche und Vernichtende. Über beiden Bildern aber steht gleichsam geschrieben: „Siehe der Mensch! Siehe des Menschen und der Erde Schicksal!"

Eins ist also gewiß: V o r der Lebensmitte strahlt unser Leib Licht, Wärme, Liebe und Leben herauf ins menschliche Bewußtsein und bedingt die Wonnen der Jugend, n a c h der Lebensmitte strahlt er herauf Dunkelheit, Kälte, Selbstsucht und Tod. Will der Alternde diesem Abgrunde entgehen, so kann und darf er nicht mehr aus den naturhaften Kräften des Leibes leben. Er muß sich vielmehr vom Leibe losreißen und sich neue Kraftquellen erschließen.

Gibt es solche? Nun, Meister Grünewald hat sie auf demjenigen Bilde seines Isenheimer Altares gestaltet, das auf die Kreuzigung folgt und das in der Geschichte der Malerei wohl einzig dasteht — d i e A u f e r s t e h u n g. Erschrickt man zunächst vor der unverschleierten Wahrhaftigkeit, mit der Grünewald auf seinen Kreuzigungsbildern einen schrecklich verstümmelten, qualvoll verstorbenen, ja schon in Auflösung begriffenen menschlichen Leib malt, so versteht man doch bald das Folgende: Dieser Maler konnte nur deshalb furchtlos in diese Abgründe irdischen Leidens und Sterbens schauen, weil er um d i e Kraft wußte, die diesen Abgrund überwindet, ja weil er sich mit dieser Siegeskraft innerlich selbst durchdrungen hatte. Ein Mensch, wie Grünewald, hat es dann nicht mehr nötig, nach Art der Griechen den Tod als schlafenden Jüngling zu bilden und mit jugendlicher Schönheit die „grause Larve" (Novalis, Hymnen an die Nacht) zu verbergen. Denn e r h a t d i e K r a f t e r g r i f f e n, d i e e s d e m M e n - s c h e n m ö g l i c h m a c h t, s i n n v o l l u n d p o s i t i v i n d i e z w e i t e, a b s t e i g e n d e L e b e n s h ä l f t e h i n ü b e r z u g e h e n!

Eins ist nämlich gewiß: Wer nur die Realität des Biologisch-Leiblichen anerkennt und nicht auf die Realität eines unerzeugten und unsterblichen, leib- und erdfreien Geistig-Seelischen hinzublicken vermag, der schaut nach dem 25. oder 30. oder 35. Lebensjahre (auf ein Jahrfünft mehr oder weniger kommt es hier nicht an) in ein offenes Grab und sieht dort seinen zerfallenden Leichnam. Ja, er erlebt bereits in der aufsprossenden Jugend den Keim des Todes. Begreiflicherweise bemächtigt sich daher der modernen Menschen Angst. Sie klammern sich an ihre Leiblichkeit und versuchen sie bald durch Schminke zu maskieren, bald durch Hormone aufzufrischen und wissen im Grunde doch nur zu deutlich, daß hinter allem das Nichts steht. Oder aber sie retten sich in den Trostgedanken: Ich selbst bin zwar vergänglich — aber meine Familie, mein Volk, die Menschheit, die Erde, — sie werden ewig leben.

Aber auch dieser letzte Trost wird uns durch die wissenschaftliche Erkenntnis genommen, wovon im folgenden Kapitel nun gesprochen werden soll.

2. Kap.: Altert die Erde?

Der ganze Erdenplanet ist nämlich ein großer Organismus und dieser Organismus zeigt heute schon unverkennbare Züge des Alters und Zerfalles. Biologie und Geologie werden sich heute darüber klar, daß es unzulässig ist, aus der Art und Geschwindigkeit gegenwärtiger Erden- und Lebensvorgänge Rückschlüsse auf die Vergangenheit oder gar auf die Erdenurzeit zu ziehen. Man erhält dabei nämlich viel zu lange Zeiten für die alten Erdperioden. Es wäre da so, als versuche man sich aus den träge und langsam verlaufenden Organbildungsvorgängen des erwachsenen oder alternden Menschen ein Bild der Kindheit oder Embryonalzeit zu entwerfen. Während aber der Leib des Erwachsenen und Alternden nicht mehr wächst und keine neuen Organe mehr bildet, ja hier im Gegenteil die Involutions-(Rückbildungs-)Vorgänge über die Evolutionsvorgänge überwiegen, sind Kindheit und Jugend geradezu mit sich überstürzenden, gewaltigen Schöpfungsprozessen angefüllt. Die Zeit verläuft also um so rascher, je mehr wir uns der Embryonalzeit nähern, steht später im Erwachsenen nahezu still, und

**beginnt endlich im Greise langsam rück-
wärts zu fließen.**

Wie andernorts zu zeigen versucht wurde [3], sind wir gezwungen, uns die Erde in fernen Urzeiten ganz und gar von
schöpferischen Lebens-, Seelen- und Geisteskräften durchdrungen vorzustellen. Wir müssen von einer „Embryonalzeit"
der ganzen Erde sprechen, deren Ausdruck dann eben die gewaltigen Organbildungs- und Umbildungsvorgänge der Urzeit,
also die Entstehung und Verlagerung der Gesteins- und
Gebirgsmassen, der Kontinente und Ozeane sind. Aber auch
die Geschichte der Entwicklung des Pflanzen- und Tierreiches,
welche in unermeßlichem Erfindungsreichtum immer neue
Arten und Gattungen hervorbrachte, ja auch die Geschichte
der Menschheit, die Entstehung der Rassen und Völker, der
Schöpfungsreichtum alter Kulturen — alles dieses gehört auch
mit zur Embryonal- und Jugendzeit des Erdenplaneten, und
stellt keineswegs eine äußerliche Zutat zu den geologischen
und geographischen Bildungsvorgängen dar. Die Leib-Seele-
Geist-Einheit, von der in früheren Kapiteln gesprochen wurde
und dergemäß alles Leiblich-Materielle als solches zugleich
Ausdruck eines Geistig-Seelischen ist, gilt nämlich nicht nur
für die Jugend des Einzelmenschen, sondern auch für die
Jugend des ganzen Erdenplaneten. So wenig das befruchtete
Ei eine nur-materielle, chemisch-physikalische Wirklichkeit ist,
so wenig ist es der Urzustand des Erd- und Planetensystems.
Die Kant-Laplacesche Theorie gibt daher bestenfalls nur einen
ganz äußerlichen Anblick dieses Erden-Urzustandes und geht
an seinem eigentlichen, inneren Wesen, nämlich dem schöpferischen Geistkeim der gesamten Erdentwicklung, vorüber.

Heute aber ist es anders. Für die Gegenwart hat
merkwürdigerweise der Materialismus durchaus recht, denn
da tritt in der Tat die Gesetzlichkeit des Toten und Mechani-
schen im Erdenleben immer mehr hervor. **Heute über-**

---

[3] Vgl. O. J. H a r t m a n n, Erde und Kosmos, 1938. Dort weitere
Literatur, bes. Rudolf S t e i n e r, „Geheimwissenschaft".

wiegen nämlich durchaus die Abbauvorgänge, also die Wirksamkeiten der bloßen Physik und Chemie über die Aufbauvorgänge. Die Erde als Ganzes hat ihre Lebensmitte überschritten, sie altert und von diesem Altersvorgange sind auch alle einzelnen Vorgänge und Gebilde auf ihr mitergriffen, so wie jedes Glied am Menschen altert, wenn der ganze Leib altert.

Es ist daher unrichtig zu meinen, wir würden auch heute noch die Entstehung neuer Gesteine, Pflanzen- und Tierformen in größerem Maßstabe beobachten können, wenn wir nur die Möglichkeit besäßen, genügend lange Zeiträume zu überschauen. Es ist aber im Gegenteil eine Tatsache, daß die Entstehung gewisser Urgesteine, aber auch z. B. der Bergkristalle, Edelsteine und Erzlagerstätten in der Urvergangenheit an Bedingungen geknüpft war, die heute nicht mehr gegeben sind. Heute entstehen eben im wesentlichen keine neuen Gesteine mehr, sondern die bereits gebildeten werden zersprengt und in Schotter und Staub zerrieben. Die heute noch vorhandenen Gebirge sind Reste jahrtausendelanger Abtragungs- und Vernichtungsvorgänge.

Auch auf dem Gebiete pflanzlichen und tierischen Lebens sind heute die Zeiten urweltlichen Fruchtbarkeit und riesenhafter Größe vorbei, wie sie z. B. die Kalk-, Kreide- und Kohleformationen entstehen ließen. Von dem phantasievollen Erfindungsreichtum der Natur, welcher zur Bildung der Hauptgruppen des Tier- und Pflanzenreiches (z. B. Farne, Koniferen, Knochenfische, Saurier, Vögel, Raubtiere etc.) führte, ist heute nichts mehr zu bemerken. Nur in untergeordneten Bereichen entstehen auch heute noch, besonders unter Mitwirkung menschlicher Züchtekunst, neue Varietäten und Arten. Im großen und ganzen jedoch ist der organische Schöpfungsvorgang der Natur abgeschlossen, ja es findet sogar durch Aussterben eine Verarmung des Formenreichtums statt, zu welcher der Mensch in historischer Zeit durch aktives Ausrotten wacker beitrug. Deshalb ist heute das Prinzip der Vererbung so wichtig und steht im Mittelpunkt der Beachtung. Denn wenn die Schöpferkraft der Natur im Bilden neuer Formen versiegte, ist die Vererbungskontinuität die einzige Brücke, um das in der Vergangenheit Geschaffene notdürftig in die Gegenwart und Zukunft herüberzuretten. Jede Tier- und Pflanzenart, die heute ausstirbt, aber auch jedes erschöpfte Petroleum- oder Kohlelager, bedeutet also daher eine unwiederbringliche Verarmung unserer alternden Erde.

Verschiedene, hier nicht darzulegende Gründe sprechen auch dafür, daß die Fruchtbarkeit des Humusbodens langsam nachläßt. Und zwar ist hierfür keineswegs allein der in den Kulturländer übliche Gebrauch künstlicher, mineralischer Düngemittel verantworlich zu machen, sondern im Rückgang der Fruchtbarkeit spiegelt sich die abnehmende Vitalität des Erdenplaneten. Die von R. S t e i n e r begründete „biologisch-dynamische Wirtschaftsweise" will daher auch nicht in erster Linie dem Boden neue, quantitative Ersatzstoffe durch Düngung zuführen, sondern durch ihre Maßnahmen die Eigenlebendigkeit des Erdbodens selbst anregen und kräftigen[4].

Blickt man nun schließlich auf den Menschen, so muß man sich sagen: Die Zeiten der Entstehung der Rassen, Stämme und Völker gehören im wesentlichen der Vergangenheit an. Neue Menschenformen entstehen heute nicht mehr. Auch hier handelt es sich also heute zunächst darum, das in früheren, schöpferisch-lebendigen Erdepochen Entstandene, so gut es gehen will, zu pflegen und durch Vererbung in die Zukunft hinüberzuretten. Aber auch die Zeiten der Entstehung großer ursprünglicher Kulturen, wie z. B. des alten Indien, China, Mexiko, Peru, Sumerien, Ägypten oder Griechenland, scheinen

---

[4] Vgl. J. S c h o m e r u s , Biologisch-dynamische Wirtschaftsweise, 1932; E. P f e i f f e r , Die Fruchtbarkeit der Erde, 1938; F. D r e i d a x , das Bauen im Lebendigen, Schriftenreihe der „Demeter", 1939.

122

endgültig vorbei. Denn sie entsprangen einem kindlichen, mythisch-seherischen Bewußtsein, welches von Göttermächten inspiriert wurde. Diese Voraussetzungen sind heute einfach nicht mehr vorhanden. D i e a l t e n G ö t t e r s c h w e i g e n ü b e r a l l u n d b e i a l l e n V ö l k e r n. Nur durch mühsam gepflegte Traditionen versucht man sich noch einen Zusammenhang mit den geistigen Schöpferquellen der Vergangenheit zu bewahren, und sie in die Gegenwart hinüberzuretten. Es geht aber nicht! Die strahlend helle geistige Welt der Urzeit schweigt heute und geben sich mit den Methoden alten atavistischen Okkultismus dennoch übersinnliche Mächte kund, so sind es nicht mehr die strahlenden Götter von einst, sondern dämonische oder krankhafte Zerrgebilde, wie z. B. im modernen „Mediumismus", „Spiritismus" oder „Joga".

Kurz, was heute noch auf die von der Vergangenheit herüberragenden Kräfte baut, also auf biologischem Gebiete auf die „Vererbung", auf kulturellem Gebiete auf die „Tradition", baut auf die Kräfte der Stabilität und Trägheit. Alles aber, was mit dem Irdisch-Materiellen zusammenhängt, ist wesenhaft ein früher oder später Absterbendes und Zerfallendes. Es kann zwar, dank einer gewissen Starrheit, zunächst noch einige Zeit dauern, wahrhaft in die Zukunft führt jedoch nur das Geistig-Schöpferische. Wer dieses in sich erweckte, hat es nicht mehr nötig, sich an die Dokumente vergangener Kulturen oder an die Vererbungskräfte vergangener Lebensepochen zu klammern. Denn in den Tiefen seines eigenen Wesens beginnen nun jene göttlich-geistigen Schöpferkräfte zu keimen, welche in Urzeiten der Entstehung alles Leiblich-Naturhaften (Minerale, Pflanzen, Tiere, Menschenrassen) zugrunde lagen, jetzt aber sich daraus zurückziehen, d a f ü r a b e r i m e r w a c h t e n I c h j e d e s E i n z e l m e n s c h e n z u w i r k e n b e g i n n e n (vgl. I. Teil, Kap. 6).

Wir sagten früher, der jugendliche Mensch werde von den naturhaften Wachstumskräften seines Leibes auch geistig-seelisch inspiriert. Dies gilt nun auch für die alten Kulturen und läßt sich besonders schön hinsichtlich der griechischen Kultur aufzeigen. Im Mittelpunkt derselben steht der jugendliche Leib, welcher noch ganz von übersinnlichen Lebens-, Seelen- und Geistkräften durchstrahlt ist. Für den Griechen ist alles Physisch-Leibliche zugleich ein Geistig-Seelisches, in letzter Hinsicht die Erscheinungsform eines Göttlichen. D i e G e i s t i g k e i t   d e s   G r i e c h e n   i s t   a l s o   n a t u r - h a f t , d. h. s i e   i s t   e i n   G e s c h e n k   d e s   j u g e n d - l i c h e n   L e i b e s. Deshalb ist in Griechenland Leibes- erziehung Grundlage aller Geisteserziehung. Man war der Überzeugung, daß sich aus den wohlgebildeten und durch ent- sprechende gymnastische Übungen wohlerzogenen Leibern der Jugend späterhin, wie von selbst, auch harmonische, wahre Gedanken und richtige, gute Taten erheben würden. Die Be- wegungen der gymnastischen Spiele sollten ihre Fortsetzung und Vollendung in der Musik, Mathematik und Dialektik finden. Die griechische Philosophie und Kunst ist so gewissermaßen eine Ausstrahlung der in den gesunden jugendlichen Menschen- leibern wirkenden Göttergedanken und kosmischen Urbilder (Ideen). Deshalb war nun auch nicht der einzelne als solcher, sondern das Sippenblut (Vererbungsstrom) Träger bestimmter Begabungen und Berufe (z. B. Arzt, Priester, Krieger etc.) und das Schicksal des einzelnen bestimmte sich nach dem Wesen seiner Sippe, dem Grade seiner „Wohlgeborenheit". Für diese jugendliche Menschheitszeit gilt uneingeschränkt der Satz: „M e n s   s a n a   i n   c o r p o r e   s a n o" (vgl. R. Steiner, Gegen- wärtiges Geistesleben und Erziehung, 1927).

Je weiter wir dann vom alten Griechenland zurück zu den Völkern des alten Orients und hinüber bis nach Indien gehen, desto mehr ist a l l e   G e i s t e s e r z i e h u n g   L e i b e s e r - z i e h u n g und man versucht, durch leiblich-physiologische Maßnahmen, z. B. durch bestimmte Vorschriften darüber, wie Ernährung, Waschung, Schlaf, besonders aber die Atmung (vgl. den Joga) zu gestalten sind, in den Menschen bestimmte übersinnlich-geistige Erlebnisse zu bewirken. Solche Metho- den setzen aber eine noch jugendliche, ja kindhafte Leiblichkeit voraus und sind gegenüber der heutigen, im Leiblichen alternden Menschheit nicht mehr abwendbar. Man beobachte doch nur, wie Griechenland selbst auf den Grabsteinen nur jugendliche Leiber zur Darstellung bringt und ängstlich den Phänomenen der absteigenden Lebenshälfte, dem Leiden, der Krankheit, dem Alter und Tode ausweicht. Die griechische Kunst, besonders die Plastik, ist aber, — wie Goethe fand, — deshalb von einer nie wieder erreichten traumhaften Schönheit und selbstverständlichen Vollkommenheit, weil hier die schöpferischen Naturkräfte selbst, welche in Embryonalzeit und Kindheit den menschlichen Leib gestalten, durch die Hand des Künstlers hindurch den Marmor außerhalb des Menschen ergriffen und gestalteten. In ähnlicher Weise sind die geheimnisvoll-tiefen Gebilde altgermanischer Mythen und Ornamente Ausdruck einer durch die Menschen hindurchtönenden schöpferischen Naturgeistigkeit, wie sie in Wolken und Wind, in Wassern und Gesteinen, in Pflanzen und Tieren wirkt.

Man darf sich nun freilich nicht denken, die Geistigkeit jener alten Kulturen sei nur durch jugendliche Menschen oder gar durch Kinder geschaffen worden. Vielmehr erlebten in jenen Zeiten gerade die alternden Menschen in sich freiwerdend und seherisch aufsteigend jene geistig-seelischen Schöpferkräfte, die ihre eigenen Leiber in der Kindheit wachsen ließen und draußen in der Natur allem Leben zugrunde liegen. Die Menschen früherer Zeiten vermochten noch wahrhaft alt zu werden, d. h. sie erfuhren in der absteigenden Lebenshälfte des Leibes ein stufenweises Aufwachen des Geistes. Durch eine Art naturhafter Begnadung wurde man in jenen Zeiten noch weise und hellsichtig, einzig und allein, weil man jeden Tag älter wurde und der zerfallende Leib in jedem weiteren Lebensjahrsiebent, welches man erreichte, das Geistig-Seelische mächtiger hervortreten ließ. Altwerden war mit einer Art naturhafter spiritueller Einweihung verbunden und deshalb der Greis als „Patriarch" oder „Seher" Gegenstand höchster Verehrung. Man erinnere sich z. B. an den Seher Theiresias bei Homer. Je älter dieser wird und je mehr sein physisches Auge erblindet, desto mehr öffnet sich ihm das Geistesauge und er vermag Künftiges vorauszusagen.

Heute aber ist es anders: die bloße Tatsache des naturhaften Altwerdens führt nicht mehr zur Weisheit. Die Leiber altern wohl, das Geistig-Seelische zieht sich wohl aus ihnen zurück und läßt sie zerfallen, aber es erwacht nicht mehr im menschlichen Bewußtsein. Dieses bleibt vielmehr dem materiellen Leibe verhaftet und wird immer unlebendiger, dumpfer und stumpfsinniger. Die Altersverblödung tritt an Stelle der Alterseinweihung, und es ist nur zu verständlich, daß dieser Zustand auf die Jugend nicht ehrfurchtgebietend wirkt. Wer heute gegenüber der Jugend auf sein „Alter" und seine „grauen Haare" pocht, fühlt sich hierin wohl kaum mehr ganz sicher.

Aber noch mehr: Der Altersvorgang der ganzen Erde und der Mechanisierungs- und Intellektualisierungsvorgang der menschlichen Zivilisation beginnt sich bereits auf die Jugend und Kindheit auszuwirken. Schildert man nämlich, wie dies in einem früheren Kapitel dieses Buches geschah, den genialisch-produktiven Lebensüberschwang der Jugend, so muß man oft den Einwand vernehmen: das gelte ja für die heutige Jugend gar nicht. Diese sei zwar wohl verstandesklar und in hohem Maße willensbetont, zugleich aber doch eigentümlich nüchtern und dürftig und jedenfalls vom Künstlerisch-Genialen weit entfernt. — Dies beweist, daß sich Altersvorgänge bereits in unserer Jugend bemerkbar machen, ja daß selbst Kinder nicht mehr richtig spielen und im Märchenlande produktiver Phantasie verweilen können. Die Verdürftigung des Lebens, die „Krise der Lebensmitte", verschiebt sich deutlich in immer frühere Lebensabschnitte.

Noch in der Goethezeit scheint dies anders gewesen zu sein: Welcher poetische Seelenschwung erhebt sich aus lebensfrischen Leibern, z. B. der Menschen des „Sturmes und Dranges"! Welches Natur- und Liebeserleben z. B. in den Gedichten Goethes, in den Bildern Kaspar David Friedrichs!

Welche Kraft philosophischer Schau bei Schelling, Hegel, Novalis! Welches Vermögen, frohe Gartenfeste, ebenso wie tiefsinnige Abendgesellschaften zu gestalten, z. B. in den Salons der führenden Männer und Frauen dieser Zeit! Man versteht diese große Zeit nur, wenn man sich sagt, daß diese Menschen noch begnadet waren von einem letzten Aufleuchten naturhafter, aus der Vergangenheit herüberragender Schöpferkräfte.

Das unmittelbar bevorstehende endgültige Versiegen dieser Kräfte erleben nun z. B. H ö l d e r l i n, N o v a l i s und G o e t h e. Aber welch großer Unterschied besteht zwischen den drei Männern! H ö l d e r l i n schreckt vor der Krise der Lebensmitte zurück, er bleibt gewissermaßen auch in seiner eigenen Entwicklung in der poesievollen Zeit der Pubertät stecken und geht der vollen Inkarnation in prosaische Berufspflicht und in grauem Alltag aus dem Wege. So wird er zum Verkünder der „jugendlichen Welt" Griechenlands und seiner eigenen Jugendlichkeit, obgleich er weiß, daß der „Herzensfrühling" unwiderbringlich dahin, die Welt „tot und dürftig wie ein Stoppelfeld" geworden ist. Er wird zum Verherrlicher der „freundlichen Natur" und fühlt doch, daß diese seine Nöte immer weniger zu trösten vermag, weil sie selbst vom Tode ergriffen ist. Für Hölderlin gibt es daher keine Zukunft, er muß wehmütig in die Vergangenheit schauen und Unwiederbringliches hoffnungslos beklagen. Je mehr er sich endlich seiner eigenen Lebensmitte nähert, desto mehr zieht sich sein Geistig-Seelisches unter dichterischen Hymnen aus seinem Erdenleibe zurück und der Erdenmensch Hölderlin verfällt in Wahrsinn und schließlich in Stumpfheit.

G a n z   a n d e r s   N o v a l i s   u n d   G o e t h e. Goethe sieht klar voraus die materialistische Geistesverdunkelung der Mitte des 19. Jahrhunderts, als deren Ausdruck Darwinismus und Marxismus gelten können. Aber er verzichtet bewußt auf den jugendlichen Kräfteschwung der Sturm- und Drangzeit und unterwirft sich als weimarischer Minister der harten Schule prosaischer Erdenaufgaben. Er beschäftigt sich nicht nur mit Biologie, Geologie und Physik, sondern auch mit dem praktischen Bergbau sowie mit sozialen und industriellen Verhältnissen, um gerade der scheinbar geistlosen materiellen Wirklichkeit ein Geistiges abzuringen. Er setzt endlich im Alter an die Stelle seiner naturhaften dichterischen Jugendbegabung, durch entsagungsvolles Üben seiner erkennenden und moralischen Kräfte, den Keim eines aus persönlicher Freiheit schaffenden Geistesmenschen und weiß: D i e K r a f t m e i n e s e r w e c k t e n G e i s t k e i m e s t r ä g t m i c h d u r c h d e n L e i b e s t o d h i n d u r c h i n h ö h e r e D a s e i n s - f o r m e n und aus diesen einst wieder in ein neues Erdendasein hinüber. Noch bewußter als Goethe gelangt Novalis[5] durch Leidens-, Krankheits- und Todeserlebnisse zur Auferstehungskraft des Geistes. Er weiß, daß der Mensch durch Üben seiner Bewußtseinskräfte zu einem übersinnlichen Bewußtsein gelangen und dieses der Neugestaltung des Wissenschaftlichen, Künstlerischen und Sozialen zugrunde legen kann.

Seit den Zeiten Goethes und Novalis' hat sich nun aber die Lage noch weiter verschärft. Die Kräfte und Traditionen der Vergangenheit sind gänzlich verbraucht. D i e e u r o p ä i s c h e M e n s c h h e i t s t e h t n u n a l s g a n z e d o r t , w o d e r E i n z e l m e n s c h n a c h B e g i n n d e r z w e i t e n , a b - s t e i g e n d e n L e b e n s h ä l f t e s t e h t : Angesichts des Nichts. Wie ist dem zu begegnen? Da das Versiegen der bisherigen kultur- und naturbildenden Kräfte in letzter Linie nicht im Menschen allein, sondern im Altersprozeß des ganzen Erdenplaneten wurzelt, kann die Entdeckung neuer Lebensquellen nicht nur eine menschliche, s i e m u ß e i n e t e l l u - r i s c h e , j a k o s m i s c h e A u f g a b e s e i n. Da nun die moderne Physik im Kälte- bzw. Wärmetod das unvermeidliche Endergebnis der ganzen Erdgeschichte sieht, sind und bleiben für jede nur-materialistische Betrachtungsweise Tod und Zerfall das letzte Wort alles individuellen, wie kosmischen Daseins. Der Einzelmensch mag sich nun über seinen Tod trösten

---

[5] K. J. O b e n a u e r, Novalis und Hölderlin; O. J. H a r t m a n n, Novalis, „Die Tat", 1938, Augustheft.

durch den Gedanken an seine Kinder und an sein Volk, ein sterbendes Volk mag sich beruhigen im Hinblick auf kommende, jüngere Völker. Was aber beruhigt uns gegenüber dem Gedanken, daß nach physikalischer Erkenntnis einmal die ganze Erde stirbt? Wozu war dann unser Einzelleben und das Streben so vieler großer Völker und Kulturen? Kann man überhaupt angesichts des heute üblichen physikalischen Weltbildes als Mensch sinnvoll leben? Ist es nicht verständlich, wenn heute in vielen Menschen das Gefühl allgemeiner Sinnlosigkeit überhand nimmt?

„Was soll uns denn das ew'ge Schaffen!
Geschaffenes zu nichts hinwegzuraffen!
Da ist's vorbei! Was ist daran zu lesen?
Es ist so gut, als wär es nicht gewesen,
Und treibt sich doch im Kreis, als wenn es wäre
Ich liebte mir dafür das Ewig-Leere."

(Mephistopheles, Faust II/5.)

Unvoreingenommene Betrachtung kommt also heute zum Ergebnis: D a s T o r d e r G e b u r t h a t s i c h e n d - g ü l t i g g e s c h l o s s e n, d. h., die schöpferische Geistigkeit, die einst den jugendlichen Leib der ganzen Erde durchdrang und, auf naturhafte Weise in den Leibern der Menschen wirkend, deren kulturelle Leistungen traumhaft inspirierte, ist versiegt. A u s d e r V e r g a n g e n h e i t h e r ü b e r, d. h. a u s a l l e m B i o l o g i s c h - L e i b l i c h e n u n d N a t u r - h a f t - J u g e n d l i c h e n e m p f a n g e n w i r h e u t e k e i n e K r ä f t e m e h r, w e l c h e w a h r h a f t i n d i e Z u k u n f t f ü h r e n. „Die Kräfte der Menschheit, die den Menschen unbewußt geleitet haben, sind erschöpft und erschöpfen sich ganz bis zur Mitte des zwanzigsten Jahrhunderts. Aus den Tiefen der Seelen müssen die neuen Kräfte heraufgeholt werden" (R. Steiner). In der Vergangenheit und Jugend der Menschheit lebten die Götter im Vererbungsstrome der Leiber und inspirierten da durch das Sippenblut das menschliche Tun und Denken. Daher war d i e G e b u r t, die Abstammung eines Menschen wesentlich. In Zukunft wird es immer unwichtiger sein, woher jemand kommt und wie er geboren wurde, sondern man wird fragen: „Wohin gehst du? Was hast du aus dir und deinen Fähigkeiten gemacht? Ist es dir gelungen, inmitten des Ersterbens aller naturhaften Jugend- und Blutskräfte der Menschheit und nach dem Versiegen aller inspirierenden Sippenkräfte das ewige Schöpferwesen des Geistes in den Tiefen deiner Seele zu erwecken?" Gelänge dieser Durchbruch zu einer neuen Spiritualität nicht, so „ginge die Menschheit einem raschen und furchtbaren Verfall entgegen. Lassen Sie drei Jahrzehnte noch so gelehrt werden, wie an unseren Hochschulen gelehrt wird, dann haben Sie nach 30 Jahren ein verwüstetes Europa" (R. Steiner in einem Vortrage 1919).

Vergessen wir niemals: Die Erde und alles Naturhaft-Leibliche auf ihr hat heute die Lebensmitte überschritten. Ließe sich auch in Zukunft der Mensch noch von diesen Kräften inspirieren, so verbände er sich mit einem Absterbenden und Zerfallenden und es müßten, als Folge hiervon, in seinem ganzen wirtschaftlichen und kulturellen Leben die Zerstörungskräfte überhandnehmen. Da wir also nicht mehr zurück in die jugendlich-schöpferische Urzeit gehen können und sich das „Tor der Geburt" schloß, bleibt uns nur ein Ausweg: Wir müssen durch das Tor des Todes schreiten und müssen dem Tode der Materie selbst ein neues, unvernichtbares Leben abringen.

Das Tor des Todes ist aber das Tor der ichbewußten Freiheit und schöpferischer Moralität, wie das Tor der Geburt das Tor naturhafter Gebundenheit und ichloser Begnadung war. Die schöpferische Freiheit ist das Endziel der Erdenvergangenheit und der Keim der Erdenzukunft. Denn wir beobachten das Folgende: Die urweltliche Produktivität der Erde in immer neuen gewaltigen Tier- und Pflanzenformen (man denke an die Steinkohlenwälder und die Riesensaurier!) mußte verebben, als der Mensch erschien. Innerhalb des Menschseins aber mußte wieder der träumerische Seelenreichtum volkhafter Mythen, Trachten und Göttergestalten vergehen, um der prosaischen Oede des modernen, technisch-materialistischen Weltbildes Platz zu machen. Die naturhafte, leibgebundene Genialität der Jugendzeit führt den einzelnen Menschen, wie die ganze Erde, bis zu jener Verhärtung und Veräußerlichung, wo das volle Ichbewußtsein erwachen und sich inmitten der völligen Einsamkeit und des tiefsten Schweigens einer geist- und götterlosen Welt in Freiheit für seinen weiteren Weg entscheiden kann.

Alles gut und schön, wird man sagen — aber gibt es denn überhaupt eine solche Kraft? Gibt es eine Kraft, die der heute zwangsläufig nach abwärts führenden Gesetzlichkeit alles Leiblich-Materiellen und Naturhaften ein anderes Gesetz, nämlich das aufwärts führende Gesetz des Geistes, der Freiheit und Liebe entgegenstellt? Ja! — und die Wirklichkeit dieser Kraft braucht sogar w e d e r d o g m a t i s c h g e g l a u b t noch ä u ß e r l i c h v e r s t a n d e s m ä ß i g b e w i e s e n zu werden. Sie wird vielmehr von allen Menschen i n n e r - l i c h e r f a h r e n, die ernsthaft um eine Konzentration und Steigerung ihres Bewußtseins ringen. Auf die Erweckung dieses innersten, ewigen Menschenkernes aus dem Schlafe alltäglicher Betriebsamkeit und Leibverstricktheit aber kommt heute alles an! Nur dann k n ü p f t s i c h n ä m l i c h a n d a s L e i b e r s t e r b e n d a s G e i s t e r w a c h e n, a n d e n L e i b e s t o d d i e G e i s t g e b u r t u n d d a s l e i b - l i c h e A l t e r f ü h r t i n e i n e s e e l i s c h e J u g e n d.

Wer solchermaßen die Krise der Lebensmitte überwindet, wird aber noch etwas anderes erfahren: Er wird in der erweckten Tiefe seines individuellen Geistwesens d i e h e l - f e n d e N ä h e e i n e s u n e n d l i c h e r h a b e n e n, g ö t t - l i c h e n W e s e n s f ü h l e n, d a s i h m v o r a n s i e g - h a f t d u r c h d e n T o d s c h r i t t und seither alle erweckten Menschenseelen zum großen Auferstehungs-Geistkeime einer zukünftigen Erde sammelt. Und dann weiß er: D i e s e s ist die Kraft, die stark genug ist, um selbst die versteinerten

Tiefen des Erdenplaneten zu durchdringen und um ihnen nach und nach das Dasein einer neuen, höheren, lichtgewobenen Erde abzuringen.

Hier müssen freilich von seiten der modernen Physik und Naturwissenschaft die heftigsten Widersprüche laut werden. Dies ist gar nicht anders zu erwarten, wenn man sich folgendes klar macht: Moderne Naturwissenschaft kennt nur die Entwicklung des Leiblich-Materiellen, also dessen, was im Grunde bereits der Vergangenheit angehört und früher oder später unweigerlich zerfallen muß. Der Tod ist hier folglich absolutes Ende. Nicht aber für die Geisterkenntnis, die darin gerade die Geburtsstunde und den Beweis der Wirklichkeit eines leibfreien Geistigen erblickt! Ja schon in jedem Erkenntnisvorgang, welcher über die bloße Sinnesbeobachtung ins reine Denken hinausführt, entringt sich das menschliche Geistwesen der Leibesverhaftung. Weil nun aber moderne Naturwissenschaft ausschließlich auf die sinnlich wahrnehmbare, leiblich-materielle Welt hinschauen will, vermag sie im Leben des Menschen, wie der ganzen Erde, nur das schließlich Absterbende und Zerfallende zu begreifen und ist durchaus „Vergangenheits-" nicht „Zukunfts-Wissenschaft". Der Hinweis auf den unentrinnbaren Wärme- oder Kältetod der Erde, also der naturwissenschaftlich-kosmologische „Nihilismus", muß daher früher oder später auch zu einem moralisch-sozialen Nihilismus führen. Moralische Aufbaukräfte für die Zukunft sind daraus jedenfalls nicht zu gewinnen.

Der Wichtigkeit dieser Tatsachen entsprechend, sei daher hier noch etwas näher darauf eingegangen. Gibt man sich Rechenschaft über die Art unseres modernen naturwissenschaftlichen Begreifens. so muß man sagen: In Natur wie Menschenleben beobachten wir zunächst immer nur Wachstumsvorgänge, Entfaltungen, Evolutionen, d. h. aus einem Keimzustande, in welchem unsichtbar Übersinnlich-Geistiges waltet, entfaltet sich eine sinnlich-materielle Wirklichkeit, deren Teile man studieren kann, die aber schließlich zerfällt. Alle Entwicklung (man nenne sie Verkörperung, Verräumlichung, Formgestaltung etc.) ist mithin wesenhaft der Weg zum Tode. Sie beginnt mit einem Maximum von unsichtbarer Schöpferkraft und endet mit einem Maximum sichtbarer Ausgeformtheit. Beide Zustände verbindet gleichsam eine „schiefe Ebene", deren „Gefälle" Verlauf und Geschwindigkeit der Ent-Wickelung bestimmt [6].

Überall in Natur wie Menschenleben beobachten wir also zunächst nur das sinkende, dem Gesetz der Schwere und Trägheit entsprechende Gefälle. Wir sehen z. B. aus Eiern und Samen Lebewesen, aus mythischen Anfängen große Kulturen und mächtige Staaten keimen und schließlich vergehen. Aber das Leben wäre schon längst erledigt und die ganze Erde verfiele einst dem Tode, wenn es nicht im Kleinsten wie im Größten auch Geschehnisse gäbe, welche e n t g e g e n d e m G e - s e t z d e r T r ä g h e i t u n d M a t e r i e v e r l a u f e n. Es handelt sich dabei um Einfaltungen, Involutionen, Ent-entwickelungen (man kann sie auch Entkörperungen und Vergeistigungen nennen), wobei nicht Entwicklungsgefälle verbraucht, sondern solches erzeugt wird, indem sich ein Übersinnlich-Geistiges aus den erstarrenden Strukturen des Irdisch-Leiblichen losreißt, sich in sich zusammenzieht und erkraftet und dadurch den Schöpferkeim einer neuen, kommenden Ent-Faltung vorbereitet. Solches geschieht in aller Stille z. B. in der herbstlichen Samenbildung der Pflanzen oder auch im Altern und Sterben eines Menschen. Die brennende Frage ist nur: M a c h t a u c h d i e g a n z e E r d e e i n e n s o l c h e n I n v o l u t i o n s - u n d V e r g e i s t i g u n g s p r o z e ß d u r c h? Ist es also möglich, den naturwissenschaftlich-kosmologischen Nihilismus irgendwie zu überwinden?

Eins ist klar: Lärmend und weithin sichtbar vollziehen sich überall die frühlingshaften Wachstums- und Verleiblichungsprozesse, still und unsichtbar aber die herbstlichen Samen-

---

[6] E h r e n b e r g hat dies bewiesen in seiner „Theoretische Biologie", 1923. Vgl. auch O. J. H a r t m a n n, Erde und Kosmos, 1938.

bildungs- und Vergeistigungsvorgänge, — und doch geschehen in den letzteren die eigentlichen Schöpfungstaten, während in den ersteren nur nach außen und auf eine vergleichsweise mechanische Weise sichtbar wird (sich ent-faltet), was in den letzteren als geistige Kraftgestalt entstand. Wir werden daher auch zu erwarten haben, daß die in die Erden- und Menschheitszukunft weisenden geistigen Auferstehungs- und Erneuerungskräfte, äußerlich unbeachtet und verdeckt heranreifen.

Daher ist z. B. das ganze bisherige Erdenleben, einschließlich aller Lebewesen, Rassen und Kulturen nichts anderes als die äußere Entfaltung und Verleiblichung dessen, was am Beginn der Erdengeschichte als schöpferischer Geistkeim schon vorhanden war. Heute aber hat die Erde ihre Lebensmitte erreicht. Die naturhaften Entfaltungskräfte der Urzeit sind verbraucht bzw. in Natur wie Geschichte voll verkörpert. In diesem Augenblicke könnte daher zum erstenmal in der Erdengeschichte ein absolut Neues, eine „Schöpfung aus dem Nichts" geschehen. Es könnte, wie ein Blitz, ein neuer Einschlag das Erdengeschehen ergreifen, wie er eingreifen muß in die Lebensmitte jedes einzelnen Menschen, soll nicht alles Weitere nur Abstieg und Zerfall sein.

Und dieser Einschlag ist geschehen! „Christ ist erstanden aus der Verwesung Schoß!" (Faust, I.). Er fiel wie ein Feuer vom Himmel und durchdringt seither die Erde und alle Menschen — ob sie es wissen oder nicht. Der herbstliche Samenbildungsvorgang der Erdengeschichte hat begonnen. Er ist wie alle nach der Zukunft weisenden Samenbildungs- und Auferstehungsvorgänge unbeachtet und still nach außen, geistmächtig und strahlend nach innen. Und während die Welt noch erfüllt ist von den gewaltigen materialisierten Resten der Erden- und Kulturvergangenheit (den Gebirgen und den Leibern der Lebewesen, den Tempeln, Bildwerken und Dogmen) sammeln sich unsichtbar die Keime einer neuen Weltschöpfung: Übersinnlich-

Geistiges reißt sich los von den zerfallenden Erdenstoffen und involiert und erkraftet sich in sich selbst. Der Sonnensame des Auferstandenen, wie ihn Grünewald schaute, erweckt alle diese Geisteskräfte, die aus der alternden Erde und den alternden Menschen frei werden und v e r e i n i g t s i e z u m G e i s t k e i m e i n e s n e u e n W e l t s y s t e m s! Er gibt auch jedem einzelnen von uns die Möglichkeit, die Lebensfrage zu beantworten: Wie werde ich in richtiger Weise alt und wie gehe ich in meinen Tod? —

3. Kap.: V o m T o r d e r G e b u r t u n d v o m T o r
d e s T o d e s.

Betrachtet man d a s m e n s c h l i c h e E r d e n l e b e n zunächst von seiner physisch-materiellen Seite, so wird es d u r c h z w e i ä u ß e r s t e G e g e n s ä t z e b e s t i m m t : D u r c h d a s b e f r u c h t e t e E i u n d d e n L e i c h n a m. Alles, was wir physisches Erdendasein nennen, ist durch das zwischen diesen beiden Polen herrschende „Gefälle" bedingt. Es kann daher der Leichnam geradezu als E n d z i e l aller, mit dem befruchteten Ei beginnenden Wachstums- und Strukturbildungsprozesse betrachtet werden. Diese müßten nun aber bereits sehr frühzeitig zur völligen Erstarrung und damit zum Tode führen, wenn nicht, solange der Mensch lebt, den Strukturbildungs- und Verfestigungsvorgängen andere, verjüngende, nämlich Auflösungs- und Entdifferenzierungsvorgänge entgegenwirkten. Solche Vorgänge finden statt als Selbsterneuerung des Leibes, z. B. im Gefolge mancher, besonders fiebriger Erkrankungen, oder im Zusammenhang mit Wundheilungen, Blutverlusten etc., oder es werden solche Erneuerungen vom Arzt aus therapeutischen Gründen, z. B. durch Bäder, Massagen, Fieber- und Hungerkuren, bestimmte Medikamente absichtlich hervorgerufen. Ganz besonders aber ist d e r S c h l a f d e r u n i v e r s a l e J u n g b r u n n e n, ohne den wir schon frühzeitig, mindestens aber mit dem Beginn der zwanziger Jahre, vergreisen müßten. Schlafend kehren wir in Kindheit, ja in Embryonalzeit zurück (vgl. Abb. 3, 7—10).

Trotz dieses Hin- und Widerspieles verjüngender und veralternder Vorgänge ist aber das leibliche Leben schließlich doch kein in sich zurücklaufender, ewiger Kreisprozeß, sondern ein einsinniger Ablauf, dessen Gefälle durch den Tod bestimmt wird[7]. Der Leichnam ist mithin die eigentliche Frucht des physischen Erdendaseins. Er ist es im Grunde, der im befruchteten Ei keimt, der im Kinde heranwächst, der dem Denken und Wollen des Erwachsenen Wachheit gibt und der schließlich im Greise zur Vollreife gelangt. Nur der versteht diese eine, physische Seite seines Erdenlebens, der sich sagen kann: „Ich lasse wachsen und reifen meinen Tod in mir." Denn nichts anderes als der Tod schafft jenes früher genannte „Entwicklungsgefälle", welches die Wachstums- und Differenzierungsprozesse des Leibes im befruchteten Eikeim in Gang bringt. Ohne Tod kein Leben! Der ganze Wachstums- und Entwicklungsvorgang des menschlichen Leibes kann als ein einziger großer, sich über Jahre und Jahrzehnte hinziehender Auskristallisierungsprozeß gedeutet werden, als dessen Endergebnis die Leiche vorliegt. Im Augenblick des Todes ist nämlich jener „Lebensraum" ganz ausgefüllt, den auszufüllen alle Wachstums- und Differenzierungsvorgänge der Jugend zum Ziele hatten. Deshalb liegt über dem Antlitz der Gestorbenen so oft der Ausdruck erhabener Ruhe und Befriedigung.

In diesem Sinne leben wir unser Erdenleben geradezu aus der Kraft des Todes. Die moderne Biologie und Physiologie[8] weiß um das „Gesetz von der Wesensnotwendigkeit des Todes", sie erblickt im Tode

---

[7] Vgl. zum Problem des Todes Fr. Husemann, Vom Bild und Sinn des Todes, sowie Ehrenberg, Theoret. Biologie.

[8] Vgl. dazu besonders: Ehrenberg, Theoretische Biologie, 1923; G. Perthes, Über den Tod, 1920; R. Rössle, Wachstum und Altern, Ergeb. Allgem. Pathol. u. Pathol. Anatomie XVIII, 2. 1917; E. Korschelt, Lebensdauer, Altern und Tod, 1922, dort weitere Literatur.

keinen bloßen Abnützungsvorgang, sondern die innere Kraft dieses menschlichen Leibes- und Bewußtseinslebens von Anfang an. Denn bereits der erste Schritt in der Ausbildung leiblicher Organe während der Embryonalzeit baut an nichts anderem als an unserem Leichnam. In diesem wird vollendet sichtbar, was in jenem übersinnlich kraftete. Der Dichter R. M. Rilke nennt daher in seinem „Stundenbuch" den Tod die große Frucht, um die sich alles dreht und die wir selbst in uns als persönliche Angelegenheit tragen, reifen und endlich gebären sollen.

Die Polarität von Eikeim und Leichnam ist aber eben nur die eine, physisch-leibliche Seite des menschlichen Lebens. Zur vollständigen Erkenntnis desselben gehört jedoch auch das Wissen um die andere, geistig-übersinnliche Seite. Diese andere Seite liegt aber nicht etwa jenseits des Erdendaseins (vor der Konzeption und nach dem Tode). V i e l m e h r i s t d a s p h y s i s c h - l e i b l i c h e D a s e i n z e i t l e b e n s i n d a s Ü b e r s i n n l i c h - G e i s t i g e e i n g e b e t t e t; es wird von ihm getragen und ist sein Werkzeug. Aus dem wechselnden Verhältnis beider Komponenten zueinander ergeben sich dann die Bewußtseinsformen der verschiedenen Lebensstufen: Die F r u c h t ist ganz versenkt in den tiefen, unerweckbaren Schlaf ausschließlicher Leibesentwicklung; der S ä u g l i n g erwacht zu kurzem, traumbenommenen Bewußtsein; K i n d h e i t u n d J u g e n d ringen sich aus dem Leibesschlaf und Seelentraum zum Geisteswachen durch, welches dann späterhin das sachliche Denken und zielbewußte Handeln des E r w a c h s e n e n kennzeichnet; der G r e i s aber versinkt wieder in Bewußtseinsschwäche, bis endlich im T o d e, das, was wir Ich- und Weltbewußtsein nennen, gänzlich — aber aus entgegengesetzten Gründen wie bei der Frucht — vergeht (vgl. Abb. 3, 4—6, 7—10, auch Abb. 12).

Es ist also unser ganzes Erdendasein die Tat der ewigen Geistwesenheit jedes von uns. Um dieses unvergängliche „Ich", — davon das alltägliche Ichbewußtsein nur ein vorübergehender, durch jeden Schlaf verlöschter Abglanz ist, — weiß aber nur, wer sich etwa das Folgende sagen kann: „Ich tue dieses und jenes innerhalb meines Wachzustandes. Ja, ich glaube sogar manchmal, die tieferen Triebfedern zu ahnen, die mich dieses tun, oder jenes versäumen ließen. Aber alle meine bewußten Taten und Gedanken sind doch nur das O b e r - f l ä c h e n g e k r ä u s e l über den Tiefen des Halb- und Unbewußten. In diesen Tiefen aber wirkt der große Täter, dessen Urtat mein ganzes Erdenleben ist."

Dieser Urtäter aber darf nun von sich sagen: „Ich stelle mich ins Erdendasein und l a s s e m i c h v o n E l t e r n z e u - g e n u n d g e b ä r e n, und ich l a s s e m i c h a u c h w i e - d e r u m s t e r b e n und in jedem Augenblicke meines Erdendaseins lebe ich nur, weil i c h d i e s e s L e b e n w i l l. Ausdruck dieses Willens ist ebenso die biologische Keimkraft des Eies wie der Zerfall des alternden Leibes. Dieser zerfällt nur, weil ich ihn abwerfe, jenes wächst nur, weil ich es ergreife! Mein Geist-Ich ist der wahre Täter meines Erdenlebens, seine Tat sind Jugend wie Alter, Zeugung wie Tod, und nur für das oberflächliche Bewußtsein meines Alltags-Ich sind Geborenwerden und Sterben Naturschicksale, denen es fatalistisch ausgeliefert ist. Aus vorgeburtlichen Geistentscheidungen heraus entschloß ich mich zu diesem und keinem anderen Leben. Oft muß daher mein Alltags-Ich meinen, eine Tat aus diesen oder jenen vernünftigen Gründen zu tun, während die wahren Gründe in meinem ewigen Geist-Ich lagen und der eigentliche Sinn einer Tat ein ganz anderer war, als mein Alltags-Ich meinte."

Werden solche Gedanken in einem Menschen zu lebendigem Wissen, dann schaut er mit tieferem Verständnis auf die drei Lebensepochen (Kindheit, Erwachsenheit, Alter). Im Folgenden sei versucht, einige solcher Einsichten kurz zu kennzeichnen:

1. K i n d h e i t (vgl. Abb. 4, 5, 7). Die Pforte des vorgeburtlichen Daseins steht noch offen, und die wunderbare Schönheit des sprossenden Kinderleibes ist nichts anderes als Abglanz einer geistigen Welt. G ö t t e r geleiten das Men-

schen-Ich ins Erdendasein und die E n g e l stehen hinter seinen ersten Steh- und Gehversuchen. Die materialistische Härte und Ichsucht des Erdendaseins wird durch ein Geschenk aus der geistigen Welt begnadet. Die Götter lieben die Erde noch und jedes Kind ist Ausdruck ganz realer Götterliebe und Götterreligion! Denn die „R e l i g i o n   d e r   E r d e n m e n -
s c h e n" ist eine solche, die sich von der Erde erhebt, die „R e l i g i o n   d e r   G ö t t e r" aber eine solche, die sich liebend zur Erde herabneigt. Daher erfüllt tiefe Dankbarkeit den unverbildeten Menschen bei der Geburt eines Kindes, Dankbarkeit dafür, daß die Götter die Erde noch solcher Geistgeschenke würdigen. Wenn infolge unseres Verhaltens, die göttlich-geistige Welt einmal nicht mehr uns begnaden wollte, würden uns alle biologisch-züchterischen Maßnahmen nichts nützen, oder, wenn wir es dennoch versuchen sollten, Kinder in unwürdige Verhältnisse hineinzuzwingen, würden Mißbildungen die Folge sein.

Wie durch eine Ritze kann ein Abglanz der vorgeburtlichen Geisteswelt in manchen Fällen noch in das träumerische Bewußtsein des Kindes hineinleuchten. So gibt es Kinder, die mit einer gewissen Selbstverständlichkeit von lichten Engelmächten sprechen und die auch eine unmittelbare, nicht anerzogene Hinneigung entwickeln, im Gebet sich dieser Welt zuzuwenden. Dem unverbildeten Kinde ist die Welt des Religiösen selbstverständliche geistige Erfahrung und es leidet unbewußt darunter, wenn die Erwachsenen darauf nicht eingehen können oder wollen. Man weiß von totkranken Kindern, die zu ihren Eltern vom baldigen Sterben sprachen und alle Trostversuche ruhig und heiter zurückwiesen. Ja, der erfahrene Beobachter kann in manchen Fällen e t w a s   w i e
e i n e   E r i n n e r u n g   a n   d a s   v o r g e b u r t l i c h e   D a -
s e i n   b z w.   a n   e i n   f r ü h e r e s   E r d e n l e b e n   f e s t -
s t e l l e n. In solchen Fällen haben Kinder auch ein hellsichtiges Vorgefühl für dasjenige, was sie sich als Schicksal aus dem Vorgeburtlichen ins Erdendasein mitbringen. Sie haben Vorahnungen ihres bevorstehenden Erdenlebens, Berufes etc.

Bald aber vergehen diese Erlebnismöglichkeiten, das Tor der Geburt und die S e e l e n a u g e n schließen sich in dem Maße, als sich die p h y s i s c h e n A u g e n öffnen und der Erdenverstand erwacht.

2. A l t e r. Die Pforte des nachtotlichen Daseins beginnt sich zu öffnen. Verstand es der Mensch, in richtiger Weise alt zu werden, so erschließen sich ihm nun Geistesaugen und Geistesohren, wenn Schwachsichtigkeit und Taubheit die leiblichen Sinnesorgane trüben. G e i s t e r w a c h e n k n ü p f t s i c h a n L e i b e r s t e r b e n, ja oft genug auch an ein Ersterben der gehirngebundenen Verstandeskräfte. Die Außenwelt verdunkelt sich, aber die Innenwelt wird heller und läßt in der Rückschau das vollbrachte Erdenleben mit seinen positiven und negativen Seiten auftauchen. Der Mensch kann nun dazu gelangen, sich selbst wie von außen in leidenschaftsloser Sachlichkeit zu erblicken. In dieser Überschau beginnt er die Summe seines Erdenlebens zu ziehen und dessen Früchte zu reifen. Wenn sich in der Kindheit das Geistige zum Leiblichen, das Innerliche zum Äußerlichen entfaltete (evolviert), so involviert (einfaltet) sich nun im Alter das Leiblich-Äußerliche zum Geistig-Innerlichen. Der Greis löst sich Schritt für Schritt von seinem Leibe und aus der materiellen Umwelt los. D a s P h y s i s c h e, d i e W e l t d e s B e r u f s k a m p f e s u n d d e r E r f o l g e, t r i t t z u r ü c k u n d d a s M o r a l i s c h e, d i e W e l t d e r G e r e c h t i g k e i t, d e r G e s i n n u n g u n d d e s G e w i s s e n s t r i t t h e r v o r.

Zugleich mit der erinnernden Rückschau auf das Erdenleben eröffnet sich ein V o r g e f ü h l d e s N a c h t o t l i c h e n. Die „R e l i g i o n d e s G r e i s e s" ist nicht irgendein dogmatischer Glaube, sondern das reale Hinübertreten in die geistig-göttliche Welt. Hier umgeben den Gestorbenen dann nicht materielle Dinge, sondern sein eigener Lebenslauf mit allen Gedanken und Taten, und zwar so, daß sich ihm unverhüllt die w a h r e n T r i e b f e d e r n zeigen, aus denen er handelte. Jetzt kann er auch vor sich selbst nichts mehr verbergen. Eingetaucht in sein eigenes, nunmehr weltweit gewordenes Wesen, wird er sich in allem seinem Tun und Lassen, Denken und Verlangen selbst zum Gericht. Er lebt ganz in einer Welt des Gewissens, der er nicht entfliehen, und wo er nichts beschönigen kann [9]. So leidet er an sich selbst, bis nach und nach alle ichsüchtigen Triebe im selbstbereiteten Reinigungsfeuer verbrannten und er nun darangehen kann, aus den Früchten des vergangenen Erdenlebens den Keim eines kommenden Erdenlebens zu bereiten, indem er sich entschließt, z. B. begangenes Unrecht durch Opfer auszugleichen und dadurch an Stelle ichsüchtiger, zerstörender Triebe aufbauende, liebevolle Kräfte großzuziehen.

Konnten wir früher von einer Begnadung der Erde durch das Tor der Geburt sprechen, so gibt es nun auch eine Begnadung durch das Tor des Todes: E s i s t e i n e G n a d e , d a ß w i r s t e r b e n d ü r f e n ! Denn in diesem Sterben vollzieht sich die reale Rückanknüpfung unseres Geistwesens an die Weltengeistigkeit. Unerträglich wäre der Gedanke an ein nie-endendes Erdendasein, ganz gebannt in die materialistische und ichsüchtige Enge unseres gewöhnlichen Bewußtseins und ewig dazu verurteilt, so weiterzumachen, wie wir es im bürgerlichen Alltag zumeist treiben. D a f ü r , d a ß d a s n i c h t g e s c h i e h t , s o r g t d e r T o d ! Er sorgt dafür, daß Gelderwerb, Standeseitelkeiten und Maschinen nicht der letzte Sinn der Welt sind. Er zwingt auch d e n das Erdendasein zu verlassen, dessen unerwecktes Bewußtsein scheinbar ganz zufrieden darin aufging. Letztlich freilich hungern auch Philister und Materialisten nach dem Göttlich-Geistigen und begrüßen den Tod als Tor dahin.

Denn eins muß man sich klarmachen: Auch alle Bemühungen um ein Geisterwachen innerhalb unseres Erden-

---

[9] Vgl. R. S t e i n e r , Inneres Wesen des Menschen und Leben zwischen Tod und neuer Geburt; E. S w e d e n b o r g , Himmel, Hölle und Geisterwelt; S c h e l l i n g , „Clara"; J. H. F i c h t e , Seelenfortdauer und Unsterblichkeit, 1867; G. Th. F e c h n e r , Vom Leben nach dem Tode, 1836. O. J. H a r t m a n n , Wir und die Toten, 1946.

lebens, mithin alle Erkenntnisse und Erleuchtungen, wie sie durch systematische Bewußtseinsübungen zu erlangen sind, bedeuten in Wahrheit ein Gehen durch die Todespforte. Der Unterschied ist nur dieser: Der Erleuchtete geht durch dieses Tor in freier Bewußtheit und ohne sein Erdenleben zu verlassen. Das alltägliche, gehirngebundene Ichbewußtsein hingegen verfällt im Alter in Schwachsinn und erlischt endlich im Tode, wenn sich das menschliche Geistwesen ganz vom Erdenleibe losreißt. D e r   n a t u r h a f t e   T o d   a m   L e b e n s e n d e   v o l l z i e h t   g e w a l t s a m   u n d   d u m p f   e i n e   E i n w e i h u n g   i n   d i e   g e i s t i g e   W e l t , vor der das gewöhnliche Erdenbewußtsein zurückschaudert, weil es ichsüchtig sich selbst und seinen Besitz nicht lassen will und daher im Tode nur das Tor zum Nichts, nicht das Tor zum Licht sehen kann. Ein persischer Mystiker hat dies so ausgedrückt:

> Wohl endet Tod des Lebens Not,
> Doch schaudert Leben vor dem Tod.
> Das Leben sieht die dunkle Hand,
> Den hellen Kelch nicht, den sie bot.
> So schaudert vor der Lieb ein Herz
> Als wie vom Untergang bedroht.
> Denn wo die Lieb erwachet,
> Stirbt das Ich, der dunkele Despot.
> Du laß ihn sterben in der Nacht
> Und atme frei im Morgenrot!

G e b u r t   i s t   G n a d e , weil sie den Himmel mit der Erde verbindet, das Geistige leiblich werden läßt und uns die Möglichkeit schenkt, unser inneres Wesen in einem Erdenschicksale auszuleben und dadurch zum freien Bewußtsein über unseren Charakter zu gelangen. T o d   i s t   G n a d e , weil er die Erde mit dem Himmel verbindet, das Leibliche geistig werden läßt und uns die Möglichkeit gibt, aus den Taten und Leiden des Erdenlebens den verwandelten Geistkeim eines neuen Charakters und Erdenschicksals vorzubereiten. Das

Tor der Geburt und das Tor des Todes sorgen mithin dafür, daß das Menschenwesen inmitten der großen Zirkulation des Weltalls atme, sich wandle und umgestalte. Goethe hat dies „Stirb und Werde" genannt.

Dieser Wahrheit entsprechend gibt es nun auch zwei mögliche Abwege: 1. D i e G e b u r t z u v e r a c h t e n, dem Erdenschicksale auszuweichen und im selbstischen Genuß des vorgeburtlichen Geistdaseins verbleiben zu wollen. Dies ist zugleich die liebelose Überheblichkeit aller mönchisch-asketischen Kulturströmungen. 2. Den Tod zu fürchten, sich ganz im Leiblich-Materiellen zu verstocken, die Geistwelt zu verleugnen, und deshalb auf ein ewiges Leben der Rasse zu hoffen. Beide Haltungen vernichten im Grunde den innersten Geistkern des Menschen, d e n n d i e s e r l e b t n u r, w e n n e r a t m e t, d. h. r h y t h m i s c h s i c h b a l d a u s d i e - s e r, b a l d a u s j e n e r W e l t l o s l ö s t, u n d a u c h w i e d e r r h y t h m i s c h s i c h b a l d i n d i e s e, b a l d i n j e n e W e l t e i n p f l a n z t.

Wer sich solchen Gedanken vorurteilsfrei hinzugeben vermag, wird bald erkennen: D i e K r a f t z u r G e b u r t und zum Erden-Leibesleben, — wir entnehmen sie gerade dem Vorgeburtlich-Geistigen; d i e K r a f t a b e r, d i e u n s d u r c h d e n T o d in die göttlich-geistige Welt empor-trägt —, wir entnehmen sie gerade den Kämpfen unseres Erdendaseins. Der alternde Leib ist wie ein Sprungbrett, von dem sich unser Geistwesen abschnellt. O h n e R ü c k h a l t u n d R ü c k e r i n n e r u n g a n u n s e r E r d e n l e b e n v e r g i n g e n w i r i c h l o s u n d u n b e w u ß t i m n a c h t o t l i c h e n G e i s t e r r e i c h! In den Kämpfen und Nöten des Erdenschicksals gilt es für den Menschen, jene Kraft des „Ich-bin" zu erlangen, die ihn durch das Todestor trägt und verhindert, daß er im Geisterreiche als Individualität vergeht. Im Erdenleben allein kann das Menschenich auch d e m I c h j e n e s G o t t e s w e s e n b e g e g n e n, das ihm voran sieghaft durch Leiden und Tod schritt. Die Wahr-heit spricht also, wer heute auf die Wichtigkeit des Erden-

Leibeslebens hinweist, die Wahrheit spricht aber auch, wer die Wirklichkeit des Geistes-Seelenwesens betont. Die verderbliche Einseitigkeit beider Wahrheiten aber durchschaut nur, wer sich sagen kann: Die Auferstehungskraft des Geistes — ich finde sie im Erdenleben; die Verkörperungskraft des Geistes — ich gewinne sie im Leben nach dem Tode. Also ist wechselweise jedes Leben für das andere Vorbereitung und Kraftquelle, wie es uns R. Steiner wunderbar schildert.

3. Die Lebensmitte. Träumt sich das Kind aus der vorgeburtlichen Welt ins Erdendasein und wacht der Alternde und Sterbende in die nachtotliche Welt hinüber, so steht der Erwachsene in jener Mitte, wo die Geistigkeit der Kindheit schon vergangen, die des Alters aber noch nicht erwacht ist. Und das eben ist die Krise der Lebensmitte, in der der Mensch, inmitten einer geistlos-materiellen Welt um sich her und in einem erstarrenden Leib an sich, zum freien Ichbewußtsein erwacht. Dieses Ichbewußtsein ist zunächst nur ein Punkt, ein „Nichts", und die Lebensfrage ist nun: kann dieses Ich zum ewigen Geistwesen in sich und zum Göttlich-Geistigen rings im Weltall erwachen? Kann es Materialismus und Ichsucht, die ihm beides verdecken, überwinden?

Eins aber dürfte ohne Widerspruch klar sein: Nur wenn es eine geistige Welt gibt und im Menschen ein vom Körperlich-Materiellen unabhängiges, personhaftes Geistwesen lebt, hat die absteigende Lebenshälfte einen positiven Sinn und ist wert, gelebt zu werden. War der Sinn der aufsteigenden Hälfte Geburt und Wachstum des Leibesmenschen, so kann der Sinn der zweiten Hälfte nur Geburt und Wachstum des Geistesmenschen sein. Ein bedeutsamer Unterschied liegt aber nun hier vor: Unser Leibesmensch wächst und gedeiht von selbst, von Gnaden der Natur und des Schicksals. Wir können normalerweise gar nicht anders als seinem Wachstum zuschauen und uns davon tragen lassen. Der Geistesmensch hingegen muß in bewußter, freier Mühe der von Natur ab-

144

s t e i g e n d e n u n d z e r f a l l e n d e n Lebenshälfte
a b g e t r o t z t w e r d e n. Deshalb steht es dann freilich
jedem frei, die Wirklichkeit dieses Geistesmenschen zu leug-
nen — er braucht hierzu nichts anderes zu tun, als in Trägheit
und Verschlafenheit seinem Lebensende zuzutreiben. Wer
aber um ihn wissen will, hat keine andere Wahl: Er muß ihn
in sich erwecken!

An dieser Stelle ist es nötig, sich folgendes noch einmal ge-
danklich ganz klarzumachen: In der Lebensmitte endigt
die Inkarnationsbewegung und beginnt die Exkarnationsbewegung. Die Inkarnationsbewegung war eine Verdichtung des
Menschenwesens aus kosmischen Weiten, vergleichbar der
Kondensation der Regenwolken aus dem durchsichtigen Him-
melsblau [10]. Die Richtung der Inkarnationsbewegung geht von
der unendlichen Peripherie gegen einen Mittelpunkt. Ein solcher Mittelpunkt ist jeder menschliche Leib (besonders der
menschliche Kopf) und jedes vollerwachte menschliche Ichbewußtsein. Bleibt nun dieses Ichbewußtsein nicht dem Körper verhaftet, sondern gelingt es ihm, gerade inmitten der
schmerzhaften Enge seines Zustandes, die Widerstands- und
Feuerkraft des Willens zu erwecken, dann sprengt das Menschenwesen sein Grab und tritt nun, während der Leib zunehmend altert und zerfällt, bewußt in die Bewegung der
Exkarnation ein, d. h. es weitet sich spiralig zur Weltensphäre,
und wird endlich im Tode ganz in eine Lichtwelt eingepflanzt,
in der es nun immer mehr mit den himmlischen Hierarchien
verwächst, so wie es auf Erden mit den materiellen Dingen
der Umwelt lebte.

Am Ende des „Faust" hat Goethe diese sieghaft sich wei-
tende und aufwärts führende Lichtbewegung geschildert, z. B.:

> Steigt hinan zu höherm Kreise,
> Wachset immer unvermerkt,
> Wie nach ewig reiner Weise

---

[10] Vgl. dazu O. J. H a r t m a n n, Erde und Kosmos, 1938.

Gottes Gegenwart verstärkt.
Denn das ist der Geister Nahrung,
Die im freisten Aether waltet:
Ewigen Liebens Offenbarung,
Die zur Seligkeit entfaltet.

Ausgespannt in die Weltenweiten und gleichsam getragen
von den Armen Gott-Vaters, a r b e i t e t d a s M e n s c h e n -
w e s e n n a c h d e m T o d e a n d e r A u s g e s t a l t u n g
s e i n e r „G e i s t g e s t a l t", d. h. am S c h i c k s a l s -
k e i m e i n e s k o m m e n d e n E r d e n l e b e n s, wie es
von der Konzeption und Geburt angefangen an der Ausgestaltung seiner „Leibgestalt", d. h. an seinem Erdenschicksal
arbeitet. Die eigentlichen W e n d e p u n k t e d e s m e n s c h -
l i c h e n L e b e n s sind also gar nicht Tod und Geburt, sondern einerseits die M i t t e r n a c h t i m N a c h t o t l i c h e n,
wo die Exkarnationsbewegung umschlägt in die Inkarnationsbewegung auf einen neuen physischen Erdenkeim zu und
andererseits der M i t t a g d e s E r d e n l e b e n s, wo die
Zusammenziehung der Inkarnation und Leibwerdung beendet
ist und die Ausweitung der Exkarnation sich vorbereitet.

4. Kap.: L e i b e s - E r s t e r b e n u n d
G e i s t e s - E r w a c h e n.

In der physisch absteigenden Lebenshälfte können wir also
freie Selbstschöpfer unseres geistigen Menschen werden.
Zeigte uns die erste Lebenshälfte, was wir durch die Gnade der
Geburt ins Erdendasein mitbrachten, so offenbart die zweite,
was wir aus uns selbst machten. Wie kann das geschehen?
So, daß man sich sagt: Ich darf mich in der zweiten Lebenshälfte in k e i n e r W e i s e m e h r einfach vom Lebens-
strome t r a g e n l a s s e n, denn dieser trägt mich dann nur
nach abwärts. Ich muß vielmehr grundsätzlich überall den
schweren Weg wählen, denn „M ü h e" ist das sicherste Kenn-

zeichen dafür, daß ich im Alter, entgegen dem Strome des Naturgeschehens, die selbstschöpferische Freiheit meines ewigen Wesenskernes betätige. Dieser hebt sich dann nicht nur — wie in jedem Altersvorgange — aus dem erstarrenden Leibe heraus, sondern es gelingt mir, ihn mir Schritt für Schritt für mein Tagesbewußtsein zu erobern, so daß nun innerhalb meines Alltagsich mein ewiges Geistselbst aufzuglänzen beginnt.

Wie erreiche ich dieses? Indem ich durch Übungen die Kräfte meines Bewußtseins systematisch verstärke und verdichte[11]. Dadurch hört dieses auf, der bloße passive Reflex der Umwelteindrücke und der Gehirnvorgänge zu sein und deshalb im Alter einer zunehmenden Verblödung zu verfallen. Es wird vielmehr in ihm die schöpferische Tätigkeit meines vom Leibe unabhängigen geistig-seelischen Wesens erweckt. Ein Beispiel: Normalerweise, d, h, nach physisch-leiblichen Gesetzen, lassen im Alter Interesse und Empfänglichkeit für neue Erlebnisse und Eindrücke nach. Man fühlt nicht mehr, wie in der Jugend, den unwiderstehlichen Drang, jeden Tag Neues zu lernen und zu tun. Gewohnheit, eingefahrene Routine, Bequemlichkeit sind die größten Feinde des Alters. Deshalb ist es nun nötig, den eisernen Entschluß zu fassen: Ich will mühevoll leben! Ich will daher z. B. bewußt meine Aufmerksamkeit auf Dinge und Menschen lenken, die ich bisher vernachlässigte. Ich will bewußt meine Interessen Tag für Tag auf immer weitere Gebiete ausdehnen. Ich will so leben, daß ich mir abends sagen kann: Heute habe ich wieder Neues gelernt; ich habe alte Gewohnheiten und Vorurteile einer Prüfung unterzogen; es ist mir ein gewisser Fortschritt gelungen in der Überwindung meiner Charakterschwächen und in der Entwicklung neuer, positiver Seelenkräfte!

Ganz besonders wichtig für die Gestaltung der zweiten Lebenshälfte ist aber unser Verhältnis zu den Mit-

---

[11] Vgl. R. Steiner, Praktische Ausbildung des Denkens, und „Wie erlangt man Erkenntnis der höheren Welten".

m e n s c h e n. Der gesunde Mensch gewinnt in der Jugend leichten Kontakt mit anderen Menschen. Schicksalsgemäß wird er in seine Familie und in einen Kreis von Kameraden, Freunden und Bekannten hineingeboren. Schicksalsgemäß, d. h. ohne sein bewußtes Zutun, finden sich neue Menschen zu ihm, er lernt seine Frau kennen, seine Kinder und Berufskameraden treten in seinen Lebenskreis ein. Alles geschieht wie mit nachtwandlerischer Sicherheit! Das ändert sich nun in der zweiten Lebenshälfte grundlegend. An den alternden Menschen tritt von außen nun immer weniger heran. Still und stiller wird es um ihn. Der Kreis der Familie und der Freunde lichtet sich durch den Tod, die eigenen Kinder sind nun selbst erwachsen und ziehen hinaus. So zeigt der Lebenslauf die steigende Tendenz nach äußerer und innerer Vereinsamung. Aber diese Vereinsamung wird gar nicht so schmerzlich empfunden, weil ihr die sinkende Bewegungsaktivität und Aufgeschlossenheit des alternden Körpers entgegenkommt. Gerne möchte man nun „seine Ruhe genießen".

Aber der klare Wille und die bewußte Einsicht m ü s s e n u n s n u n d a h e r a u s r e i ß e n ! Wurden wir in der ersten Lebenshälfte unbewußt von einem Schicksal getrieben, welches wir uns aus dem Vorgeburtlichen ins Erdendasein mitbrachten und mußten wir zunächst dieses Schicksal — ob wir wollten oder nicht — ausleben, so läßt uns nun im Alter das Schicksal gleichsam los. Es drängt und treibt nicht mehr, denn die grundlegenden Ereignisse unseres Erdendaseins haben wir bereits hinter uns gebracht: Kinderstube und Schule, Berufswahl und Berufsweg, Eheschließung und Kindererziehung. Nun sind wir freigelassen vom Schicksal und haben die Wahl, entweder in wachsender Stille und Stumpfheit auf den Tod zu warten, oder uns selbst aus bewußter Freiheit ein Schicksal neu aufzubauen.

Haben wir uns für letzteres entschlossen, dann werden wir uns vor allem fragen: Wie finde ich Kontakt mit neuen Menschen? M ü s s e n n i c h t a n S t e l l e d e r n a t u r h a f - t e n S c h i c k s a l s g e m e i n s c h a f t e n d e r J u g e n d, in die man einfach biologisch hineingeboren ist, nun jetzt geistige Schicksalsgemein- schaften von Ich zu Ich im Dienste selbst- gewählter Werte und Ziele treten? Muß ich nicht, entgegen dem naturhaften Egoismus des Alters, jetzt wach umherschauen und mich fragen: Was braucht dieser und jener? Kann ich nicht raten und helfen? Was ist nötig und wo bin ich nötig? An wie vielen Menschen gehe ich teilnahmslos vorüber! Wäre es nicht möglich, jede Begegnung, jeden Blick und Händedruck geistig bedeutsam und herzlich zu gestalten? Begegne ich nicht in jedem Mitmenschen einem ewigen Geist- wesen, mit dem ich jetzt und heute Schicksalsfäden ver- knüpfen kann, welche in kommende Erdenleben hinüberwir- ken? Soll ich nicht jede Gelegenheit dazu ergreifen?

Grundsätzlich kann man sagen: Alles, was in der Jugend aus naturhaftem Trieb, aus subjektiver Sympathie oder Anti- pathie geschah, das muß im Alter a u s k l a r e m B e w u ß t - sein und freiem Entschluß geschehen. Selbst- lose Begeisterung für das sachlich Richtige und Nötige soll immer mehr alle unsere Gedanken, Gefühle und Handlungen bestimmen. Dazu wird freilich ein hohes Maß schöpferischer Aktivität gefordert, das Rudolf Steiner „moralische Phantasie" nannte. Schritt für Schritt können wir diese der naturhaften Trägheit und egoistischen Starrheit des Alters abringen. Wir erleben dann, wie sich unser ewiges Geistwesen aus der ver- härteten Leiblichkeit losreißt. Sonnengleich steigt es auf! Während das Leben eines körperverhafteten Menschen im Alter immer enger wird, zieht das Bewußtsein des Geist- erwachten immer weitere Kreise: Nichts ist ihm gleichgültig! Alle Menschenschicksale betrachtet er als seine Angelegenheit! Allen Verhältnissen gegenüber entwickelt er regste, helfende Teilnahme!

Leiblich neigt sich sein Leben dem Ende zu und wird dunkel und kalt. Innerlich aber erstehen feurigste Zukunfts- begeisterung, hellste Klarheit und wärmste Liebe. Jeder von uns ist wohl in seinem Leben einem Greise oder einer Greisin begegnet, aus deren Augen ein Licht allmenschlicher Güte brach, vor dem alle Jugendlichkeit der Jugend verblaßte. Manchem mag es paradox scheinen, aber dennoch zeigt die Erfahrung, daß viele Menschen sich im Alter jünger als in ihrer Jugend fühlen. Und mit Recht! Denn in der Jugend waren sie z. B. melancholisch und unfroh, weil Unzulänglichkeiten ihres Leibes oder ihres äußeren Schicksals auf ihnen lasteten. Nun aber, im Alter, haben sie das alles längst hinter sich gebracht und gelangten dadurch zur Klarheit und freien Bestimmung über sich selbst.

Solche Menschen wissen dann auch, daß die Jugend eben nur im Leiblich-Naturhaften jung ist, geistig-seelisch gesehen hingegen uralt, weil jeder Mensch da noch ganz und gar von Schicksalskräften getrieben wird, welche er sich aus der Vergangenheit in sein Erdenleben mitbrachte. Auch Vererbung, Elternhaus und Tradition binden noch die Jugend, während das Alter nach und nach darüber hinauswachsen kann. Äußerlich ist freilich der alternde Mensch in eine Fülle von Bindungen einverwoben, die er sich selbst im Laufe seines Lebens schuf (wie z. B. Beruf, Familie, Haus und Hof, eingegangene juridische Verpflichtungen etc.). Seine äußeren Lebensumstände gewähren ihm daher ebensowenig, wie sein verfestigter Leib (z. B. seine Physiognomik) irgendwelche nennenswerte Wandlungsmöglichkeiten. Ja, es geht ihm sogar mehr und mehr die sichere Herrschaft über seinen Körper verloren. Innerlich aber wird er frei und freier und kann sich mit Recht sagen: „Durch die rückschauende Klarheit, die ich jetzt über die wahren Triebkräfte und Zwecke meines abgelaufenen Lebens erlange, durch die liebevolle Teilnahme an allem Menschlichen, im Streben täglich Neues zu lernen und mit neuen Menschen Beziehungen anzuspinnen, — da bereite ich mir bereits die Schicksalskräfte eines kommenden Erdendaseins vor. In welchen Familien-Erbstrom ich mich im nächsten Erdenleben hineinstelle, was ich da als Kind an Schicksalsnotwendigkeiten vorfinden werde —, dazu habe ich bereits jetzt als Greis die Keime selbst gelegt."

150

Im bürgerlichen Leben ist daher freilich der Greis zu nichts mehr nütze, in der Region des Geistig-Ewigen aber geschieht Allerwesentlichstes. Was wäre schließlich das nüchterne Leben der Erwachsenen, wenn auf ihm nicht einerseits helle Kinderaugen als Boten des Vorgeburtlichen und andererseits gütig-segnende Greisenaugen als Weiser ins Nachtotliche ruhten? Ja, bedürfen die Kinder zu rechtem Wachstum nicht des Lichtes, das aus den Augen alter, geisterwachter Menschen auf sie fallen kann? Denn muß nicht selbst die Kindlichkeit der Kinder frühzeitiger Verhärtung anheimfallen, wenn sie nur in der materialistischen, von Herrschsucht und Gelderwerb bestimmten Umwelt der modernen Berufsmenschen heranwachsen? In der Tat: K i n d u n d G r e i s , d e r E n g e l d e s v o r g e b u r t l i c h e n u n d d e r E n g e l d e s n a c h t o t l i c h e n D a s e i n s b r a u c h e n e i n a n d e r u n d b e i d e t r a g e n a u f i h r e W e i s e d a f ü r S o r g e , d a ß d e r m i t t l e r e L e b e n s a b s c h n i t t n i c h t g a n z i m D i e s s e i t i g - M a t e r i e l l e n e r t r i n k e .

Z u s a m m e n f a s s e n d k ö n n e n w i r a l s o d a s F o l g e n d e s a g e n : Am Ende der Jugend steht der Mensch geistig gesehen vor dem Nichts. Deshalb beginnt nun für ihn die „Krise der Lebensmitte". „Krise" (vom griechischen krinein) heißt aber Scheidung und Entscheidung. Es s c h e i - d e n sich nämlich nun die Wege des Physisch-Leiblichen und des Geistig-Seelischen, welche in der Kindheit zur untrennbaren Leib-Seele-Geisteinheit verbunden waren. Mithin steht der zum freibewußten Ich-bin-Ich erwachte Mensch nun vor der E n t - S c h e i d u n g : Will ich auch jetzt noch aus den naturhaft-biologischen Kräften des Leibes leben, oder, inmitten des Nichts, die Selbstschöpfung aus dem Geiste versuchen? Er kann sich dann folgendes klar machen: „Entschließe ich mich für ersteres, so wird mich der Leib naturgesetzlich immer weiter in Enge und Kälte treiben, mein Leben abwärts führen und mein Bewußtsein mit Griesgrämigkeit, Egoismus und Leiden überschatten. Entschließe ich mich hingegen für letzteres, so wird jeder Tag hinfort ichhaftes Mühen und nicht, wie in der Kindheit, göttliches Geschenk sein. Ich werde grundsätzlich auf die leibbedingten Genüsse der Jugend verzichten, ja mich auf alle Weise vom Leibe losreißen und mich von seinen physiologischen Altersvorgängen unabhängig machen müssen. Ich will, im Gegensatz zu allen Schmerzen und Gebresten meines Leibes, in meinem Bewußtsein unwandelbare Heiterkeit, warme Begeisterung und helfende Liebeskraft erwecken!"

„So setze ich dem Naturgesetz des lebendigen Leibes das moralische Gesetz des ewigen Geistes entgegen. Trug in der Jugend mein Leib mich, so will ich ihn nun im Alter tragen — und nicht nur schleppen, — d. h. ihn vom erweckten ewigen Geistwesen her durchstrahlen und aufrichten. Dadurch werde ich schließlich auch meiner leiblichen Gebresten am besten Herr werden, denn frühzeitiger Leibesverfall ist gerade kennzeichnend für ein Alter, das nicht zum Geisterwachen kam[12]. Ich will durch rechtzeitiges Üben meiner Bewußtseinskräfte ein vom Leibe unabhängiges Schauen, Hören und Denken gewinnen, damit einst die Schwächung meiner Augen und Ohren, sowie meines Gehirnes, nicht auch mein Bewußtsein in Schwachsinn versenke."

Auf diese Weise bereitet man sich auch auf das Sterben vor. Denn darauf muß man sich heute, wie auf das allabendliche Einschlafen, vorbereiten. Denn Schlaf und Tod sind Tore zu einer erhabenen göttlich-geistigen Welt und würdelos ist es, in diese Welt so einfach aus dem alltäglichen Getriebe, und erfüllt von ichsüchtigen Kleinlichkeiten, hinüberzuschlittern. Jahrhundertelang übten wir gewissermaßen das Aufwachen und Geborenwerden, d. h. das Sichhineinstellen in die Aufgaben des materiellen Erdenlebens. Im Dienste dieses Erdenlebens entwickelten wir moderne Wissenschaft, Technik und Wirtschaft, vergaßen darüber aber — zunächst gewiß mit

---

[12] Vgl. Goethes Leben und Kants Schrift: „Von der Macht des Gemütes."

Recht — die geistig-göttliche Welt. Heute gilt es, das Versäumte nachzuholen! Wir müssen, ohne deshalb dem Erdenleben mönchisch zu entsagen, sondern um ihm nur um so besser zu dienen, wieder lernen, in f r e i e r u n d v o l l b e w u ß t e r W e i s e d a s T o r d e s S c h l a f e s u n d d e s T o d e s z u d u r c h s c h r e i t e n.

Deshalb ist das Altern eine wichtige, erhabene Arbeit und nicht weniger wichtig als die Jugend.

Klares Wissen um diese Dinge ist nun die unerläßliche Voraussetzung für die r i c h t i g e B e h a n d l u n g j u n g e r b z w. a l t e r M e n s c h e n.

Weiß man nämlich, daß in der Kindheit ein Geistig-Seelisches sich verleiblicht, so werden alle Bemühungen dahin zielen müssen, d e m K i n d e zu helfen, in richtiger Weise s e i n e n L e i b aufzubauen. Leibesernährung, Leibespflege und Leibeshygiene sind also beim Kinde, um so mehr je jünger es ist, unmittelbar Geisteserziehung und Geisteshygiene. Denn gemäß der Eigenart seines Physisch-Leiblichen wird sich später die Eigenart seines bewußten Denkens, Fühlens und Handelns entwickeln. W i r h e l f e n a l s o e i n e m M e n - s c h e n f ü r d i e Z u k u n f t m o r a l i s c h - g e i s t i g, w e n n w i r i h m a l s K i n d l e i b l i c h h e l f e n u n d z. B. durch rechtzeitige orthopädische Eingriffe in den noch plastischen Leib, Klumpfüße, angeborne Hüftgelenksverrenkungen, Hasenscharten, Wolfsrachen, Verkrümmungen der Wirbelsäule oder Neigungen zu Nabel- und Leistenbrüchen oder zu Senkfüßen rechtzeitig korrigieren, bzw. wenn wir durch entsprechende medikamentöse Therapie, Diät, Bäder, Massagen etc. bestehenden konstitutionellen Schwächen zuvorkommen. Ja, auch alle pädagogischen Maßnahmen, besonders aber die Seelenatmosphäre des Elternhauses, werden vom Kleinkind noch in die Gestaltung und Funktion des Leibes hineingebaut.

In der frühen Kindheit ist also all unser Tun L e i b e s - p f l e g e. Ob wir ihm nun Speisen oder pädagogische Maßnahmen oder unsere Seelenstimmungen entgegenbringen: alles nimmt das Kind als Nahrung auf und baut sich je nachdem eine harmonische oder unharmonische Organisation auf. Mehr als durch unsere Vererbungssubstanz tragen wir oft durch unser elterliches Verhalten, z. B. durch unsere eigenen Minderwertigkeitsgefühle oder Anmaßungen, Mutlosigkeiten oder Zornausbrüche, kurz durch unser ganzes ungeläutertes Seelenleben, zu den späteren schweren Lebensschicksalen unserer Kinder bei. Die Erfahrungen der modernen Psychotherapie wissen davon ein tragisches Lied zu singen (vgl. Anm. auf S. 69 u. 77).

Mündet demnach in der frühen Kindheit alles Tun in der Leibesfürsorge und ist in diesem Sinne „ärztlich", so beherrscht den Verkehr mit Erwachsenen die freie Kameradschaft, welche sich ganz an das klare intellektuelle und moralische Gewissen des anderen wendet. Man könnte diese Atmosphäre „philosophisch" nennen. Der Greis endlich wächst auch noch über dieses Erden-Ichbewußtsein hinaus. Er ist auf dem Wege einer realen Todeseinweihung in die Geistwelt und verliert immer mehr das Interesse an verstandesmäßigen Argumentationen. War der Arzt Geburtshelfer auf dem Wege ins Erdendasein hinein, so könnte man „priesterlich" dasjenige Tun nennen, welches dem Menschen beim Geisterwachen des Alters und der Geistgeburt des Sterbens beisteht. Haben Alternde und Sterbende ihr Geistbewußtsein richtig ausgebildet, so kann man ihnen unverhohlen vom Tode sprechen, denn sie haben die Kraft, im Tor des Todes das Tor zum Licht zu sehen. Dem Zustande ihrer Leiber aber sollte man nur das unbedingt nötige Maß von Beachtung schenken. Mit Recht gibt es daher wohl eigene Kinderärzte, aber keine Greisenärzte, denn die Leiber der Greise gehören bereits der Vergangenheit an.

Zusammenfassend kann man daher sagen: Die Aufgaben der Jugend des Einzelmenschen wie der Erdenvergangenheit sind ganz andere als die des Alters und der Erdenzukunft. Jugend und Erdenvergangenheit hatten die Aufgaben, sich mit allem Leiblichen, also auch mit Rasse, Vererbung und Familie zu verbinden. Fürs Geborenwerden brauchten wir Eltern. Die Geburt stellte uns hinein in Vererbungszusammenhänge und Blutsverwandtschaften, in denen sich Schicksalsnotwendigkeiten ausdrückten, welche wir uns aus dem vorgeburtlichen Dasein mitbrachten. Anders die zweite Lebenshälfte: Da werden die freien Geistverwandtschaften wesentlich, die wir uns von Ich zu Ich während des Erdenlebens selbst aufbauten.

Auf dieses Wohin der Erdenzukunft blickt auch der Christus, wenn er sagt: „Was sollen mir meine Eltern und Brüder, mit denen ich einst ins Erdendasein eintrat? Diese (meine Jünger) sind meine Eltern und Brüder, weil sie mit mir in die Erdenzukunft schreiten!" Die Leibeszeugung und Leibesbrüderschaft der Vergangenheit steht hier gegenüber der Geisteszeugung und Geistesbrüderschaft der Zukunft, ohne daß dadurch erstere irgendwie verachtet oder entwertet würde. Wichtig ist nur zu wissen, daß etwas in der Vergangenheit (Jugend) richtig und förderlich sein konnte, was in der Zukunft (Alter) unrichtig und hemmend wirken muß. Der Schüler der Geisteswissenschaft Rudolf Steiners muß sich gerade für solche Unterscheidungen einen sichern Blick aneignen, wenn er als Arzt oder Erzieher seinen Aufgaben gewachsen sein will.

IV. Teil:

LEBENSSCHICKSALE, TOD UND WIEDERVERKÖRPERUNG.
(Vom Sinn und Gesetz unseres Daseins.)

1. Kap.: Wodurch ist mein Charakter und Schicksal verursacht?

Nachdem sich im ersten Teile dieses Buches die Besinnung auf das innerste frei-verantwortliche Geistwesen jedes Menschen vollzog und hierauf im zweiten und dritten Teile die, allen Menschenwesen gemeinsamen, Erdenschicksale (Konzeption, Geburt, Jugend, Altern und Sterben) geschildert wurden, steht nun das bei weitem Schwierigste noch aus, nämlich die streng wissenschaftliche Erfassung des einzelnen Menschenwesens als solchem, und zwar sowohl nach innen, hinsichtlich seiner persönlich-individuellen Eigenart (Charakter, Konstitution, Temperament) wie nach außen, hinsichtlich dessen, was ihm als persönlich-individuelles Schicksal zustößt.

Bei der Beantwortung der Fragen nach den Ursachen von „Charakter und Schicksal" geht man nun heute, entsprechend den naturwissenschaftlichen Überzeugungen unseres Zeitalters, meistens entweder von den Tatsachen der Vererbung oder von den Umwelteinflüssen aus. Die Vererbungstheoretiker denken hierbei mehr biologisch, indem sie den Menschen von innen her durch die Eigenschaften seiner leiblichen Vorfahren entstehen lassen. Hingegen denken die Milieutheoretiker mehr soziologisch, indem sie den Menschen von außen her durch die Einflüsse der Umwelt, der Erziehung, Tradition und Kultur bestimmt sein lassen. Beide Theorien wurzeln in ganz verschiedenen geschichtlichen Voraussetzungen und bekämpfen sich heftig. Im Zeitalter der Aufklärung glaubte man vielfach, alle Menschen seien von Natur aus gleich und würden nur durch Milieueinflüsse (bes. Er-

156

ziehung) verschieden. Man sprach von der Allmacht der Menschenformung durch Erziehung. „Die Ungleichheit der Geister ist die Wirkung einer bekannten Ursache und diese Ursache ist die Verschiedenheit der Erziehung. Der Erziehung ist nichts unmöglich" (Helvetius, 1715—1771). Ähnlich, wenn auch nicht so radikal, dachten Rousseau, Kant, Pestalozzi, Basedow etc. Hingegen blickt man seit dem Beginn des 20. Jahrhunderts in steigendem Maße auf die Verschiedenheiten der Menschen durch die Geburt (Familie, Volkstum, Rasse etc.) hin und sieht in den Einflüssen des Milieus und der Erziehung nur Möglichkeiten zur Entfaltung oder Hemmung, an sich bereits bestehender Charakter- und Schicksalsanlagen.

Da es nun dem wissenschaftlichen Bewußtsein der Gegenwart nur diese beiden Möglichkeiten zu geben scheint, bleiben ihm nur folgende drei Auswege: 1. Alles an einem Menschen ist durch Vererbung erklärbar. 2. Alles an ihm ist Wirkung des Milieus im weitesten Sinne. 3. Vererbungs- und Milieuwirkungen zusammen müssen zur Erklärung herangezogen werden. Die Vertreter des jeweiligen Standpunktes sind nun bemüht, die Erfahrungstatsachen solange zu drehen und zu wenden, bis sie der Theorie entsprechen, oder bis Hilfshypothesen die jeweilig beabsichtigte Erklärung erleichtern. Da sie jeweils das menschliche Dasein nur von einem ganz bestimmten Gesichtspunkt aus und auf einen ganz bestimmten Zielpunkt hin betrachten, und auch ihre jeweiligen Untersuchungsmethoden oder Statistiken in der entsprechenden Weise ausrichten, finden sie natürlich immer nur neue Bestätigungen für ihre Theorie, da ja darüber hinausweisende Erfahrungen auf Grund der theoretischen Blickrichtung zunächst gar nicht gemacht werden können.

Es ist nun freilich gar kein Zweifel, daß es Vererbungswirkungen gibt, und daß es Milieuwirkungen gibt, wobei beide sich jeweils auf verschiedene Seiten der menschlichen Wesenheit beziehen. Es ist aber auch an der Realität der Freiheit und Verantwortlichkeit nicht zu zweifeln. Diese sind nicht nur unbestreitbare Tatsache der inneren Erfahrung jedes einzelnen, sondern auch eine nicht wegzudenkende Grundlage unserer sozialen und staatlichen Ordnung. Weder die Vererbungs- noch die Milieutheorie, noch die Vereinigung beider Theorien aber haben irgendwie Raum für menschliche Freiheit und Verantwortung, weil sie vielmehr das Menschsein gänzlich in Naturnotwendigkeiten auflösen. Besteht aber sowohl die Tatsache menschlicher Freiheit als die Tatsachen von Vererbungs- und Milieuwirkungen, so kann die Frage nach ihrem gegenseitigen Zusammenhange nur so beantwortet werden, daß man selbst in Vererbungs- und Milieuwirkungen die letzten Folgen eines Schicksals sieht, das sich ein Mensch selbst in Freiheit durch sein Tun und Lassen zubereitete. Wir werden dann die ungewöhnliche Frage nicht scheuen dürfen: „Ließ ich mich vielleicht deshalb von bestimmten Eltern zeugen und gebären und erfuhr deshalb die Milieueinflüsse eines bestimmten Landes, Volkes und Elternhauses, weil ich gemäß der selbstgeprägten Eigenart meines geistig-seelischen Wesenskernes gerade dahin, als zu einem mir Verwandten, unwiderstehlich gezogen ward?"

Diese Frage ist so ungewöhnlich und greift so tief in das sittlich-religiöse und soziale Dasein der Menschen ein, daß sie nur auf Grund eingehenden wissenschaftlichen Studiums des menschlichen Lebenslaufes gestellt und beantwortet werden darf. Nur wer in unvoreingenommener Weise die im Folgenden zu besprechenden Erfahrungen durchdenkt, wird schließlich den wahren Zusammenhang von Vererbung, Milieu und Freiheit durchschauen.

2. Kap.: Bin ich Selbstgestalter meines Charakters und Schicksales?

Will man auf Grund der bisherigen, vor allem aber der im ersten Teil gewonnenen Erkenntnisse über die menschliche

158

Freiheit und Verantwortlichkeit, sich eine Vorstellung über die eigentlichen und letzten Ursachen unseres Charakters und Schicksals machen, so muß man zunächst auf diejenigen Erfahrungen hinblicken, aus denen eindeutig hervorgeht, daß der zum Ichbewußtsein erwachte Erwachsene bereits innerhalb seines Erdendaseins stets an seinem inneren Wesen (Charakter, Konstitution) und äußeren Schicksal arbeitet und daß dies besonders in folgenden vier Hinsichten geschieht:

1. Durch die äußeren Eindrücke, denen er sich öffnet.
2. Durch die inneren Seelenstimmungen, denen er sich hingibt, sowie durch die Gesinnungen seines Handelns.
3. Durch die äußeren Ergebnisse seines Handelns (durch seine Werke) und deren Rückwirkung auf ihn selbst.
4. Durch die tiefe, geprägte Eigenart seines Seins und Wesens, demgemäß er bestimmte Ereignisse an sich zieht, andere von sich ausschließt.

Hat man sich klargemacht, inwiefern wir in dieser vierfachen Weise verantwortliche Selbstgestalter von Charakter und Schicksal sind, dann ist nur noch ein Schritt zur Frage: Ob nicht auch die Eigenschaften, die wir uns durch die Geburt und die Wahl unserer Erzieher ins Erdenleben mitbringen, letztlich auf unsere freie Selbstgestaltung, nur eben nicht dieses, sondern eines vorhergehenden Lebenslaufes, zurückgehen. Dies zu erforschen ist dann Aufgabe des übernächsten Kapitels.

1. B e i s p i e l g r u p p e : Ein Mensch gibt sich heute bestimmten Eindrücken hin, indem er z. B. dieses oder jenes Kunstwerk betrachtet, Kinostück sieht, Buch liest, mit diesen oder jenen Menschen spricht, oder sich mit diesen oder jenen Geschehnissen teilnehmend verbindet. Dann wendet er sich anderen Dingen zu, die gehabten Eindrücke aber sinken herab ins Halb- und Unbewußte, sie werden vergessen und endlich in die Tiefen des nächtlichen Schlafes genommen. Schon während dieses Schlafes aber kann der genannte Mensch nun das mehr oder weniger dumpfe Gefühl haben, daß die Ein-

drücke, die er tagsüber aufnahm, nun in ihm nach- und weiter-
wirken und daß er z. B. ganz anders schläft oder träumt,
wenn er tagsüber Edles, Sinnvolles und Schönes sah und
hörte, als wenn er sein Interesse Niedrigem, Chaotischem und
Gemeinem zuwandte. Ganz besonders aber wird
das morgendliche Erwachen dann jeweils
ein anderes sein. Die äußeren Eindrücke und Erlebnisse
als solche sind dann zwar vielleicht schon vollständig vergessen, sie wirken aber um so nachhaltiger in den Seelenstimmungen nach, mit denen wir morgens unsern Arbeitstag
beginnen und die nun, je nachdem, öde, niederdrückend und
leer oder sinnerfüllt, freudig und beschwingend sind.

Wer sich diese Zusammenhänge nicht klarmacht, mag
dann am nächsten Morgen mißmutig sein Schicksal oder seine
Konstitution (Temperament, Charakter etc.) anklagen, die ihm
solche miesen Stimmungen bescheren, bzw. er mag die
Gnade des Schöpfers preisen, wenn er sich freudig und geho-
ben fühlt. Eigentlich aber müßte er sich folgendes sagen:
Was ich gestern von außen her sah und hörte und mit
Interesse aufnahm, das ist heute zu meinem inneren Ge-
dächtnis geworden, ja das hat sich sogar noch tiefer
— nämlich in meine Seelenstimmungen ver-
wandelt. Das läßt mich nun zunächst nicht mehr los, und ist
nicht mehr ohne weiteres ungeschehen zu machen. Gestern
stand es mir noch frei, mein waches Bewußtsein diesem oder
jenem Eindruck zuzuwenden. Gestern kamen diese Erlebnisse
noch von außen und ich hätte ihnen daher die Tore meines
Interesses verschließen können. Heute aber gehören sie zu
mir und sind ein unveränderlicher Bestandteil meines Wesens
geworden, ja sie haben bereits begonnen, mein Wesen selbst
stimmungshaft zu prägen. Wenn sich dies nun aber Tag für
Tag wiederholt, d. h. wenn ich mein Interesse dauernd bestimmten, von außen kommenden Eindrücken und Erlebnissen zuwende, so wird es nicht bei bloßen Seelen-Stimmungen bleiben. Die Wirkungen werden vielmehr noch
tiefer ins Unbewußte herabsinken und werden schließlich

160

meine physiologisch-anatomische Organisation langsam umgestalten, d. h. zu L e b e n s - u n d L e i b e s - S t i m m u n -
g e n werden.

Aus Außenweld wird also Innenwelt. Aus klaren Bewußt-
seinseindrücken werden halbbewußte Seelen-Stimmungen und
endlich unbewußte Lebens- und Leibes-Stimmungen, welche
nun wieder mittelbar als Niedergedrücktheit oder Gehoben-
heit, als traurige Sinnleere oder freudige Sinnerfülltheit sich
ins Bewußtsein heraufspiegeln (vgl. zu diesem und Folgenden
Abb. 11). Der gewöhnliche Mensch weiß von diesen Zusam-
menhängen nichts, denn sie vollziehen sich durch das Vergessen hindurch. Er glaubt ungestraft tagsüber alles Beliebige
sehen, hören, denken, empfinden zu dürfen, weil er sein Bewußtsein nur als eine Art indifferentes Gefäß betrachtet, in
welches man alles Mögliche hinein und auch wieder ausgießen
könne. Er meint, seine Erlebnisse seien ja „nur" Gedanken
oder „nur" Wahrnehmungen und alles sei in dem Augenblick
ungeschehen, wo es seinem Bewußtsein entgleite. Er weiß
aber nicht, daß unsere Erlebnisse gerade in diesem Augenblicke ihre, je nachdem verhängnisvolle oder segensreiche
Wirksamkeit erst zu entfalten beginnen. D e n n d u r c h d a s
V e r g e s s e n w e r d e n s i e a u s o h n m ä c h t i g e n,
wesenlosen, von außen kommenden B i l d e r n Schritt für
Schritt und je nachdem zu heiligen oder dämonischen, z u
g e s u n d e n d e n o d e r k r a n k m a c h e n d e n M ä c h -
t e n in uns selbst. So wenig es also gleichgültig ist, was wir
essen und trinken und atmen, so wenig ist es gleichgültig, was
wir hören, sehen, denken, und das um so mehr, je jünger wir,
d. h. je bildsamer noch Leib, Seele und Geist sind.

2. B e i s p i e l g r u p p e. Die erste Beispielgruppe bezog
sich auf das, was wir durch die Sinne von außen aufnehmen.
Die zweite hat sich anschließend daran mit den Seelenhaltun-
gen zu beschäftigen, die wir in uns selbst entwickeln und der
Außenwelt entgegenbringen. Man denke sich also etwa folgenden Menschen: Er ist leicht reizbar und neigt zu einem
jähzornigen und gewalttätigen Verhalten. Er neigt nicht nur

dazu, sondern gibt seiner Neigung auch in jeder Hinsicht nach, ja er entschuldigt sein Verhalten sogar und lebt ganz im stolzen Selbstgefühle seines guten Rechtes, wenn er etwa als Kanzleichef seine Angestellten bei den geringsten Fehlleistungen hart anläßt oder etwa auch seine Mitmenschen negativistisch und zynisch kritisiert. Tagsüber geht dann zwar zunächst alles gut, da fühlt er sich als „ganzer Kerl". Nachts aber vermengen sich in Schlaf und Träume ganz andere Stimmungen. Da bekundet sich, was man „Stimme des Gewissens" nennt und zeigt ihm sein Verhalten in einem ganz anderen Lichte. Er schaut sich und sein Verhalten nun gleichsam wie von außen an, er erblickt sein wahres, von herrischem Egoismus geprägtes Seelenantlitz und erlebt nun auch durch Einfühlung die Seelenstimmungen seiner Mitmenschen, die tagsüber seinem Verhalten wehrlos ausgesetzt waren. Dumpfe Reue und Gewissensbisse peinigen ihn nun, denn er hat sich selbst im Spiegel der ewigen Wahrheit erblickt. Morgens beim Erwachen sind dann zwar die Ereignisse des vergangenen Tages längst vergessen und auch die leisen Gewissensmahnungen der Nacht werden bald mit einer energischen Geste zurückgewiesen und durch die Tagesgeschäftigkeit vollends ins Unterbewußtsein verdrängt. Dennoch aber bleibt so etwas wie ein „schlechter Geschmack auf der Zunge" zurück, und ein solcher Mensch fühlt sich irgendwie innerlich bedrückt und unfroh. Es ist ihm, als habe er irgend etwas vergessen oder als habe er irgend etwas gutzumachen, und je mehr er die Wahrheit ahnt und sich ihr gegenüber dennoch stolz verschließt, desto mehr steigen innere Unzufriedenheit und Gereiztheit hoch und führen ihn zu neuen, stärkeren Ausbrüchen von Ungerechtigkeit, Jähzorn und Gewalt. So mag es eine Zeitlang weitergehen, endlich aber kommt es zum Zusammenbruch der seelischen und körperlichen Gesundheit.

Denn das Entscheidende ist hier ja zunächst g a r n i c h t , w a s w i r d e m M i t m e n s c h e n , s o n d e r n w a s w i r u n s s e l b s t d u r c h u n s e r V e r h a l t e n a n t u n. Der obengenannte Mensch denkt vielleicht stolz: „Nun, dem habe ich aber meine Meinung gesagt! Dem hab ich's gegeben!" — und er meint, seine lieblose Kritik, sein Zornausbruch oder gar seine Gewalttätigkeit seien nur in zentrifugaler Richtung aus ihm herausgestrahlt, und er habe nur den andern verletzt. Ein solcher Mensch ahnt aber nicht, — oder besser, er ahnt es wohl halbbewußt, will es sich aber nicht eingestehen — daß jeder verneinende Gedanke, jede gereizte Seelenstimmung, jede haßerfüllte Brutalität auf ihn selbst zurückschlagen und etwas in seiner Seele und damit alsbald auch in seinem Leibe schwächen und kränken. Der zornige Schlag, der den anderen physisch treffen sollte, er trifft viel verheerender seelisch den Schlagenden selbst, weil er etwas in dessen innerster geistig-moralischer Substanz zerstört.

Machen wir uns doch nur folgendes klar: Überlegener Spott, Zorn- und Gewaltausbrüche, — sie erscheinen nach außen hin mächtig und geben uns ein hohes Maß von stolzem, aufgeblasenem Selbstgefühl. Der feinere Beobachter wird jedoch bei solchen Gelegenheiten, an sich wie an anderen, bemerken, daß s o l c h e A u s b r ü c h e n a c h i n n e n h i n d e n M e n s c h e n a u s h ö h l e n u n d L e e r e z u r ü c k -l a s s e n , ja, daß sie oft schon Ausdruck bestehender innerer Unsicherheit und Schwäche sind. Verstehende Weisheit und helfende Liebe hingegen, — sie mögen zunächst nach außen „schwächlich" und „nachgiebig" erscheinen, sind aber Zeichen wahrhafter Überlegenheit. S i e s i n d z u g l e i c h S i n n -s p e n d e r u n d V e r d i c h t e r u n s e r e s S e e l e n -d a s e i n s n a c h i n n e n !

Ganz unabhängig davon also, wie der andere Mensch seinerseits unser Verhalten ihm gegenüber beantwortet, schlägt unser eigenes Verhalten unmittelbar auf uns selbst zurück. Es gibt nämlich nicht nur im Physischen, sondern auch im Geistig-Moralischen so etwas wie ein Gesetz der „Reflexion" und des „Echo". Wie gedankenlos reden und denken wir nicht allerlei daher! Wie hemmungslos lassen wir uns oft in unseren Affekten gehen und machen uns durch Gebärden, Gesten, Handlungen Luft! — Immer von der Überzeugung getragen: „Das macht ja nichts aus, das verweht ohnehin spurlos in der Luft, das wird ja von mir und auch vom anderen bald vergessen!" Nun freilich — in der physischen Außenwelt mag das alles spurlos vergehen, und auch von der inneren Bewußtseinswelt allzubald vergessen werden, g e i s t i g a b e r w e s e s w e i t e r, und kehrt, wie ein Echo, zum Ausgangspunkt zurück. Hierbei ist nun besonders das Folgende zu beachten: „U n s e r e Ä u ß e r u n g e n", die wir vom Ichmittelpunkt aus in z e n t r i f u g a l e r Richtung in die Welt hinaus und dem anderen an den Kopf schleudern, die v e r d ü n n e n sich mit zunehmender räumlicher und zeitlicher Entfernung und entschwinden endlich ganz aus unserem Gesichtskreis. Alsbald aber verändern sie ihre Richtung! Sie werden nun gegen uns zurückreflektiert und strahlen nun, z e n t r i p e t a l und sich zunehmend v e r d i c h t e n d, auf uns ein. (Abb. 11).

K l a r b e w u ß t ist uns hierbei nur das, was von uns an Gedanken, Worten, Gebärden und Handlungen zentrifugal in die Welt hinein und gegen unsere Mitmenschen strahlt, denn hier empfinden wir uns stolz als „Täter". G a n z u n b e - w u ß t und nur in leisen Gewissensahnungen zu fassen ist hingegen, was als zentripetale Rückstrahlung sich gegen uns selbst und in uns hinein verdichtet. D a s a b e r s i n d d i e s c h i c k s a l h a f t e n F o l g e n u n s e r e s V e r h a l - t e n s. Der aufmerksame Beobachter kann nun finden, wie die von uns ausstrahlenden Gedanken, Affekte, Worte und Taten rückwirkend a n u n s e r e m „g e i s t i g - s e e l i - s c h e n A n t l i t z" a r b e i t e n, j a s i c h g e r a d e z u z u r G e i s t g e s t a l t e i n e s z w e i t e n M e n s c h e n v e r - d i c h t e n, welcher ganz und gar aus dem moralischen Gehalt und der moralischen Gesinnung unseres Verhaltens gebildet ist.

Äußerlich ist freilich zunächst davon nicht viel zu bemerken, denn der physische Leib des Menschen ist zu verhärtet (Knochensystem!) und sein Tagesbewußtsein zu selbstherrlich, um ohne weiteres diese schicksalhafte Rückstrahlung aufnehmen zu können. Dennoch aber sieht man es z. B. dem Munde eines älteren Menschen doch bald an, ob er vorwiegend Worte verstehender Liebe, oder zynischen Hasses formte, — und dasselbe gilt für die Feinheiten der Hand (Handlinien, Spiel der Finger etc.!) oder des Augenausdruckes. Während viele Alltagsmenschen ihren Ausdruck nur wenig umprägen und daher ihre Jugend- und Altersbildnisse einander sehr ähnlich sind, zeigen bedeutende Menschen — im positiven wie im Negativen — oft ganz gewaltige Umwandlungen in Haltung, Physiognomik und Gebärde.

Trotzdem aber kann doch gesagt werden, daß sich Gestalt und Verhalten eines Menschen i n n e r h a l b   e i n e s Erdenlebens nicht sehr tiefgreifend und jedenfalls nicht über einen gewissen Grad hinaus ändern, was jeder zugeben wird, der in der Selbsterziehung mit seinen konstitutionell bedingten, leiblich-seelischen Schwächen und Fehlern rang. Hingegen verdichtet sich während des Lebens mit unheimlicher Folgerichtigkeit i m   H i n t e r g r u n d e des äußerlich sichtbaren Menschenleibes und im Hintergrunde des Tagesbewußtseins und der Meinung, welche ein Mensch von sich selbst hat (und die meist eine sehr positive und hohe ist!), die Geistgestalt eines neuen, durch den moralischen Charakter des Denkens, Fühlens und Wollens im Laufe des Erdenlebens selbst geschaffenen Menschen.

Von diesem s e l b s t g e s c h a f f e n e n   D o p p e l g ä n - g e r weiß das gewöhnliche Ichbewußtsein zunächst nichts, denn er wird diesem Bewußtsein durch die leiblich-seelische Konstitution, die wir durch die Geburt bekamen und seither an uns tragen, verdeckt. Und dieses Bewußtsein weiß dann am allerwenigsten davon, wenn es sich unbeherrschten Leidenschaften hingibt und, ohne auf die Gewissenstimmen zu achten, sich ganz im Vollgefühle seines „guten Rechtes" oder seiner „Ansprüche" wiegt und alle Schuld nur bei den „anderen" oder in „äußeren Umständen" sieht. Diese selbstgeschaffene, doppelgängerhafte Geistgestalt ist nun offenbar nichts anderes als eine Art „Gewand" oder „Haus", demgegenüber sich die Frage erheben kann: „Was wird geschehen, wenn im Tode das Gewand und Haus d i e s e s Erdenleibes und Erdenschicksales, in dem ich seit der Geburt wohne, von mir abfällt? W e r d e i c h d a n n n i c h t j e n e s a n d e r e , s e l b s t - b e r e i t e t e a n z i e h e n u n d b e z i e h e n m ü s s e n ? W i r d e s n i c h t d a n n s e i n e S c h a t t e n h a f t i g - k e i t v e r l i e r e n , u n d m i r s p ä t e r h i n s o g a r w i e d e r z u F l e i s c h u n d B e i n u n d B l u t , z u K o n s t i t u t i o n , C h a r a k t e r u n d L e b e n s s c h i c k - s a l w e r d e n ?" Die Seelenstimmungen, denen sich ein Mensch hingibt, können aber auch schon innerhalb dieses Erdenlebens tief in seine leibliche Konstitution hinabwirken und damit auch sein äußeres Lebensschicksal weitgehend beeinflussen. Ganz allgemein gilt hierbei das Gesetz: W a s i n d e n H ö h e n d e s m e n s c h l i c h e n T a g e s b e w u ß t s e i n s s i c h v o r - b e r e i t e t , d a s f i n d e t s e i n e A u s w i r k u n g i n d e n T i e f e n d e r p h y s i o l o g i s c h - a n a t o m i s c h e n O r g a n i s a t i o n . Nehmen wir das Beispiel zweier Menschen, die sich zu Tisch setzen, um zu speisen: Der eine läßt vorher alle Unruhe und Sorge des Alltages von sich abfallen, er sammelt sich und durchdringt sein Bewußtsein ganz mit dem Höchsten und Heiligsten. So wird ihm selbst die physische Nahrungsaufnahme zur Kommunion mit dem Göttlich-Geistigen. Der andere hingegen stürzt sich sogleich auf sein Essen und schlingt Unrast und Ärger so recht mit den Speisen mit hinunter. Dem medizinisch Geschulten ist nun ohne weiteres klar, daß der eine seinem Leibe Heilendes, der andere Vergiftendes zuführt. Der eine wird etwa bestehende Schwierigkeiten der Verdauung, also z. B. seine Neigungen zu Atonie des Magens oder zu übermäßiger Säurebildung oder zu Krämpfen, nach und nach verbessern, während der andere sich solche Schwierigkeiten selbst erst schafft und schließlich sogar anatomische Veränderungen, etwa ein Ulcus, erringen kann. D e n n g e r a d e w ä h r e n d e s E s s e n s s t e h t u n s e r L e i b l i c h e s d e n E i n w i r k u n g e n d e s S e e - l i s c h e n b e s o n d e r s s c h u t z l o s o f f e n , und man kann physiologisch bis ins einzelne den Einfluß der Seelen-stimmungen auf die Physiologie der Verdauung und Ernährung und damit schließlich auch auf die äußeren beruflichen Leistungen und Lebensschicksale eines Menschen verfolgen.

Der Mensch begegnet also seinem s e l b s t b e r e i t e t e n Schicksal gerade auch in manchen seiner Gesundheiten und Krankheiten, Kräften und Schwächen, wofür er zunächst seine Konstitution oder sein Schicksal anklagen möchte! Während nämlich die Tiere z. B. hinsichtlich Nahrungsaufnahme, Trinken, Schlafen, Wachen und Geschlechtsbetätigung ganz den weisheitsvollen Instinktordnungen der Natur hingegeben sind, b e s i t z t   d e r   M e n s c h, je mehr er sein Ichbewußtsein entwickelt, d a s   V e r m ö g e n   d e r   W i l l k ü r. Er kann daher — im Gegensatz zum Tiere — in seinem Geistig-See-lischen Begehrungen und Gewohnheiten entwickeln, die nicht mehr mit den physisch-leiblichen Notwendigkeiten übereinstimmen, ja ihnen sogar entgegengerichtet sind. Unverdorbene Tiere in freier Wildbahn fressen z. B. nur das ihnen Bekömmliche und auch nur zur rechten Zeit und in richtiger Quantität. Sie kennen kein lebensfeindliches Raffinement des Geschmakkes, keine Reizstoffe, Rausch- und Genußgifte und keine Ausschweifungen, denn ihr Bewußtsein steht ganz im Dienste des organischen Leibes. Beim Menschen hingegen kann sich das Bewußtsein vollständig davon losreißen und immer stärker Triebe, Stimmungen, Gedanken entwickeln, die Krankheit und Tod in sich tragen. Ja, es kann sogar indirekt in den ihm anvertrauten Haustieren derartige lebensfeindliche, unbiologische Instinkte wachrufen.

Mit Recht nannte man daher den Menschen das „kranke Tier". Zum Unterschiede zu den Krankheiten der Pflanzen und Tiere sind nämlich d i e   m e i s t e n   K r a n k h e i t e n   d e r M e n s c h e n   n i c h t   W i r k u n g e n   ä u ß e r e r   U m -s t ä n d e   u n d   S c h ä d i g u n g e n,   s o n d e r n   g e h e n l e t z t l i c h   a u f   i n n e r e,   i m   M e n s c h e n   s e l b s t g e l e g e n e   S p a n n u n g e n   z u r ü c k. Der Kampf um Gesundheit und Krankheit ist für den Menschen daher letztlich ein Kampf um den Sinn seiner Freiheit und seines Ichbewußtsein. Ist dieses nämlich von ichsüchtigen Trieben (Haß, Grausamkeit, Stolz) ergriffen und verschließt es sich dem Göttlich-Geistigen im materialistischen Macht- und Genußstreben, so strahlt es Chaos, Gift und Zerstörung herab in den Leib, und alle medizinischen Bemühungen müssen letztlich fruchtlos bleiben, weil sie nur Symptome bekämpfen, aber nicht die Krankheitswurzel selbst heilen. Jedem ärztlich Geheilten müßte man daher die Worte Christi zurufen: „Geh — und sündige hinfort nicht mehr!" Denn die ärztliche Kunst, also die selbstlose Liebe eines Mitmenschen, half zwar dem Kranken aus seinen oft selbst verschuldeten Schicksalsfolgen, w a s a b e r n u r b e r e c h t i g t w a r, w e n n n u n a u f d i e p h y s i s c h e H e i l u n g s o g l e i c h e i n e m o r a l i s c h e, d. h. d i e U m w a n d l u n g d e r t i e f s t e n G e s i n n u n g f o l g t. Aber dieses ist schwer, denn das Gift der Ichsucht, des Hasses und Stolzes ist süß; ja, es ist süß, gerade in seiner das Menschenwesen geistig, seelisch und leiblich aushöhlenden und zerfressenden Kraft. Wir sind daher diesen Versuchungen nur gewachsen, wenn wir uns innerlich mit der Heilergestalt dessen verbinden, der selbst ganz „Licht, Leben und Auferstehung" ist.

Unvoreingenommene Beobachtung ergibt weiterhin folgendes: Was von einem Menschen an positiver, liebevoller Gesinnung ausstrahlt, das kehrt verwandelt als Auftrieb und Freudigkeit zu ihm zurück. Wirken diese lange genug, so werden sie sich nach und nach als klarer, offener Sinn und schließlich als Keim von Gesundheit und Schönheit bekunden, ganz gleichgültig, ob sich dieser Keim schon in diesem Erdenleben physisch voll entfalten kann, oder zunächst nur geistig-seelisch bleibt. Umgekehrt verwandeln sich negative, haßerfüllte Gesinnungen in Bedrücktheit, ja, in verborgenen Schmerz, welche weiterhin den klaren Sinn trüben und den Keim zur Krankheit und Häßlichkeit legen. Aus ähnlichen psychologischen Gesetzmäßigkeiten führt nun auch Selbstsucht bis zu einem gewissen Grade zu seelischer Blindheit und Taubheit, denn der Selbstsüchtige steht mit seinen subjektiven Leidenschaften zwischen sich und der objektiven Wahrheit, wodurch ihm diese verzerrt wird. Für den Selbstlosen gilt entsprechend das Umgekehrte. Hierdurch wird bewiesen, daß sowohl leibliche Gesundheit und Schönheit, wie Erkenntniswahrheit in letzter Linie in der Moralität, d. h. in der innersten Ausrichtung der sittlichen Persönlichkeit gründen.

Dies bedenkend, könnte man versucht sein, zu sagen: Die Klarheit unserer Augen, die Feinheit unserer Ohren, die Kraft und Schönheit unserer Glieder, d. h. unser gesamtes physisches Seh-, Hör- und Lebensvermögen seien Ausdruck der inneren Kraft und Helligkeit unseres geistigen Wesenskernes. Verschlösse sich dieser durch Haß und Selbstsucht, so müßten zunächst Seelenschwäche, Seelenblindheit und Seelentaubheit die Folge sein, die — wenn nicht in diesem, so in einem folgenden Erdenleben — weiterhin physische Schwäche, Blindheit und Taubheit nach sich ziehen könnten. In diesem Sinne ist dann „Liebe" der Grund aller Erkenntniswahrheit und Lebenskraft, weil sie „Licht, Weg und Leben" der Welt und des Menschen sind. Haß aber ist der Ursprung aller Schwäche, alles Irrtums und aller Lüge, weil in ihm Menschheits- und Weltenfinsternis wirkt. Die Wirklichkeit solcher Zusammenhänge beobachtet auch der Pädagoge z. B. an einem Kinde, das zunächst stumpf und unbegabt erscheint, alsbald aber ungeahnte Erkenntnis- und Lernfähigkeiten entwickelt, wenn durch die Liebeskraft des Lehrers seine eigene Liebeskraft entflammte. Hingegen können selbst hochbegabte Kinder stumpf und blöde scheinen, ja schließlich krank werden, wenn sie durch pädagogische Fehler in einen Zustand von Verstocktheit und Haß gerieten.

Hinsichtlich der wahren Bedeutung eines Berufes und Lebenslaufes für unser Geistwesen und somit für unser nächstes Erdenleben, muß man daher ganz andere Maßstäbe anlegen, als es zumeist geschieht. Ein weltberühmter Gelehrter kann z. B. ein umfassendes

169

Wissen erworben, ein Techniker gewaltige Maschinen konstruiert, ein Organisator nach außen Großes vollbracht haben, und doch zeigt eine unvoreingenommene Beobachtung leider sehr oft, daß solche Menschen an ihrem Lebensende seelisch und charakterlich ebenso unentwickelt sind, als sie es mit 20 Jahren waren. Ähnliches beobachten wir auch oft bei Menschen, denen infolge unverwüstlicher Gesundheit und glücklicher Lebensumstände innere Seelenkämpfe erspart blieben, oder die sich solche durch eine egoistische Lebensroutine fernzuhalten wußten.

Die Kraft unserer Seelen wächst nämlich oft mehr durch Leiden als durch Glück und äußere Taten, oft mehr durch Krankheit als durch Gesundheit. Wenn daher z. B. ein Mensch zeitlebens ans Bett gefesselt ist, oder durch äußere Umstände an der Entfaltung seines Lebens gehemmt wurde, so darf man das Leben solcher Menschen nicht deshalb „unnütz" nennen, weil sie nach außen hin nichts leisteten. Es können nämlich in solchen Fällen die größten inneren Seelentaten geschehen, welche das Geistwesen solcher Menschen so stärken und verdichten, daß sich im nächsten Erdenleben daraus für die Mitmenschen die bedeutsamste und heilendste Wirksamkeit ergeben kann, während dann vielleicht andere, in diesem Erdenleben stark und erfolgreich hervortretende Menschen, recht klein und unansehnlich dastehen. Weisheit und Liebe sind überall verwandelter Schmerz und wir dürfen für das Schwere oft mehr, als für die Annehmlichkeiten des Lebens dem Schicksal danken.

Was wir in einem Erdenleben nach außen hin wirklich vollbringen können, hängt vom Schicksal ab, das wir uns in dieses Erdenleben mitbrachten. Wesentlich und ganz in unsere Freiheit gestellt, ist aber die Art, wie wir uns moralisch mit unserem Schicksal abfinden und was wir selbst aus dem Allerschwersten (z. B. lebenslanger Gelähmtheit) machen! Da können Seelentaten geschehen, und Herzenskräfte erworben werden, die sich im nächsten Erdenleben in Kraft und Gesundheit, in Weisheit und Erfolgen nach außen kundgeben.

Immer bedenke man also: Jede sieghafte Stunde der Selbstüberwindung und Liebe verwandelt sich in Kraft und Freudigkeit und läßt uns anders in den Schlaf gehen und morgens erwachen, als wenn wir unsern Schwächen, Mißmutigkeiten und Haßgefühlen Raum gegeben hätten und dadurch nur noch tiefer in Schwere und Düsternisse geraten wären. Wer sich aber irgendeinmal für den einen oder den anderen Seelenweg entschied, wird bald bemerken, daß er dadurch in eine Gesetzmäßigkeit geriet, die ihn immer weiter nach auf- oder abwärts tragen will. Denn jedes Sichgehenlassen zieht neue Schwächen, jede Selbstüberwindung aber neue Siege nach sich. In beiden Fällen ist nämlich das „Gesetz der Summierung", oder besser „Potenzierung", zu beobachten. Und so kommt es, daß wir schließlich ebenso staunend einerseits vor den Untaten moralischer Verwahrlosung, Roheit und sinnloser Unbeherrschtheit, wie andererseits vor menschlichen Erscheinungen stehen, die wir „heilig" nennen möchten. Aber sowohl bestialische Unbeherrschtheit wie ruhig-strahlende Liebes-Opferkraft sind weder das Ergebnis einer einmaligen freien Entscheidung noch sind sie in vielen Fällen auf Rechnung der „Vererbung" (Geburt) oder des „Milieus" (Erziehung, soziale Lage) zu setzen. In ihnen spiegeln sich vielmehr die zahllosen kleinen, freien Einzelentscheidungen, Zuchtlosigkeiten oder Beherrschtheiten eines ganzen langen Lebenslaufes, deren Endergebnisse wir schließlich am liebsten „Fluch" oder „Begnadung" nennen möchten, — obgleich sie beides nicht sind, sondern Früchte menschlicher Freiheit.

Wendet man nun demgegenüber ein, der eine habe eben (sei es durch Geburt oder durch Erziehung) mehr Kräfte zur freien Selbstgestaltung mitbekommen als der andere, so ist dieses allerdings richtig und hängt mit der später zu behandelnden Frage des angebornen Schicksals und Charakters zusammen. Eins aber ist sicher: Den Keim der Freiheit hat jeder normale, d. h. zum Ichbewußtsein erwachte Mensch. Aber

eben nur den — verschieden großen — Keim! D e r M e n s c h
i s t   n ä m l i c h   w e d e r   s c h l e c h t h i n   f r e i   n o c h
s c h l e c h t h i n   u n f r e i ,   s o n d e r n   e r   b e s i t z t   d i e
M ö g l i c h k e i t ,   d e n   K e i m   d e r   F r e i h e i t   i n   s i c h
z u   e r w e c k e n   u n d   g r o ß z u z i e h e n .   D a s   k a n n
a b e r   n u r   d u r c h   s t ä n d i g e s u n d e i s e r n e s Ü b e n
g e s c h e h e n. Jedes Sichgehenlassen, jede Gleichgültigkeit
und Schläfrigkeit den höchsten Idealen gegenüber, jede satte
Selbstgefälligkeit und Aufgeblasenheit schwächt unsere Wachheit und Kraft und macht uns endlich zum Spielball äußerer
und innerer Dämonien. Man muß sich also stets gegenwärtig
halten: Auch der bequeme Verzicht auf die Mühen freier
Selbstgestaltung, auch unsere Fahrlässigkeiten und Unterlassungen, also auch der schließliche Verlust jeder freien Verantwortlichkeit durch überhandnehmende Leidenschaften und
Laster, ist durchaus auch eine „Tat" der Freiheit, nur eben
eine negative, weil sie sich darin selbst aufgab.

3. B e i s p i e l g r u p p e. Die dritte Beispielgruppe beschäftigt sich mit den Veränderungen, die durch unser Verhalten, durch unser Tun und Lassen in der Außenwelt und in
den Mitmenschen selbst bewirkt werden und mit deren Rück-
wirkungen auf den Täter. Man vergegenwärtige sich z. B.
einen Menschen, der zunächst durch die Länder reist, bald
aber in eine Landschaft kommt, die ihn besonders anzieht, so
daß er dort zu bleiben, ein Haus zu bauen, eine Familie zu
gründen und die Tätigkeit eines Gärtners auszuüben beschließt. „Gestern" war er vergleichsweise noch „frei", „heute"
aber hat er sich selbst durch seine Taten gebunden, denn die
Folgen seiner Taten (Hausbau, Familie, Beruf) bleiben mit ihm
verwachsen. Dies ist nur ein Fall für viele, zeigend, inwiefern
zeitlebens u n s e r e   f r e i e n   E n t s c h l ü s s e   v o n   g e -
s t e r n („Gestern" im weitesten Sinne) h e u t e   u n s e r
S c h i c k s a l   s i n d, mit dessen Notwendigkeiten wir rech-
nen müssen. Wollte ein Mensch solche Schicksalsnotwendigkeiten gänzlich vermeiden, um dauernd „frei" zu sein, so
müßte er auf alles Tun, d. h. gerade auf die Betätigung seiner

freien Schöpferkraft, verzichten. Denn jede „freie Entscheidung von gestern" ist ‚notwendige Bindung von heute". Dies braucht uns aber keineswegs zu bedrücken, weil wir 1. in der Bindung nicht auf fremde Willkür, sondern auf unsere eigene freie Tat treffen und 2. die dadurch geschaffene Bindung (z. B. Haus, Familie, Beruf) auch wieder Boden und Werkzeug sind, auf dem und mittels dessen sich heute unsere schöpferische Freiheit bekunden kann.

Jeder Tätige bindet sich also selbst durch und an seine Tat, sei es auch nur, daß er heute einen Schuldschein unterschreibt, der ihm morgen präsentiert werden kann, weil er seine Handschrift trägt. Man muß sich nur klarmachen, daß nicht nur unsere Schuldscheine, sondern alle unsere Taten unser „Handzeichen" an sich tragen. Dadurch bleiben sie mit uns verbunden und zeigen die Tendenz, in ihren Folgen auf uns selbst zurückzuschlagen, auch wenn wir auf sie schon längst vergaßen. Wie nämlich u n s e r e   E r l e b n i s s e aus unserem Tagesbewußtsein n a c h   i n n e n, in die Tiefen unseres eigenen Wesens absinken, um dort a l s   G e d ä c h t n i s b e s t a n d aufbewahrt zu werden, bzw. ihre innere seelische Schicksalswirksamkeit zu entfalten, so entschwinden u n s e r e   T a t e n und deren Folgen aus unserem Tagesbewußtsein n a c h   a u ß e n, indem sie sich immer weiter in die Welt zerstreuen und schließlich zu vergehen scheinen. Letzteres ist aber nur eine Täuschung unseres gewöhnlichen Bewußtseins. Wie uns nämlich unsere Erinnerungen mit einstmals gehabten Erlebnissen nach innen zu verbinden und diese uns, trotz alles Vergessens, als innerer Seelenbestand unverloren bleiben, so verbinden uns unsere Schicksalsereignisse nach außen zu mit den Folgen unserer Taten und bleiben diese mit uns verbunden, — wir mögen uns in Raum und Zeit noch so weit von Ort und Zeit unserer einstigen Handlungen entfernen (vgl. Abb. 11).

Unsere ehemaligen Werke und Taten gehören also ebenso wie unsere ehemaligen Sinneseindrücke und Seelenstimmungen zu uns und werden als „Erinnerung" oder als „Schicksalsfolgen" auch einstens den Weg zu uns wieder finden. Was einem Menschen also zunächst von außen und als ein Fremdes zuzustoßen scheint, kommt in Wahrheit aus seinem eigenen Wesen und ist ein Stück Selbstbegegnung — so sehr dies dem gewöhnlichen Bewußtsein auch verborgen bleibt und es unvorhergesehenen Schicksalsschlägen gegenüber auszurufen versucht ist: „Warum gerade mir das?"

Es gibt nun einen merkwürdigen Drang im Menschen, der ihn oft zwingt, die Früchte seines vergangenen Tuns wieder aufzusuchen. Geschieht dies z. B. von Verbrechern, die es nicht unterlassen können, trotz aller damit verbundenen Gefahren, die Mordstelle wieder zu sehen, so wird klar, daß wir den eigentlichen Grund nicht in oberflächlichen Motiven werden suchen dürfen. Offenbar gibt in solchen Fällen der Täter d e r g e h e i m n i s v o l l e n A n z i e h u n g n a c h , d i e z w i s c h e n i h m u n d s e i n e r T a t b e s t e h t. Ja, oft hat man geradezu den Eindruck, der Täter gehe den Schicksalsfolgen seiner Tat entgegen und suche sie zu beschleunigen, wenn sie zu lange auf sich warten lassen. Denn oft stellt er sich entweder selbst dem Gericht, oder er benimmt sich, getrieben von undurchschautem Drange so, daß er schließlich ohne Mühe am Tatorte ergriffen werden kann, oder sonstwie entdeckt wird. Oft atmet er dann sogar erleichtert auf, denn wenn auch das menschliche Oberbewußtsein vor Leiden und Strafen flieht, so sucht doch das ewige geistig-seelische Menschenwesen diese auf und sagt Ja zu ihnen.

Am deutlichsten wird nun die R ü c k k e h r d e r T a t f o l g e n z u m T ä t e r bei den Beziehungen zwischen Mensch und Mitmensch. Schlage ich jemanden und dieser schlägt zurück, so ist diese Rückkehr ganz offensichtlich, freilich auch so einfach, daß sie kaum „Schicksalsfolge" genannt werden darf. Anders ist es schon im folgenden Beispiele: Jemand habe aus Unvorsichtigkeit oder auch mit Absicht ein kleines Kind heftig erschreckt und geängstigt. Jahre vergehen. Sowohl er selbst als auch der jetzt herangewachsene Mensch haben den Vorfall gänzlich vergessen. Dennoch aber hat der

174

eine Mensch im anderen eine tiefgreifende Wirkung, gleichsam sein „Handzeichen" hinterlassen, weshalb nun zwischen beiden eine Schicksalsbeziehung besteht. Begegnen sie sich nun später, so wird unter Umständen im einen Menschen schon beim ersten Blick und ohne jede angebbare Veranlassung ein tiefgreifendes Erschrecken und eine unüberwindliche Abneigung entstehen. Da nun beide glauben, einander zum erstenmal zu sehen, ist der eine beunruhigt, weil er, scheinbar grundlos einem anderen Menschen Abneigung entgegenbringen muß, der andere hingegen aufs tiefste verletzt, weil ihn ein Mensch haßt, dem er nichts zuleide tat, ja um dessen Zuneigung er sich vielleicht redlich bemühte. Oder ein anderer Fall: Jemand schulmeistert — wie er glaubt in „selbstlosester Absicht" und nur, um ihnen zu helfen und sie zu bessern — stets seine Mitmenschen, kritisiert sie, gibt ihnen „gute Ratschläge" und sagt ihnen „seine Meinung", bis er auf allgemeine Ablehnung und Spott stößt und sich schließlich auch seine Freunde von ihm abkehren. Da er den Schicksalszusammenhang seines Tuns mit seinem Erleiden, infolge seiner dünkelhaften Gesinnung nicht erfaßt, scheint ihm die Schuld für sein Schicksal ganz bei den „anderen" zu liegen, weshalb er schließlich zur Meinung gelangt, die Menschen seien alle böse und undankbar und er selbst offensichtlich zu gut für diese Welt, — wodurch sich seine Gegensätze zu den Mitmenschen nur noch mehr verschärfen.

Oder ein anderer Fall: Zwei Menschen haben sich zum erstenmal gesehen und einander starken Eindruck gemacht. Ganz erfüllt vom anderen trennen sie sich nun. Aber im Halb- und Unbewußten lebt das Bild des anderen fort, verwebt sich in die Träume und durchdringt selbst den traumlosen Schlaf mit einem unaussprechlichen Gefühle. Räumlich sind sie nun weit voneinander entfernt, ja schließlich haben sie einander sogar in ihrem Oberbewußtsein vergessen. In der Region des Geistig-Seelischen jedoch sind sie nach wie vor einander unmittelbar nahe. Da wirkt und lebt jeder im anderen und bestimmt dessen verborgenste Triebe und Willensentscheidungen. Es wird uns daher nicht wunder nehmen, wenn schließlich beide auf langen, verschlungenen Lebenswegen einander scheinbar ganz zufällig wieder begegnen. Hinter diesem „Zufall" stand aber die unbewußte Schicksalsverbundenheit ihrer Seelen, die mit nachtwandlerischer Sicherheit ihre Körper und ihre Tagesbewußtseine so lenkte, daß beide, zu ihrem eigenen Verwundern, sich endlich wieder begegneten und nun vielleicht erst ganz klar wissen: „Wir gehören zusammen und bleiben beisammen!"

Bei jeder Begegnung zweier Menschen hinterlassen beide wechselseitig einen Eindruck ineinander zurück. Jeder bestimmt durch sein Verhalten gegen seine Mitmenschen auch wieder deren Verhalten gegen ihn und bereitet sich also selbst sein soziales Schicksal unter ihnen. I m T u n s i n d w i r d a n n z w a r f r e i , i m E r l e i d e n a b e r g e b u n d e n , d a w i r d a s e l b s t d i e F r ü c h t e g e n i e ß e n , d e r e n K e i m e w i r d u r c h u n s e r e i g e n e s V e r h a l t e n i n d i e M i t m e n s c h e n l e g t e n . So arbeiten wir also zeitlebens nicht nur an dem, was wir leiblich, seelisch und geistig schließlich nach innen selbst sein werden, sondern auch an der Gestaltung dessen, w a s u n s v o n a u ß e n und durch andere Menschen als Schicksal entgegenkommen wird. Jedenfalls aber wird jedem nur widerfahren, was er in sich und in den Mitmenschen selbst säte, wenn auch zwischen der Saat und der Ernte lange, lange Zeiträume vergehen können, so daß unser Bewußtsein in den seltensten Fällen die Zusammenhänge durchschaut, die hier zwischen Ursache und Wirkung bestehen. (Vgl. Abb. 11.)

Man kann sich also sagen: „Täglich, ja stündlich begegne ich neuen Menschen. An mir aber liegt es, ob ich durch kalte Gleichgültigkeit ihnen gegenüber den Schicksalskeim zu meiner späteren Vereinsamung lege, oder, sei es durch Haß oder Liebe, mein Schicksal enge an das ihrige knüpfe, indem ich dadurch im Mitmenschen Zerstörungs- oder Aufbaukräfte mir gegenüber entflamme. Jede menschliche Begegnung aber wird so oder so mein kommendes Dasein mitgestalten." Eins aber muß man sich besonders klarmachen: Durch Haß und Feindschaft verflechten wir uns anderen Menschen mindestens ebensosehr, als durch Liebe und Wohltun. Tagsüber mögen dann wohl z. B. zwei Menschen sich erbittert bekriegen, in den Tiefen der Nacht hingegen erlebt jeder die Schmerzen des anderen, noch vermehrt durch das Erleben der eigenen Schuld. Deshalb entsteht nun der Gewissensentschluß: Das getane Unrecht früher oder später auszugleichen bzw. die sich daraus für einen selbst ergebenden Schicksalsfolgen demutsvoll auf sich zu nehmen!

Nur dem Unwissenden scheint nämlich jeder Mensch ein abgeschlossenes Einzelwesen für sich zu sein. In Wahrheit aber ist jeder einem unermeßlichen Gewebe eingewoben, welches die Menschen zu größeren oder kleineren Schicksalsgruppen verbindet. Denn der Mensch gehört nur durch seinen materiellen Körper der räumlich-materiellen Seinsebene an, in seinem Wesen ragt er hingegen in die geistig-seelische Dimension hinein. Dort durchdringt er sich unmittelbar mit seinen Freunden und Feinden, mögen die Körper noch so weit entfernt sein, oder mag gar der eine oder mögen endlich beide bereits verstorben sein, — die Wesensverbundenheit bleibt bestehen. Und diese Wesensverbindung bestimmt die Art, ob und wie sich die beiden Menschen in diesem oder einem folgenden Erdenleben physisch-leiblich begegnen und ob sie da aneinander Gutes oder Böses abzutragen haben. Denn ganz allgemein gilt das Weltgesetz: Das Räumlich-Materielle und Leiblich-Körperliche ist umspannt und durchgriffen vom Geistig-Seelischen (wie alles Nieder-Dimensionale vom Höher-Dimensionalen). ist also die Ebene, auf der sich Geistig-Seelisches (z. B. als Physiognomik, Geste, Lebensbegegnung) spiegelt und ausdrückt [1].

---

[1] Vgl. die umfassende Begründung hierfür in meinem Buche: „Erde und Kosmos" Frankfurt a. M. 1938.

4. Beispielgruppe. Sie betrifft die Fälle, in denen ein Mensch gemäß seiner inneren Beschaffenheit, rein durch die Eigenart seines Sein, gleichsam wie ein Blitzableiter, bestimmte Ereignisse anzieht. Es gibt z. B. Menschen, die, ohne besondere äußere Veranlassung, rein durch die Art, wie sie sich geben und aussehen, Zu- oder Abneigung, Spott oder Wohlwollen ihrer Mitmenschen auf sich ziehen. Andere wieder tragen in der Weise, wie sie ihren Kopf halten und sich bewegen, etwas ungemein Herausforderndes zur Schau. Dann gibt es Menschen, die, trotz äußerer Bemühungen, den von den Mitmenschen um sie gezogenen Bannkreis der Vereinsamung nicht sprengen können, und wieder andere, denen ohne viele Mühe alle Herzen in Liebe und Freundschaft zufliegen. Auch kennt jeder von uns „Pech- und Unglücksvögel" bzw. „Sonntagskinder und Glückspilze".

Solche Schicksalseigentümlichkeiten sind nun wohl in den seltensten Fällen von einem Menschen innerhalb seines gegenwärtigen Erdenlebens bewirkt und verschuldet. Er hat sie sich vielmehr mit der Geburt ins Dasein mitgebracht. Wollte er daher ein solches Schicksal durch seine Freiheit umgestalten, so könnte dies weder durch eine bloße Veränderung seines äußeren Verhaltens, noch auch nur durch eine Änderung seiner inneren Seelenstimmungen und Temperamentsanlagen geschehen. Er müßte vielmehr seinen innersten Wesenskern umgestalten, d. h. ein „anderer" werden. So tief wirken aber weder die gewöhnliche sog. „Schule des Lebens", noch die gewöhnliche moralische „Selbsterziehung". Der Widerstand des „Angebornen" oder frühzeitig „Anerzogenenen" ist zu groß. Um es dennoch zu erreichen, müßte eine totale, geistig-religiöse Umkehr und Erleuchtung geschehen. Das Bewußtsein eines solchen Menschen müßte sich bis zu einem solchen Grade mit göttlich-geistigen Weltwahrheiten und Weltenworten durchdringen, d a ß s c h o n i n n e r h a l b d e s E r -
d e n l e b e n s e i n e s o t i e f g r e i f e n d e U m g e s t a l -
t u n g d e s S c h i c k s a l s k e i m e s g e s c h ä h e, w i e
s i e s o n s t n u r i m L e b e n n a c h d e m T o d e g e -

s c h i e h t. Die christliche Bekehrungsgeschichte kennt solche Fälle und auch heute kann dies jeder erleben, der sich ehrlich und ganz mit der Kraft des Auferstandenen verbindet. Einzig diese nämlich verwandelt, was sonst unverwandelbar ist.

Was aber in diesem Erdenleben nicht oder nur schwer gelingt, geschieht, — wie wir sehen werden —, im nachtotlichen Dasein und im Übergang zu einem neuen Erdenleben.

3. Kap.: Z w ö l f S c h i c k s a l s g e s e t z e.

Auf Grund der mitgeteilten Erfahrungen ergeben sich nun nachstehende Schicksalsgesetze. Diese bestimmen zunächst freilich die Schicksalsgestaltung innerhalb eines Erdenlebens, erhalten jedoch ihre volle Bedeutung erst, wenn man auf die Tatsache der Wieder-Verkörperung hinblickt. F ü r d a s F o l g e n d e b i t t e n w i r, d i e A b b i l d u n g 1 1 s i c h s t e t s g e g e n w ä r t i g z u h a l t e n.

1. Das erste Gesetz lautet: Täglich, ja stündlich sind wir S e l b s t g e s t a l t e r unseres äußeren und inneren Schicksals. Durch dasjenige, was wir heute (dieses „Heute" im weitesten Sinne verstanden, also sowohl die jetzige Stunde wie das gegenwärtige Jahr etc.) fühlen, denken, sprechen, tun, bereiten wir uns sowohl unsere leiblich-seelisch-geistige Beschaffenheit (Stimmung, Temperament, Gesundheit, Charakter) von morgen (dieses „Morgen" wieder im weitesten Sinne verstanden) wie dasjenige vor, was uns von außen her begegnet. Charakter und Schicksal sind also nicht nur als „Gegebenheiten" zu betrachten, weil sich nachweisen läßt, daß, wenigstens in gewissem Umfange, der Einzelmensch Selbstgestalter seines Charakters und seines Schicksals ist. Hierbei wird in der e r s t e n L e b e n s h ä l f t e mehr sichtbar, was wir an Charakter und Schicksalen ins Erdendasein mitbrachten, in der z w e i t e n L e b e n s h ä l f t e und besonders im Alter hingegen, was wir aus dem Mitgebrachten zu machen verstanden, inwieweit wir also Neu- und Umgestalter unseres

Charakters und Schicksals waren. Im allgemeinen wird die zweite Lebenshälfte die Früchte ernten, welche die erste Lebenshälfte säte. Wer also z. B. in der Jugend gesund und fleißig lebt, hat, insofern nicht andere Ursachen eingreifen, fürs Alter den Keim zu Wohlstand und Gesundheit gelegt.

2. Was ich jeweils am Beginn eines „Heute", es sei nun am Anfang eines Tages, einer Woche, eines Jahres oder eines ganzen Lebensabschnittes als meinen inneren Charakter und als meine äußeren schicksalhaften Lebensumstände vorfinde, das sind zunächst schlechthin Gegebenheiten, für die ich in

F r e i h e i t im Tun. Vom Menschen ausstrahlende Schicksals-Ursachen, entschwindend ins Menscheninnere oder in die Außenwelt.

G e b u n d e n h e i t im Erleiden. Den Menschen suchende Schicksals-Folgen, auftauchend aus dem Menscheninneren oder zustoßend von außen.

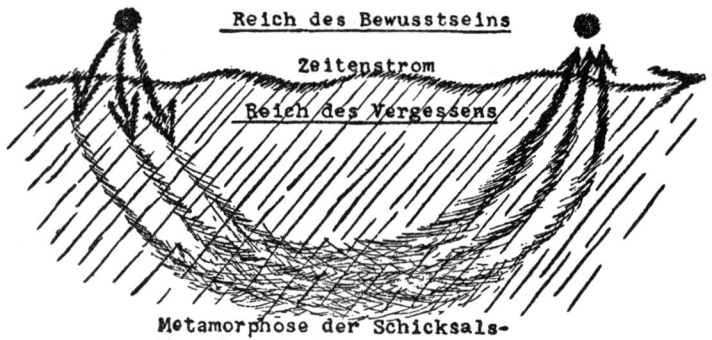

Metamorphose der Schicksals-Ursachen in die Schicksalsfolgen.

Abb. 11.
S c h e m a z u r V e r a n s c h a u l i c h u n g
d e r S c h i c k s a l s g e s e t z e.

diesem Augenblicke nichts kann, die ich vielmehr als absolute Notwendigkeiten hinnehmen muß. Ich weiß aber, daß diese notwendigen Gegebenheiten meines „Heute" die Schicksalsfolgen meiner freien Taten oder Versäumnisse von „Gestern" sind, daß ich mich also nicht in den Fesseln göttlicher Willkür, oder des Zufalles oder blinder Naturgesetze befinde, sondern durch meine eigene Freiheit gefangen bin. Ich weiß aber auch, daß die Art, wie ich mich heute inmitten dieser selbstgestalteten Schicksals- und Charaktergegebenheiten verhalten werde, auch wieder meinen morgigen Zustand bestimmen wird. So bekundet sich meine Freiheit in zweifacher Weise: In der B e r e i t s c h a f t , ein selbstverschuldetes Schicksal hinzunehmen (D e m u t), und im W i l l e n , es umzugestalten und ein neues Schicksal sich zu schaffen (M u t). Die Freiheit von gestern ist also heute geronnen zum Schicksal und die Freiheit von heute wird das Schicksal von heute zum Schicksal von morgen umschmelzen. Demnach ist für das, was heute Notwendigkeit ist, die verantwortliche Freiheit im Gestern zu suchen. Für das aber, wofür sich freie Verantwortlichkeit entscheidet, werden die notwendigen Schicksalsfolgen morgen anzutreffen sein. Es ist daher auch die Frage sinnlos, o b d e r M e n s c h u n f r e i o d e r f r e i s e i , w e i l e r b e i - d e s z u g l e i c h u n d j e w e i l s i n b e s t i m m t e r H i n - s i c h t i s t .

3. Eine weitere sich daraus ergebende wichtige Gesetzmäßigkeit ist nun, daß das E i n t r e t e n d e r S c h i c k - s a l s f o l g e n „Z e i t ", o f t s o g a r s e h r v i e l Z e i t b e n ö t i g t . Hat man sich nämlich z. B. als Nachkomme gesunder und gefeierter Vorfahren ein günstiges Schicksal in körperlicher Gesundheit bzw. in angesehener sozialer Stellung durch die Geburt mitgebracht, so kann es lange dauern, bis uns unsere leiblichen oder seelischen Ausschweifungen krank und häßlich machen, bzw. bis unser stolzes oder zynisches Gebaren zur Vereinsamung, Verachtetheit oder gar bis zu Anfeindungen durch andere Menschen führt. Zwar arbeitete von allem Anfange an unser Verhalten am Keim unseres künftigen Schicksals, es verdichtete sich nämlich nach innen zu unserem zweiten, doppelgängerhaften, geistig-moralischen Antlitz und verdichtete sich nach außen zum geistigen Gegenbild der Rückschläge unserer Taten auf uns selbst. Zunächst blieben aber diese Schicksalsfolgen unseres Verhaltens im Geistig-Übersinnlichen. Erst nach und nach drangen sie herab in unser physisch-bürgerliches Dasein, durchsetzten es und

prägten es langsam um. Es leistet nämlich das günstige Schicksal, das wir uns ins Erdenleben mitbrachten, einen gewissen Widerstand gegenüber den ungünstigen Veränderungen, die während unseres Erdenlebens von unserem geistig-moralischen Verhalten ausgehen. Das Umgekehrte ist dann der Fall, wenn es einem von Geburt aus kränklichen und häßlichen, oder sozial vereinsamten und verfolgten Menschen trotz aller Güte und Lauterkeit seines moralischen Verhaltens doch nur schwer und langsam gelingt, sein angebornes Schicksal im positiven Sinne umzugestalten. Ein letzter, unverwandelbarer und keineswegs geringer Rest aber wird in beiden Fällen zurückbleiben.

4. Schicksalsursachen und Schicksalswirkungen folgen demnach i n d e r Z e i t k e i n e s w e g s u n m i t t e l b a r a u f e i n a n d e r, noch sind sie miteinander nach Art mechanischer Kausalität (z. B. wie Druck und Stoß) verbunden. Es können daher z. B. gewisse Taten der Jugend ihre Früchte oft erst im spätesten Alter zeigen. Besonders gilt dies für die Eindrücke, denen ganz kleine Kinder ausgesetzt wurden und die dann beim Erwachsenen, ja oft erst beim Greise in Gestalt scheinbar unerklärlicher Krankheitsneigungen, Träume, Gewohnheiten, Sympathien und Antipathien herauskommen. Was z. B. an Idealismus und großen Vorbildern ins Kind gelegt wurde, das ersteht im Greise als Liebe und Lebensschwungkraft, während ein trübsinniges, herzenskaltes Alter oft mit einem seelenarmen, negativistischen Elternhause zusammenhängt. Deshalb sind die Ursachen für Charakterzustände, Krankheiten oder Schicksalsschläge, die heute an einem Menschen erscheinen, nicht schon gestern, sondern vielleicht erst in lange zurückliegenden Jahren und Jahrzehnten anzutreffen. M e n s c h e n s c h i c k s a l e k a n n d a h e r n u r v e r - s t e h e n, w e r l a n g e Z e i t r ä u m e ü b e r b l i c k t und es kann sie nur gestalten, wer sich bewußt ist, durch sein Tun und Lassen (an sich, wie besonders an Kindern) bis in fernste Zeiten hinaus Schicksalswirkungen zu säen. E s v e r - s c h w i n d e n nämlich d i e S c h i c k s a l s u r s a c h e n

zunächst scheinbar gänzlich aus der sichtbaren Welt und aus dem menschlichen Bewußtsein. Sie tauchen gleichsam in eine ganz andere, übermaterielle und übersinnliche Weltdimension ein, um sich erst später wieder im Irdisch-Materiellen und Sinnlich-Wahrnehmbaren zu verkörpern und uns dadurch bewußt zu werden. (Abb. 11.) Zugleich damit aber trat eine vollständige innere Umwandlung ein. Die Früchte sehen nämlich ganz anders aus, als derjenige vermeinte, der einst die Samen streute. Weshalb nun die Menschen „Gott" oder den „Zufall" anklagen, weil sie ihr eigenes Tun und Verhalten nicht in den Zuständen wiedererkennen, die sie nun an sich selbst oder an ihren Kindern beobachten. Diese Gesetzmäßigkeiten sind aber sehr wichtig zum Verständnis der Biographie des Einzelmenschen wie der Geschichte der Staaten und Völker.

5. Das eben besprochene Schicksalsgesetz hängt nun aber enge mit dem folgenden zusammen, das sich so ausdrücken läßt: Die Wurzeln und Ursachen der Schicksalsgestaltung liegen in den Höhen des Geistig-Seelischen, die Früchte und Wirkungen in den Tiefen des Physisch-Leiblichen. Aus „Moralität" wird also schließlich „Natur", d. h. Anatomie und Physiologie. Es verwandelt sich demnach Bewußtes (Erlebnisse, Gesinnungen, Handlungen) also ein Geistig-Seelisches, in ein Unbewußtes, und schließlich in physisch-leibliche Zustände bzw. in Ereignisse, die uns von außen treffen. Diese physisch-leiblichen Endergebnisse unseres bewußten Verhaltens wirken nun aber auch wieder auf unser Geistig-Seelisches zurück und bedingen die Art unserer Stimmungen, ob wir uns freudig oder bedrückt, kraftvoll oder schwächlich fühlen, — womit der Kreis geschlossen ist. Beispiel: Wer in Zorn und Ärger sein Essen hinunterschlingt, schädigt seine Verdauung und die gestörte Verdauung wird ihm nun wieder weitere Unlustgefühle und Ärgernisse bereiten, bis er, von diesem Kreisprozeß belehrt, sein Verhalten ändert.

Die Brücke aber zwischen dem bewußten Geistig-Seelischen und dem unbewußten, tiefschlafhaften Physisch-Leiblichen ist das Fühlen. Bewußtseinserlebnisse entfalten nämlich um so tiefere leibliche Wirkungen, je mehr sie gefühls- und affektgeladen sind (Rudolf Steiner).

Deshalb wirken die Erlebnisse der ersten Kindheit so stark und bedingen, ohne daß wir es wissen, im späteren Leben oft unerklärliche Gewohnheiten, Sympathien oder Antipathien. Je weniger wir unsere Erlebnisse vom klaren Denken her kontrollieren, um so verheerender können sie sich auswirken.

Angst, Neid, Haß z. B. „fressen" sich daher recht eigentlich in unseren Leibesorganismus hinein und machen ihn Krankheiten und Gefahren gegenüber anfälliger. Hingegen wird unsere Organisation durch Mut, Vertrauen, Liebe innerlich genährt und durchstrahlt und entwickelt dadurch gegenüber Krankheitskeimen, Strapazen und Gefahren erfahrungsmäßig eine viel größere Widerstandskraft. In vielen Fällen kann man direkt beobachten, wie z. B. schlechtes Gewissen den Menschen unsicher macht und Schicksalsschläge anzuziehen scheint, gutes Gewissen aber das Umgekehrte bewirkt.

In letzter Hinsicht ist es sogar für die physische Widerstandskraft und leiblich-seelische Gesundheit der Menschen eines Volkes nicht gleichgültig, o b s i e M a t e r i a l i s t e n u n d S e e l e n l e u g n e r sind, oder ob sie sich in e h r l i c h e m B e m ü h e n m i t d e r A u f e r s t e h u n g s - k r a f t C h r i s t i v e r b i n d e n. Im einen Falle führen sie dann nämlich durch ihre Gedanken ihren Leibern „Speise und Trank des Lebens und der Gesundheit", im anderen Falle „Steine statt Brot" zu. Vorausgesetzt also, die sittlich-religiöse Überzeugung der Menschen sei echt und nicht nur konventionelle Phrase, darf sie keineswegs nur den Philosophen oder Priester, sondern muß auch den Arzt, Sozialpfleger und Staatsmann interessieren. Denn die wahrste Kraft des Menschen liegt nicht in Knochen und Muskeln, noch in Butter und Brot, sondern im Göttlich-Geistigen, das uns erst die Fähigkeit gibt,

Butter und Brot in Muskeln und Knochen zu verwandeln und den Leib gesund und schön zu erhalten.

6. Die Voraussetzung dafür aber, daß unsere äußeren, geistig-seelischen Erlebnisse und Handlungen in unsere physisch-leibliche Organisation hinabwirken, ist, d a ß s i e „v e r - g e s s e n" w e r d e n. „Indem wir nämlich eine Handlung oder ein sonstiges Erlebnis mit einer bewußten Vorstellung begleiten, schaffen wir eine Schutzwehr dagegen, daß das Resultat unserer Handlungen hinunterrückt in unseren Organismus selber" (R. Steiner, Offenbarungen des Karma, 1932). Erst wenn daher unsere Erlebnisse aus unserem Oberbewußtsein ebenso nach innen entschwinden und ins Unbewußte untertauchen, wie andererseits die Folgen unserer Taten sich unserem Bewußtsein entziehen, indem sie sich in den Weiten der Welt verlieren und aus unserem Gesichtskreis entschwinden, dann haben sie die Möglichkeit, sich in äußere oder innere Schicksalsfolgen umzusetzen. Ich weiß dann wohl, was ich „heute" erlebte und tat, ich weiß auch, was mir morgen zustößt und wie ich mich fühle (gesund oder krank, gedrückt oder fröhlich), ich weiß aber zunächst nicht, wie sich eins ins andere verwandelte, denn darüber waltet das „Gesetz von der Notwendigkeit des Vergessens". (Vgl. Abb. 11.)

Noch tiefer und nachhaltiger wirken aber Eindrücke, die mir niemals ganz klar zum Bewußtsein kamen. Ich sitze z. B. in einem Kreise von Menschen, die alles Mögliche, mich sehr stark Angehende besprechen, bin aber durch äußere Umstände verhindert, mir das Gehörte klar zu vergegenwärtigen. Morgen ist es dann vielleicht alles vergessen, aber im Unterbewußtsein rumort es weiter als „Stimmung", die mich unerklärlich niederdrücken und gereizt machen, aber auch zu bestimmten triebhaften Handlungen gegen Mitmenschen veranlassen kann, deren wahre Ursachen und Ziele ich keineswegs durchschaue. Oder, ich erblicke heute in einem Schaufenster einen mich sehr interessierenden Gegenstand, werde aber durch meinen Begleiter sogleich davon abgezogen und denke auch zunächst nicht weiter daran. Innerlich aber bleibt eine verborgene Unruhe bestehen, die mich vielleicht schon am nächsten Tage solange unbefriedigt durch die Straßen der Stadt treibt, bis ich plötzlich, ohne es bewußt zu wollen, wieder vor dem Schaufenster stehe, wodurch mir nun erst der ganze Zusammenhang bewußt wird.

Das „Gesetz von der Notwendigkeit des Vergessen" kann besonders deutlich werden z. B. bei der U m w a n d l u n g d e s „G e l e r n t e n" i n „F ä h i g k e i t e n". Wer etwa Klavier studiert, hat sich zunächst bewußtseinsmäßig eine Unzahl einzelner Handhaltungen, Fingerübungen, Regeln und Ausnahmen einzuprägen, bis er schließlich vor Verwirrung kaum weiß, wo ihm der Kopf steht. Er w e i ß zwar alles bis ins einzelne, kann aber nichts m a c h e n. Dann kommt der Augenblick, wo es so nicht mehr weiter geht. Es muß vielmehr diese ganze, äußerlich erlernte Fülle tiefer in die Organisation herabwirken, damit aus unzähligen Einzelheiten die geballte, einheitliche Kraft des „Vermögens" wird. Dieses organisch gewordene Vermögen vollbringt nun die Leistung nicht mechanisch von außen, in dem es mühsam die einzelnen Regeln bzw. Hand- und Fingerhaltungen aneinanderleimt, sondern organisch von innen und in einem Zuge. Wenn sich Fähigkeiten bilden, schießen gewissermaßen plötzlich die erlernten Einzelheiten zu einem Kristallisationskern zusammen und erzeugen ein schöpferisches Zentrum, welches nun die weiteren Leistungen als Entfaltung seines inneren Wesens hervorbringt. Dazu ist das Vergessen nötig. Unsere bewußten Vorstellungen und absichtlichen Bewegungen sind nämlich nach außen gerichtet und dadurch von unserer inneren Organisation abgetrennt. I m V e r g e s s e n a b e r ä n d e r n u n s e r e E r l e b n i s s e g l e i c h s a m d i e R i c h t u n g, s i e r i c h t e n s i c h n a c h i n n e n auf uns selbst zu und werden nun zu organischen Fertigkeiten, die wir beherrschen, ohne zu wissen wie.

Solches Vergessen geschieht nun zunächst hauptsächlich im nächtlichen Schlafe. Hier vollzieht sich daher auch z. B. die Umwandlung bewußter Erlebnisse in Fertigkeiten. Wer etwa tagsüber für Prüfungen studierte und sich mühte, eine Unzahl

186

Einzelheiten im Gedächtnisse zu behalten, merkt doch bald, wie ihm, infolge einer Art Übertraining, die einfachsten Dinge nicht mehr einfallen. Resigniert legt er sich schließlich zu Bett, in der Meinung, gar nichts zu wissen und zu können. So mag es einige Tage und Nächte weitergehen. Plötzlich aber bemerkt er eines Morgens, daß alles, was ihm zunächst aus seinem bewußten Gedächtnisschatze zu entschwinden schien, nun von innen her als sein sicherer Besitz wieder auftaucht! Während des Schlafens hatte sich also Wichtigstes ereignet und das nächtliche Vergessen war nicht weniger zum Erfolge des Studiums nötig, als das tägliche Lernen. Deshalb rät man auch wohl dem Lernenden, zeitweise das Buch beiseitezulegen, damit sich das Gelernte „setze" oder man rät einem vor schweren Entscheidungen Stehenden, sich die Sache doch d r e i Nächte lang zu „beschlafen". In bio-psychologischen Gesetzmäßigkeiten ist es nämlich begründet, daß erst nach dieser Zeit unsere Gedanken und Erlebnisse tief genug herabsanken und die Möglichkeit fanden, sich mit unserem, im Physisch-Leiblichen wirkenden ewigen Wesenskerne zu verbinden und dadurch zu unserem Charakter und Schicksal zu werden. Aus diesen Tiefen steigen dann auch die richtungweisenden Schicksals- und Gewissenstimmen auf. Ihnen, nicht aber den oberflächlichen und egoistischen Verstandesüberlegungen, zu folgen, ist dann richtig.

Ein noch tieferes Vergessen, als im Schlafen, geschieht im S t e r b e n. Da werden nicht nur die Erlebnisse eines Tages, sondern des ganzen Erdenlebens aus der Auswärtswendung des Bewußtseins nach innen gewandt und verbinden sich gänzlich mit unserem ewigen Wesenskerne. „Da verwandeln sich alle Erlebnisse in ihren Qualitäten in solche Kräfte, welche jetzt organisierend wirken und sich beteiligen am neuen Aufbau des Leibes, wenn der Mensch zu einem neuen Leben ins Dasein tritt" (R. Steiner, Offenbarungen des Karma, 1932). Die Beweise für letztere Tatsache werden erst später beigebracht. Hier ist nur wichtig, daß nach dem Abfallen des Leibes und dem Verlöschen des gewöhnlichen Tages-Ich-Bewußtseins im Tode, die Erlebnisse und Taten jedes Menschen sich ganz mit seinem ewigen Wesen vereinigen, ja zum Charakter und Schicksal dieses Wesens selbst werden. Wir sind nach dem Tode als geistig-seelische Wesenheiten so, wie wir im Erdendasein dachten, fühlten, handelten und so wird auch unser Schicksal im nachtotlichen Dasein und im folgenden Erdenleben sein. Das war nicht nur die klare Meinung z. B. von Kant, Schelling oder Swedenborg, sondern wurde uns durch Rudolf Steiners Geistesforschung in überwältigender Weise offenbar.

7. Hieran schließt sich das „Gesetz der Häufung". Im allgemeinen werden nämlich nicht einmalige schockartige Erlebnisse, sondern oft wiederholte Eindrücke und Handlungsweisen die tieferen, leiblich-seelischen Schichten (Temperament, Konstitution) prägen. Wenn daher z. B. in einer Ehe nach lebenslangen Zwistigkeiten der eine Ehepartner schließlich den anderen schwer mißhandelt oder gar tötet, so werden wir nicht im Augenblicke der Tat vollbewußten, freien Entschluß und folglich ungeteilte Verantwortung anzunehmen haben. In Wahrheit geschehen vielmehr solche Taten meist im Zustande besinnungsloser Erregtheit, die weder Selbstbeherrschung noch klares Urteil möglich macht. Ziehen wir nun aber dennoch — und das mit Recht — den Täter vor Gericht, so müßte sowohl dem Richter wie dem Angeklagten bewußt sein: „Die Tat selbst ist nur das letzte, physisch gewordene Endergebnis einer langen, geistig-moralischen Entwicklung, die in einer unermeßlichen Kette täglicher kleiner moralischer Versager bestand. Nicht für den letzten Akt also, sondern für ein ganzes Leben sich häufender innerer, seelischer Zuchtlosigkeiten, Egoismen und Roheiten klagen wir den Täter an und sprechen ihn schließlich schuldig!" Und diese Schuld wird ein Mensch auch anerkennen, wenn er sich recht versteht. Denn zum Menschsein gehört die Möglichkeit, Schuld und Verantwortung tragen zu können, weshalb wir einem Menschen sein Menschsein absprechen, wenn wir seine Tat restlos aus dem

„unwiderstehlichen Zwang" äußerer Faktoren und innerer Veranlagung „erklären".

„Wie bist du im Verlaufe langer Zeiträume und durch unzählige kleine Taten und Unterlassungen, z. B. durch mangelnde Wahrhaftigkeit oder durch mangelnde Selbstbeherrschung, endlich zu dem geworden und in die Lage gekommen, die dich heute wie ein unabänderliches Fatum drücken?" — zum Wachwerden dieser Frage müßte jeder seinen Mitmenschen verhelfen.

8. Das Schicksalsgesetz der „Häufung" findet dann seine Ergänzung durch das Schicksalsgesetz der „Ü b u n g u n d M ü h e". Hat nämlich ein Mensch erst einmal die schicksalhafte Nötigung durch Charakter, Konstitution und äußere Lebensumstände erfahren, dann ist es zunächst durchaus richtig, wenn er erklärt, das oder jenes einfach „nicht zu können", obgleich er es „sehr gerne wollte". Tiefer betrachtet, steckt aber doch hinter jedem „Ich kann nicht" ein „Ich will nicht", oder besser ein „Ich bin zu träge, um mir diese oder jene Kräfte, die ich nicht besitze, anzueignen". Denn jeder sollte wissen, daß eben auch das, was heute nicht in meiner Macht steht, in letzter Hinsicht, und wenn ich nur weit genug in der Zeit zurückgehe, auf ein Verschulden meiner eigenen Freiheit zurückgeht (vgl. Punkt Nr. 2). Was aber in der Vergangenheit verfehlt oder versäumt wurde, kann jederzeit zu verbessern begonnen werden. Denn selbst die Kraft zum freien Entschlusse, meine Trägheit oder Gleichgültigkeit zu überwinden, kann wie jede andere, mir etwa zunächst noch fehlende oder durch mein Versäumnis noch unentwickelt gebliebene Kraft eben g e ü b t werden.

Der bloße Entschluß „Ich will" genügt freilich ebensowenig, als die müde Feststellung „Ich kann nicht" oder „Es ist zu spät"! D e n n d e r b l o ß e W i l l e e r z e u g t n o c h k e i n e K r ä f t e u n d b e s e i t i g t n o c h k e i n e S c h w ä c h e n u n d K r a n k h e i t e n. Hierin haben alle Recht, welche von der Ohnmacht jedes äußerlichen, verkrampften Wollens gegenüber allen tieferen biologischen Charakter- und Schicksalsgegebenheiten sprechen. Nicht auf den Willen kommt es aber an, sondern auf das z ä h e , l a n g a t m i g e und e i s e r n e Ü b e n ! Das erweicht selbst die härteste Schicksalswand und zieht aus kleinsten Keimen mächtige Kräfte groß! Geduldiges Warten bei nie erlahmendem Weiterüben ist allerdings nötig, weil trotz aller Mühe die äußeren Ergebnisse oft kaum merklich sind. Infolge der Verfestigung des Erdendaseins und der Härte unseres angeborenen Charakters und Schicksals können nämlich die Ergebnisse unserer Bemühungen meist erst im nachtotlichen Dasein bzw. in einem folgenden Erdenleben voll in die Erscheinung treten.

9. Welchen tieferen Sinn hat es nun aber, daß die Folgen unseres Verhaltens schließlich innerlich und äußerlich auf uns selbst zurückfallen? Nur der Schadenfrohe könnte sich doch wohl an der reinen, ausgleichenden Gerechtigkeit als solcher freuen, welche z. B. bewirkt, daß der Ausschweifende schließlich erkrankt, der Egoist in traurige Vereinsamung gerät, der Hasser auf feindlichen Widerstand stößt oder der Verbrecher in der Strafe den beabsichtigten Schicksalsausgleich seitens der Staats- und Volksgemeinschaft erleidet. Denn durch alles dieses werden Menschen in Schwierigkeiten und Schmerzen gebracht, was an und für sich doch niemals erfreulich und wünschenswert sein kann. Der tiefere Sinn liegt vielmehr in folgendem: 1. A n d e n F o l g e n unserer inneren und äußeren Lebensführung w e r d e n w i r m e i s t e n s e r s t d e r i n u n s w i r k e n d e n g e i s t i g - s e e l i s c h e n K r ä f t e b e w u ß t u n d l e r n e n u n s w i e i m S p i e g e l s e l b s t k e n n e n . „Was tat ich!" sagt z. B. der Knabe, der sich von seinem Jähzorne zur absichtlichen Zertrümmerung eines wertvollen Gegenstandes hinreißen ließ, und der nun den Schmerz seiner Mutter erleben muß. „Da hinaus lief es also und ein solcher Mensch bin ich!" sagt wohl auch der Erwachsene, der z. B. durch List und Intrige die Verhältnisse zu seinen Gunsten lenken wollte und der nun vor allgemeiner Zerstörung steht, die auch ihn nicht verschonte. Oft muß es nämlich bis zum äußersten kommen und müssen riesengroße Tatenfolgen auf

uns zurückfallen, ehe wir begreifen, auf welchen Wegen wir wandelten. 2. D u r c h d i e F o l g e n u n s e r e s V e r h a l - t e n s werden wir oft gezwungen, K r ä f t e z u e n t w i c k e l n, d i e w i r b i s h e r n i c h t b e s a ß e n, bzw. uns im ganzen moralisch zu ändern.

Wer z. B. seinen Organismus (z. B. Magen, Herz, Lunge, Drüsensystem etc.) durch Hast, Gereiztheit oder Bösartigkeit so weit schädigte, daß ihm nun jede Hemmungslosigkeit sofort Schmerzen und Gesundheitsstörungen bringt, der wird nun einfach gezwungen, z. B. beim Essen, oder in Ausübung seines Berufes ruhige, positive Seelenstimmungen zu entwickeln, d. h. sich etwas zu erwerben, das er früher nicht hatte. Oder ein anderes Beispiel: Jemand erbt ein großes Besitztum, das er aber bald durch Ausschweifungen oder Faulheit verwirt- schaftet. Alsbald zwingen ihn nun aber von außen her Armut und Not, sich zusammenzuballen, seine Fähigkeiten zu ent- wickeln und rastlos tätig zu sein, wodurch er vielleicht auch wieder zu Wohlstand gelangt. Oder: Ein ichschwacher Mensch, welcher folglich leicht von äußeren Verhältnissen überwältigt wird, oder in die Hörigkeit anderer Menschen gerät, kommt dadurch schließlich in derartig unwürdige und schmerzvolle Zustände, daß er vor die Entscheidung gestellt ist, entweder zugrunde zu gehen, oder sich innerlich aufzu- raffen. Umgekehrt kann es einem zu ichbetonten Menschen ergehen: Er wird auf den steigenden Gegendruck seiner Mit- menschen stoßen und schließlich vernichtet werden, wenn er sich nicht zu sozialen Gesinnungen entschließt.

Das hier in Frage stehende S c h i c k s a l s g e s e t z lautet also: Würden die Folgen geistig-seelischen bzw. moralischen Verhaltens nicht schließlich bis auf die materielle Ebene herab- sinken und auf diese Weise in Gestalt von Schmerzen und Krankheiten oder von äußeren Schicksalsschlägen erscheinen, so gelangten wir nie zur Selbsterkenntnis und sähen uns kaum veranlaßt, uns selbst und unser Verhalten zu ändern. Die Schicksalsgerechtigkeit ist also k e i n e m o r a l i s i e r e n d e

S t r a f a n s t a l t, sondern dient der Heilung, Erziehung und Fortentwicklung des Menschen.

Am deutlichsten sind diese Zusammenhänge bei akuten Erkrankungen [2]. Das hierbei zumeist auftretende hohe Fieber, sowie ein Teil der sog. Krankheitssymptome, sind nämlich schon die aktive Gegenreaktion des Menschenwesens auf die eingetretene Störung bzw. die eingedrungenen „Krankheitserreger". Äußere Störungen oder Krankheitserreger sind nämlich nur mächtig, solange ihnen der Organismus entgegenkommt und ein Tor öffnet, d. h. wenn er Neigung und Schwäche zeigt. Das hat die moderne biologische Medizin auf Grund zahlreicher Erfahrungen bewiesen. Hat ein Mensch nun in normalen Zeiten gewisse Kräfte zu entwickeln versäumt, so muß er es nun, durch die Erkrankung gezwungen, tun — oder wenn er es nicht oder nicht genügend vermag, so stirbt er, je nachdem am Anfange, in der Mitte oder am Ende der Erkrankung. Ein Beispiel: Am Übergange der warmen zur kalten Jahreszeit häufen sich die sogen. Erkältungskrankheiten. Im Sommer nämlich empfingen die Menschen Licht, Wärme und Leben von außen, sie waren vom Kosmos begnadet. Nun versiegen diese Kräfte und die Menschen müßten nun aus eigener freier Kraft inneres Licht, Leben und Wärme entwickeln. Das unterlassen sie oft aus Trägheit und so dringen nun Finsternis, Kälte- und Todeskräfte von außen in sie ein und erzeugen einen Zustand, wo es schließlich heißt: Entweder schwerste Schädigungen und Untergang, oder alle Kräfte aufgerufen und Kampf den Eindringlingen bis aufs Messer! Die fiebrigen Krankheitssymptome sind dann bereits Ausdruck der aus ihrer Trägheit aufgescheuchten inneren Aktivität des Menschenwesens. Vor dem Ausbruche der Krankheit waren wir eigentlich „krank", in der Krankheit selbst gesunden wir bereits. Mancher Mensch kann direkt das Gefühl haben: „Jetzt wäre ich eigentlich reif für eine Krankheit, denn ich habe meine

---

[2] Vgl. zum Wesen der Krankheit Fr. H u s e m a n n, Goethe und die Heilkunst, sowie R. S t e i n e r, Offenbarungen des Karma.

inneren Kräfte zu sehr versplittert und vertan und bin dadurch so schwach geworden, daß mir nur mehr die Anstrengung einer akuten Erkrankung helfen könnte." Es ist traurig aber wahr: D e r M e n s c h m u ß v i e l f a c h z u t u n g e z w u n - g e n w e r d e n , w e i l s e i n e F r e i h e i t z u s c h l ä f r i g ist, um ohne äußeren Zwang zu tun, was nach geistig-mora- lischen Wesensgesetzen doch getan werden muß.

10. Aber müssen wir denn immer erst durch die materiali- sierten und haushoch aufgetürmten Schichsalsfolgen unseres Verhaltens in die Enge getrieben werden? Muß der Leicht- sinnige und Fahrige erst den Widerstand der Welt erfahren und durch Fehlschläge von außen nach innen gedrängt und da- durch verinnerlicht werden? Müssen die Völker erst die zer- störenden Folgen materialistischer Weltanschauung erleiden, ehe sie zur Umkehr kommen? Müssen wir erst in Todesnöte gelangen, um uns den Wahrheiten einer göttlich-geistigen Welt aufzuschließen? Müssen wir erst in eine Neurose fallen, ehe wir unsere ichbetonten Geltungsansprüche einer Revision unterziehen? Sollte es nicht auch möglich sein, e i n e n f r e i - w i l l i g e n S c h i c k s a l s a u s g l e i c h a u f d e r E b e n e d e s G e i s t i g - M o r a l i s c h e n z u v o l l z i e h e n , statt zu warten, bis der Ausgleich zwangsläufig auf der physisch- materiellen Ebene geschieht?

Dies ist in der Tat möglich! Voraussetzung hierfür ist nur, daß wir uns klares Wissen um folgendes aneignen: Jedem Er- lebnis, jedem Affekt, jeder Tat (und unsere Gebärden und Worte sind auch Taten!) entspricht ein geistiges Gegenbild, das die schließlichen Folgen unserer Affekte und Taten für unser eigenes inneres Sein und äußeres Ergehen zum Inhalt hat, und uns zugleich durch „Gewissensstimme" über den nötigen Ausgleich belehrt, der von uns gefordert wird.

Unverbildete Kinder sind für diese Ausgleichsnotwendigkei- ten noch erstaunlich hellfühlig und geben ihnen auch meistens sogleich nach. Ein Kind z. B., das, von seiner Mutter zurecht- gewiesen, ihr grob begegnete oder sie gar schlug, erschrickt über seine Tat und fühlt sich alsbald veranlaßt, die Mutter

z. B. durch eine Blume zu erfreuen. Im Jähzorn ließ hier ein Mensch einen Mangel an Liebe merken, die er nun in der ausgleichenden Tat betätigt und dadurch in sich entwickelt. Sehr schüchtern und verschämt kann dies oft geschehen, damit es der andere nur ja nicht merkt und vielleicht mit seiner Ichbetontheit über die meine triumphiert. Und der andere tut auch gut daran, sich nicht viel merken zu lassen und sich vor allem peinlich vor allem nachträglichen Moralisieren zu hüten, da das meist nur Stolz und Verstocktheit im Kinde wachruft und Handlungen wie die genannte künftig verhindern würde.

Auch der Erwachsene kann, unmittelbar z. B., nach einer Verletzung, die er einem anderen zufügte, vor sich aufsteigend das geistige Gegenbild seiner Tat erleben, d. h. den Schicksalsschlag, der ihn selbst einmal, als echohafte Folge seines negativen Tuns schmerzvoll treffen müßte. So kann er den Entschluß fassen, geistig-moralisch diesen späteren Schicksalsfolgen zuvorzukommen! Hierfür genügt es nun aber freilich nicht, dem anderen z. B. in Gestalt eines Geschenkes „etwas Gutes zu tun.“ Das wäre z. B. für einen reichen Mann viel zu bequem und äußerlich. Ein solcher müßte vielmehr in schmerzvoller Mühe um die innere Ausrottung seiner ichsüchtigen Affekte ringen und bewußt große Opfer und Entbehrungen auf sich nehmen. Solches war z. B. der Sinn alter Askesen und Bußübungen.

Meistens aber kommen solche Zusammenhänge dem gewöhnlichen Tagesbewußtsein nicht zur Kenntnis. Denn tagsüber genießen wir selbstbewußt und bejahend unser Verhalten, und nur in den Tiefen der Nacht schauen wir uns und unser Tun gleichsam von außen an und sehen es in seiner wahren Bedeutung für die Welt und die Mitmenschen. Jetzt lasten Egoismus, Teilnahmslosigkeit, Roheit oder Lüge schmerzvoll auf uns und dieser Eindruck ist oft auch noch nach dem Erwachen als dumpfes bedrückendes „Gewissen“ vorhanden. Nachts „wissen“ wir überklar, daß wir getanes Unrecht ausgleichen, Schweres auf uns nehmen und uns wandeln sollten. Morgens aber erscheinen uns diese nächtlichen Stimmen bald als kindische, erwachsener Menschen unwürdige Träumereien und so schieben wir den vom Weltgewissen geforderten Ausgleich unserer Taten immer weiter hinaus, bis er später (oft erst in einem folgenden Erdenleben) als Schicksalsfolge über uns hereinbricht. D e n n d i e S c h i c k s a l s v e r p f l i c h t u n g e n, d i e w i r n i c h t j e t z t u n d i n i n n e r e r F r e i h e i t e i n l ö s e n, b l e i - b e n f ü r s p ä t e r b e w a h r t u n d e r s c h e i n e n d a n n a l s ä u ß e r e N ö t i g u n g e n. (Vgl. auch Abb. 11.)

Es könnte nun leicht Menschen geben, die sich über die Notwendigkeit solcher Schicksalsfolgen empören und darin eine Vergewaltigung erblicken. Solche glauben, die Schicksalsgesetze entstammten der Willkür eines Gottes oder der Natur und empfinden sie als etwas Fremdes und Feindliches, dem sie sich nur zähneknirschend beugen. Solche Menschen sprechen aber nur aus dem gewöhnlichen Tagesbewußtsein heraus, welches nicht weiß, daß sowohl „Gewissensstimme" wie „Schicksalsgesetze" Ausdruck unseres eigenen tiefsten Geisteswesens sind. Äußerlich leiden wir daher wohl unter den Schicksalsfolgen und beklagen die Schicksalsgerechtigkeit (wenn wir sie nicht gar nur als „Zufall" abtun), i m T i e f s t e n a b e r s i n d w i r b e f r i e d i g t u n d s a g e n d u r c h a u s „ J a" d a - z u. Dem Menschenkenner, der sich selbst und andere zu beobachten versteht, bleibt nämlich die Unwahrheit der üblichen Behauptung nicht verborgen, der Mensch strebe nur nach Glück und Gesundheit. Tatsächlich strebt aber nur das Tier danach, denn nur für dieses sind Leiden und Krankheiten ein Sinnloses und rein Negatives. Nicht aber für den Menschen! Es besteht vielmehr in uns allen, unter gewissen Umständen, eine tiefe Sehnsucht nach Unglück und Krankheiten, und zwar immer dann, wenn durch den Druck äußerer Schwierigkeiten die Seelenschwäche und Geistentfremdung in uns geheilt werden könnte. Nur als Ausdruck geistig-moralischer Gesundheit sind Glück- und Leibesgesundheit für uns hohe Güter. Unser tiefstes Wesen ist aber sogleich bereit, diese Güter preiszugeben, wenn sie mit innerer Seelenschwäche verbunden sind.

Unser wahrstes Wesen weiß nämlich: Ausschweifung und Lügenhaftigkeit, Selbstsucht und Haß sind Unvollkommenheiten und Schwächen, dadurch ich mich von meinem eigensten Geistwesen und dem ihm wesensverwandten Göttlich-Geistigen entferne. Ich unterwerfe mich daher keineswegs einer fremden Gewalt oder Willkür, sondern vollziehe in Freiheit das Wesensgesetz meines eigenen Seins, wenn ich mir, im Einklange mit dem Göttlich-Geistigen, die Schicksalsschläge, Schmerzen und Krankheiten selbst zubereite, die mich treffen. „Bricht daher irgendwo z. B. eine Epidemie aus, so wird dadurch etwas herbeigeführt, was der Mensch geradezu sucht, damit in ihm etwas ausgeglichen wird. Und wir können annehmen, daß der Mensch hineingetrieben wird in gewisse Verhältnisse, um eine Schädigung zu erfahren, durch deren Überwindung er sich der Vollkommenheit nähert" (R. Steiner, Offenbarungen des Karma, 1932). Denn auch wenn er z. B. an der Krankheit stirbt, oder im Kriege fällt, so hat seine Seele etwas dadurch errungen, was ihr nie mehr verlorengehen kann.

Etwas in uns ist aber doch von diesen Formen des „Ausgleichs und der Erziehung" noch unbefriedigt und möchte fragen: Zeigen wir Menschen nicht doch noch ein hohes Maß Seelenschwäche und Geistschläfrigkeit, wenn wir uns erst durch äußere Schmerzen, Unglücksfälle und Krankheiten seelisch verdichten und läutern müssen? Könnten nicht durch einen rein inneren, geistig-moralischen Prozeß der Selbsterziehung dasselbe geleistet und so schließlich Krankheiten und Unglücksfälle, wenigstens teilweise, vermieden werden? In der Tat, dies ist möglich, freilich aber sehr schwer. Denn im eisernen Ringen mit unseren Neigungen zur Selbsttäuschung, Egozentrik, Gier, Lügenhaftigkeit etc. müßten wir im Geistig-Seelischen alle jene Schmerzen erleiden und Tode sterben, die sonst ein äußeres Schicksal über uns verhängt. In manchen Fällen aber kann schon die echte Hingabe an spirituelle Weltwahrheiten, wie z. B. an die Tatsache der wiederholten Erdenleben, unser Inneres erfahrungsmäßig umzugestalten beginnen und dadurch auch unser äußeres Schicksal, z. B. die Beziehungen zu anderen Menschen günstig verändern.

11. Hiermit kommen wir zu einem der schwierigsten Schicksalsgesetze, nämlich zum G e s e t z   v o n   d e r   B e r e c h t i g u n g   d e r   H e i l u n g   u n d   H i l f e   i n   S c h i c k s a l s n ö t e n (vgl. S. 168). Es fragt sich nämlich: Darf ich unter allen Umständen helfen und heilen, wenn doch die Menschen Nöte, Schmerzen und Krankheiten, ja sogar das Sterben benötigen, um zum Geisterwachen und Seelenerstarken zu kommen? Denn gebe ich z. B. Verschwendern Geld, rette ich Leichtsinnige, gebe ich Selbstsüchtigen nach und bewahre sie vor den Folgen ihrer Gesinnung, oder verziehe ich Kinder zur Unsachlichkeit, Wehleidigkeit und Anmaßung, indem ich ihnen harte Begegnungen mit der Wirklichkeit erspare und sie in einem illusionären Scheinreiche festhalte... s o   z ü c h t e   i c h   d i r e k t   S e e l e n s c h w ä c h e n, weil ich diese Menschen der Mittel zur Erlangung nüchterner Selbsterkenntnis und moralischer Seelenstärke beraube. Meine scheinbare Nächstenliebe ist in solchen Fällen nicht echte Liebe, sondern Sentimentalität und ich gebe im Grunde nur meiner eigenen Ichsucht und Wehleidigkeit nach, indem ich die der anderen Menschen fördere oder sie gar „reizend" finde. Wahre Liebe aber ist hart, sie bringt und fordert jedes Opfer, um des ewigen menschlichen Wesenskernes und seiner Entwicklung willen.

Am deutlichsten werden diese Zusammenhänge wohl bei den Formen von Leibeskrankheiten, die als frühere oder spätere Folgen der verbreitetsten Formen von „Seelenkrankheiten" (Haß, Egoismus, Lieblosigkeit, Gier, Grausamkeit, lügnerische Vorstellung und Heuchelei etc.) zu betrachten sind. „Nehmen wir an, eine ganze Anzahl von Menschen hätte sich wegen Lieblosigkeit gegen die Mitmenschen hingezogen gefühlt, gewisse Infektionsstoffe aufzunehmen, um einer Epidemie zu verfallen. Nehmen wir weiter an, wir könnten gegen die Epidemie etwas tun. Wir würden dann in einem solchen Falle die äußere Lieblosigkeit davor bewahren, die Lieblosigkeit zum A u s d r u c k zu bringen; aber wir würden dadurch noch nicht die innere Neigung zur Lieblosigkeit fortgeschafft haben" (R. Steiner). Unser ärztliches und technisch-sanitäres Können hat in der Tat viele, in früheren Zeiten verheerende Seuchen praktisch zum Verschwinden gebracht. Es gelang uns zweifellos, das menschliche Erdenleben angenehmer und auch länger zu gestalten. Die Frage ist aber durchaus berechtigt, ob dadurch nicht „die Seelen leidender" gemacht und einer gewissen inneren „Verödung" (R. Steiner) zugeführt wurden, weil wir — gemäß den materialistischen Überzeugungen unseres Zeitalters — es versäumten, gleichzeitig die Seelen der Menschen zu erwecken und moralisch umzugestalten.

Urplötzlich könnte dann aber ein Rückschlag geschehen, der unsere ganze selbstische Erdenklugheit überrennt, indem der technische Materialismus des äußeren Lebens und die Verödung der Seelen, schwerste Krisen, wie z. B. Kriege herbeiführt, die nun wieder Leiden und Sterben im gesteigertsten Maße an die Menschen heranbringen. Mancher, der innerhalb seines Tagesbewußtseins die Realität einer göttlich-geistigen Welt und die Ungeborenheit und Unsterblichkeit des Menschenwesens aufs schärfste mit Spott oder Haß verfolgte, — mancher solche Mensch gerät nun durch das Leiden und Sterben seiner Kameraden um ihn her, wider Willen in Berührung mit jener „anderen Welt" und wird wohl auch plötzlich selbst dahin entrückt. So können die namenlosen Leiden der Kriege das letzte Mittel der Schicksalsmächte sein, die Menschen aus ihrer satten Diesseitigkeit und Geistverlassenheit herauszureißen. Wer im bürgerlichen Leben durchaus nicht zu seinem Ewigen erwachen will, der erwacht dann wenigstens im Donner der Schlachten und in dem „Geisterwachen", welches man „Sterben" nennt, und sagt in seinem innersten Wesen „Ja" dazu, weil er ahnt, daß er dadurch neue, positive Kräfte für das nachtotliche Dasein und ein folgendes Erdenleben gewinnt. Das haben in den beiden Weltkriegen viele Kameraden erfahren.

W o h l   m ü s s e n   w i r   ü b e r a l l   u n d   i m m e r   m i t   u n s e r e n   e i g e n e n   K r ä f t e n   h e l f e n d   u n d   h e i -

lend ins Schicksal unserer Mitmenschen
eingreifen. „Ersparen" aber können wir niemandem sein
selbstverschuldetes Schicksal, weshalb ihm unsere äußere
Hilfe nur wirklich hilft, wenn er zugleich den notwendigen
Schicksalsausgleich auf anderer Ebene, d. h. geistig-moralisch
vollzieht. Das aber bedeutet: er muß in seinem gewöhnlichen
Ich „sterben", d. h. aus einem Selbstsüchtig-Hassenden ein
Selbstlos-Liebender werden. Denn die Liebe allein
ist jenes wunderbare Feuer, in welchem
alle Schicksalsgesetze und alle Schicksalsfolgen schmelzen.

12. Aus allem Vorangegangenen wird nun aber wohl das
Oberflächliche einer Wertung klargeworden sein, die sich er-
kühnt, von „guten", „mittelguten" oder „schlechten" Schicksalen zu sprechen. Denn gesetzt den Fall, ein Mensch erleide
einen Unfall, der ihn krank und unglücklich macht, so ist
zweierlei möglich: Entweder der Unfall war die Folge seines
vergangenen Verhalten, oder dies ist nicht der Fall und der
Unfall ist dann mehr eine Aufgabe für die Zukunft. So oder so
aber besteht für ihn die Aufforderung, seinen gegenwärtigen
Zustand als frei-schöpferischer Mensch zu ergreifen und selbst
wenn er ihn nicht physisch ändern kann, doch Ergebnisse im
Geistig-Moralischen zu erzielen. Denn wer wäre so vermessen,
entscheiden zu wollen, ob für einen bestimmten Menschen
unter Umständen nicht Glück und Gesundheit „schlecht", das
Gegenteil aber „gut" ist?

Hiermit hängt nun auch die sonst unverständliche Befriedigung zusammen, die unser tiefstes Wesen ergreift, wenn sich
unser Schicksal erfüllt. Vor dem Eintritt schwieriger Ereig-
nise oder auch in der Jugend sind wir oft von unerklärlichen
Vorahnungen durchdrungen, die uns beunruhigen und (wohl-
zubeachten, ohne ersichtlichen, äußeren Grund!) sorgenvoll in
die Zukunft schauen lassen. Ist aber dann ein äußerer Unglücksfall hereingebrochen oder erfolgte eine innere Kata-
strophe (z. B. in Familienleben, Beruf oder Gesundheit), dann
leiden wir freilich heftig, sind aber zugleich merkwürdig be-

ruhigt. Unser tiefstes Wesen nämlich weiß: „Jetzt ist eine notwendige Schicksalsfolge, die früher gleichsam wie ein Gewitter in der Luft hing, niedergegangen. Nun ist die Luft rein, die Vergangenheit erledigt und ich kann, befruchtet von diesem Gewitter, mit neuerworbenen Kräften in die Zukunft schreiten!" Man vergesse aber niemals, daß es auch Schicksalsgewitter gibt, die nicht Folgen unserer Vergangenheit, sondern ausschließlich Aufforderungen für unsere Zukunft sind.

Zum Schluß aber mache man sich klar, daß es offenbar drei Möglichkeiten des Verhaltens zum Sckicksal gibt: 1. Zunächst denkt man nicht weiter darüber nach, sondern schwimmt in ihm wie der Fisch im Wasser, nur dumpf fühlend. „Mein Schicksal ist mir nichts Fremdes, es taugt zu mir!" 2. Dann aber wird man durch den Vergleich mit den Schicksalen anderer Menschen darauf aufmerksam und stellt nun z. B. fest: „Ich bin krank, jener gesund; ich bin vereinsamt, jener hat viele Freunde; ich bin erfolglos und unbekannt, jenen führen seine Erfolge zur Berühmtheit." Kann man dann die Ursachen hiervon z. B. in seiner Faulheit und seinem Egoismus finden, so ist man wohl beruhigt, nicht aber, wenn jene scheinbaren Paradoxien vorliegen, die gerade in die tiefsten Schicksalsgeheimnisse hineinleuchten und wo man sich dann z. B. sagen muß: „Ich bin fleißig und begabt und auch freundlich zu meinen Mitmenschen, dennoch aber komme ich im Leben nicht vorwärts und niemand kümmert sich weiter um mich; jener aber wird vom Schicksal zu Ruhm und Einfluß emporgetragen, obgleich er kaltherzig ist und sich gar nicht besonders müht!" Ein solcher Mensch kann dann wohl scheinbar mit Recht gegen das Schicksal (mag er es „Vererbung", „Naturgesetze" oder „göttliche Vorsehung" nennen) revoltieren und ausrufen: „Warum mir das!" Er steht nun seinem Schicksal wie einem Fremden und Feindlichen gegenüber und je mehr er es haßt, desto undurchdringlicher und härter wird es für ihn. Man muß es erlebt haben, wie gerade, in alten religiösen Vorstellungen erzogene Menschen an solchen Fragen zerbrechen bzw. in stumpfe Gleichgültigkeit oder in nihilistischen Zerstörungswillen verfallen, um zu ermessen, was auf dem Spiele steht, wenn der Mensch mit seinem Schicksale zerfallen ist. 3. Der zweite Zustand kann daher nur Durchgang zu einem dritten sein, auf welchem der Mensch — nun aber frei und wissend, mit seinem Schicksal sich wieder vereinigt. Kommt er aber gar dazu, sein Schicksal zu lieben, so wird es nach und nach durchsichtig und er schaut durch die Schicksalsfolgen, die ihn heute treffen, hindurch auf Schicksalsursachen seiner früheren Taten und Versäumnisse (sei es in diesem oder in einem früheren Erdenleben), und weiß: „Mein tiefstes Wesen selbst durchkreuzte z. B. alle sich mir etwa darbietenden Erfolgs- und Glückmöglichkeiten, um dadurch einen Ausgleich früherer Taten und Versäumnisse bzw. eine Entwicklungsmöglichkeit neuer, positiver Seelenkräfte zu schaffen. Mein Schicksal — ich bin es selbst."

Diese 12 Schicksalsgesetze entfalten (wie schon früher bemerkt) innerhalb eines Erdenlebens nur beschränkte Gültigkeit, weil zwischen Geburt und Tod unser Erleben, Tun und Leiden nicht tief genug wirken und nicht unsere gesamte leiblich-seelisch-geistige Wesenheit prägen kann. Erst im Hinschauen auf die Tatsache der wiederholten Erdenleben entfalten diese Gesetze und damit die menschliche Freiheit und Verantwortlichkeit ihre volle Mächtigkeit. Das ist nun im Folgenden zu beweisen.

4. Kap.: Unser Erdenleben weist über sich hinaus in vergangene und zukünftige Erdenleben.

Die im Vorstehenden herausgearbeiteten Tatsachen und Gesetze der freien Selbstgestaltung unseres Schicksals scheinen nun aber doch zwei wesentliche Einschränkungen zu erleiden. Sie gelten nämlich zunächst durchaus nicht für zwei große Bereiche unseres Schicksales:

1. Das eine Bereich ist das Schicksal, welches uns, vor allem Erwachen zur Freiheit, angeboren bzw. durch Erziehung und Milieu anerzogen wurde. Es ist so offensichtlich, daß darüber kaum viele Worte nötig sind. Man denke nur an die angeborene Körpergröße und Körpergestalt, an die Neigung oder Widerstandskraft für bestimmte Krankheiten oder an gewisse Begabungen (z. B. für Mathematik, Musik, Sprachen etc.), schließlich an die gesamte soziale, wirtschaftliche und kulturelle Lage unseres Elternhauses, unseres Volkes und unserer Zeit.

Woher kommen diese, zunächst gar nicht in meiner Macht gelegenen Schicksalsnotwendigkeiten, die sogar die Grundlage alles dessen bilden, was ich im Laufe meines Lebens aus eigener Freiheit vollbringe? Denn meine Freiheit kann niemals im voraussetzungslosen Nichts beginnen, sondern sie ist an die Kräfte und Umstände gebunden, die ich durch Geburt und Erziehung mitbekam. Der Start der einzelnen Menschen ist aber hier sehr ungleich, so daß mit demselben Einsatz sittlicher Mühe der eine viel, der andere wenig erreicht. Mancher muß z. B. zeitlebens Energien im inneren Kampfe mit den charakterlichen Folgen seiner Fehlerziehung (z. B. Minderwertigkeitskomplexe, Anmaßungen, Asozialität, Ängstlichkeit) verbrauchen, die ein anderer sofort zu großen, äußeren Leistungen einsetzen kann usw.

Schaut nun schließlich ein Mensch auf seinen Lebenslauf zurück, so kann er vielleicht feststellen: „Ich habe mein egoistisches, jähzorniges oder ängstliches Temperament etwas umgewandelt. Es gelang mir an meinen Mißerfolgen, Enttäuschungen und Krankheiten zu lernen und neue Kräfte zu entwickeln. Ich konnte die mangelhafte Erziehung meiner Jugend, so gut es ging, später ausgleichen und z. B. in Abendschulen mein Wissen ausweiten. So errang ich mir eine, Menschen meiner sozialen Herkunft sonst meist verschlossene, gehobene Stellung. Aber es war mir trotz aller Mühe unmöglich, in gewisse tiefere, seelisch-charakterliche und körperlich-konstitutionelle Schichten hinabzuwirken. Ich konnte z. B. nicht auf das, meine äußere Erscheinung (Physiognomik) bestimmende Knochensystem, z. B. auf die Gestalt meiner Nase, aber auch nicht auf gewisse Eigentümlichkeiten meiner Gebärden einwirken. Auch haften mir bis heute gewisse quälende Reste meines sozialen Herkommens und meiner Jugenderlebnisse an (z. B. Unsicherheit im Verkehr mit Menschen, Angst vor Armut oder Mißachtung) und bekunden sich oft in meinen Träumen."

„Ich werde also mein Herkommen nicht los und kann meine Geburt nicht ungeschehen machen."

„Weil ich aber Teile eines neuen Menschen in mir und eines neuen Schicksals um mich im Laufe meines Lebens selbstschöpferisch aufbaute, wird der K o n t r a s t d e s A n - g e b o r e n e n z u m E r w o r b e n e n immer größer und will mein neuer Mensch immer weniger zum alten passen. Selbst mein Gesicht drückt mich nun wie eine fremde Maske, denn es war wohl Ausdruck der geistig-moralischen Wesenheit meiner Jugend, ist aber nicht klarer Spiegel meines jetzigen Wesens. Und das ist gut so! Denn wäre es wert, alt zu werden, wenn wir am Ende eines langen Lebens und trotz aller Leiden und Mühen innerlich dieselben wie anfangs blieben?"

Nun ist aber folgendes zu bedenken: Für die ganze Natur gilt d a s G e s e t z v o n d e r r e s t l o s e n Ü b e r e i n s t i m - m u n g d e s i n n e r e n W e s e n s m i t d e m ä u ß e r e n A u s d r u c k. Ein Frosch z. B. sieht ganz genau so aus, wie er innerlich i s t, denn sein Wesen hat sich ja während der Embryonalentwicklung im Materiellen verleiblicht. Es ist daher gar nicht auszudenken, was es bedeuten würde, wenn z. B. ein Frosch äußerlich zwar ein Frosch, innerlich aber eine Kröte oder Eidechse wäre. Denn wo sollten denn die Ursachen seiner äußeren Erscheinung liegen, wenn nicht in den inneren Gestaltungs- und Seelenkräften, also in seinem Wesen? Wenn es also wirklich beim Menschen zu einem Widerspruch zwischen dem geistig-moralischen Wesen (der Gesinnung) und der physisch-leiblichen Erscheinung (Schicksal und Konstitution) kommen kann, so muß dies die naturhaft-biologischen Grundlagen seines Daseins vernichten — d. h. d e r M e n s c h m u ß s t e r b e n.

Der natürliche Tod eines Menschen tritt in der Tat nicht zufällig, sondern (selbst im Falle jugendlich Sterbender), dann ein, wenn das angeborene Schicksal ganz zu Ende gelebt und alles an Früchten daraus entwickelt wurde, was zu entwickeln war. In seltenen Fällen (Krieg) wird jemand wohl auch vorzeitig aus dem Leben gerissen, rettet sich aber gerade dadurch besondere Kräfte ins nachtotliche Dasein und ins folgende Erdenleben hinüber.

Es gibt also ein „G e s e t z v o n d e r N o t w e n d i g - k e i t d e s T o d e s".

Bedenken wir nun folgendes: Zeitlebens stößt unser Leib alte Stoffe aus (Ausatmungsluft, Harn, Schweiß, Kot) und ersetzt sie durch neue (Ernährung), in jeder Minute zerfallen und bilden sich zahllose neue rote Blutkörperchen und werden auch andere Körperzellen abgestoßen und erneut, so daß nach wenigen Jahren kein Atom in uns mehr dasselbe ist wie früher. Aber auch unsere äußeren Schicksalsverhältnisse verändern wir stets. Wir wechseln Kleider und Wohnstätten, alte Freundschaften lösen sich und neue beginnen etc. Es erfolgt also, wenigstens in gewissen Hinsichten, schon innerhalb unseres Erdenlebens ein stetes Sterben (Abbau und Ausscheiden) und Geborenwerden (Aufnehmen, Aufbauen) und das, was wir „den Tod" nennen, ist nur die letzte, tiefgreifendste „Ausscheidung" des Unverwandelbaren und unserem Wesen nicht mehr Entsprechenden.

2. Erst im Tode werden wir also ganz los die Schicksale von Geburt, Herkommen und Erziehung, in die wir vor dem Erwachen zur Freiheit uns gestellt fanden und die sich auch vielfach allen Bemühungen, sie umzugestalten, hart genug widersetzten. Hier entdeckten wir d i e e i n e G r e n z e u n - s e r e r F r e i h e i t. Die a n d e r e G r e n z e aber liegt in folgendem: Ein Mensch kann sich während seines Erdenlebens im Zusammentreffen mit Krankheiten, Enttäuschungen und Fehlschlägen, sowie im Ringen mit seinen Charakterschwächen, eine noch so lautere moralische Gesinnung errungen haben, so bleibt doch erfahrungsgemäß dieser Gesinnungswandel als solcher für das Schicksal dieses Menschen meist gänzlich belanglos.

Wir müssen uns klarwerden daß jeder seine Mitmenschen b e l ü g t, der ihnen sagt, d a ß G e s u n d h e i t, G l ü c k u n d E r f o l g d e s L e b e n s a l l e i n v o n d e r g e i s t i g - m o r a l i s c h e n b e z w. r e l i g i ö s e n G e s i n n u n g a b - h ä n g e n. Das ist unwahr! Unsere Gesinnungen sind zwar, geistig gesehen, das eigentlich Wertvolle. Sie haben aber in keiner Weise die Kraft, unmittelbar und tiefgreifend unser äußeres und leibliches Wohlergehen zu beeinflussen. Jeder von uns kennt z. B. Charakterlose und Böse, die deshalb nicht vielleicht aufhören gesund, glücklich und erfolgreich zu sein, sondern die gerade durch ihr gewalttätiges oder betrügerisches Verhalten zu ihren Erfolgen gelangen. Z w i s c h e n M o r a l u n d ä u ß e r e m S c h i c k s a l b e s t e h e n a l s o k e i - n e r l e i u n m i t t e l b a r e K a u s a l b e z i e h u n g e n, denn das äußere Wohl- oder Mißergehen richtet sich nach physisch-materiellen Gesetzen, die oft der Gewissenlose besser, weil skupelloser, beherrscht als der Gewissenhafte. Auch wird keineswegs etwa der „Böse" gleich „krank[3]".

„Also sind die früher herausgearbeiteten Schicksalsgesetze falsch", wird man sagen. Dennoch aber fühlt jeder, daß sie trotzdem richtig sind. Es muß uns also noch irgendein Verbindungsglied fehlen, das uns zeigt, wie trotz der Tatsache vom „bösen Glücklichen" und vom „guten Unglücklichen" M o r a l d e n n o c h e i n e b i s i n s N a t u r h a f t - M a t e - r i e l l e e i n g r e i f e n d e U r s a c h e s e i n k a n n.

---

[3] Dies war ein Hauptproblem der alten Moralphilosophie. Noch Kant wußte es nur durch die Annahme einer unmittelbar eingreifenden und ausgleichenden göttlichen Gerechtigkeit zu lösen.

Hat nämlich ein Mensch während seines Erdenlebens positive Gesinnungen entwickelt und weiß er unwiderleglich, „diese Gesinnungen, und nicht die äußeren Erfolge oder Mißerfolge, sind mein innerster Wesenskern", so muß er fragen: „Wann werde ich Leibesbeschaffenheit und Antlitzphysiognomie, Temperaments- und Charakteranlagen, aber auch äußere Glücksfälle und Erfolge erlangen, welche meinem moralischen Wesenskern entsprechen? Denn das Gesetz vom Zusammenhang des Äußeren und Innern, des Ausdruckes und Wesens, muß schließlich doch gelten! W a n n   w i r d   a l s o   s t r e n g - s t e   Ü b e r e i n s t i m m u n g   z w i s c h e n   M o r a l g e s e t z und N a t u r g e s e t z   b e s t e h e n? Ja, wann wird das reine und scheinbar in der sinnlich-materiellen Außenwelt gänzlich ohnmächtige Moralgesetz eine unmittelbare physisch-materielle Ursache sein?

Antwort: Wenn ich in einem nächsten Erdenleben wieder geboren werde! Damit ist gewonnen das „G e s e t z v o n d e r N o t w e n d i g k e i t   d e r   G e b u r t."

In früheren Zeiten konnten die Menschen noch befriedigt sein bei dem Gedanken, „Gott wird entweder schon hier auf Erden, spätestens aber im Jenseits, Gutes mit Gutem und Böses mit Bösem vergelten". Heute können wir so nicht mehr sprechen, und zwar aus folgenden Gründen: 1. Wir sind zum Bewußtsein der Freiheit gelangt und wissen, daß wir verantwortliche Selbstgestalter unseres Charakters und Schicksals sind. 2. Wir haben wissenschaftlich denken gelernt, weshalb uns der Gedanke einer von außen eingreifenden „göttlichen Gerechtigkeit", die, entgegen den Naturgesetzen, schon in d i e s e m Leben den Bösen bestraft und den Guten belohnt, nicht befriedigt, zumal wir sehen, daß eben Böse bis zuletzt erfolgreich, Gute bis zuletzt vom Schicksal verfolgt sein können. Wir wollen vielmehr k l a r   e r k e n n e n,   a u f   w e l - c h e n   W e g e n sich z. B. die moralischen Gesinnungen eines Lebenslaufes in Schönheit oder Häßlichkeit, Wohlgeformtheit oder Krüppelhaftigkeit, Kraft oder Schwäche eines Menschenleibes wandeln. Dies kann aber, trotz aller göttlichen Allmacht, nicht schon in diesem Leben geschehen, weil sich dem der durch die Geburt mitgebrachte Leib widersetzt. Es kann aber wohl während der Konzeption und Embryonalzeit eines n ä c h s t e n Erdenlebens geschehen und stellt dann kein größeres Wunder dar, als eben jede Schwangerschaft, die nichts anderes ist, als die Hereinbildung eines geistigen Wesenskernes in den materiellen Keim. Weil nämlich dieser Keim noch ungestaltet und zart ist, kann Geistig-Moralisches noch unmittelbar zum Physisch-Leiblichen werden und es entsprechen dann Charakter und Schicksal im neuen Lebenslauf ganz unseren verborgensten moralischen Gesinnungen im früheren Erdenleben. Nichts bleibt jetzt verborgen und nichts bleibt ohne seine schicksalsgerechten Folgen. 3. Wir lieben die Erde und sind daher keineswegs von dem Gedanken befriedigt, daß die moralisch-geistigen Früchte unseres Erdenlebens nur einem j e n s e i t i g e n Geisterreiche zugutekommen sollen. N u r a u f E r d e n konnten nämlich Kämpfe, Schmerzen, Krankheiten und Tode erfahren und so wahre Weisheit, Güte und Liebe entwickelt werden. Nur innerhalb eines E r d e n l e i b e s und ausgestattet mit physischen Augen und Ohren, Armen und Beinen konnten z. B. naturwissenschaftliche Erkenntnisse gewonnen und technische Großtaten getan werden. Wichtiger aber noch wie das, was Menschen nach außen taten und als Werke hinterließen, ist, was sie dadurch geistig-moralisch in sich selbst entwickelten. Diese auf Erden gewonnenen Kräfte dürfen sich also n i c h t i m S t e r b e n e i n f ü r a l l e m a l d e r E r d e e n t z i e h e n, sondern sie müssen, durch nachtotliche, leibfreie und reingeistige Daseinsformen hindurch, e n d l i c h w i e d e r d e r E r d e u n d d e n a u f i h r l e b e n - d e n M e n s c h e n z u g u t e k o m m e n. Dies war die klar bekundete Überzeugung z. B. Goethes.

Nichts ist jetzt in besserer Übereinstimmung mit unserem biologischen Wissen als folgende Schlußfolgerung: Das Physisch-Leibliche des Menschen entwickelt sich nicht aus den Kräften des Physikalisch-Chemischen, sondern aus den Kräften des Geistig-Seelischen. Stärke oder Schwäche des Physisch-Leiblichen sind also Ausdruck von Stärke oder Schwäche des Geistig-Seelischen. Die jeweilige Stärke des Geistig-Seelischen aber bemißt sich am Maße der Wahrhaftigkeit, Liebeskraft und Selbstlosigkeit. Also sind Stärke oder Schwäche des Physisch-Leiblichen in letzter Hinsicht Folgen geistig-moralischer Gesinnungen.

Wer daher r a s c h u n d ä u ß e r l i c h wirken will, der kann versuchen, seinen Leib hygienisch und gymnastisch zu pflegen, wird aber auf diesem Wege nicht sehr tief wirken und z. B. die angeborene Konstitution kaum verändern können. Wer hingegen i n d i e t i e f s t e n F u n d a m e n t e wirken will, der muß sich geistig-moralisch erziehen, denn er gestaltet dadurch an seiner Physis des nächsten Erdenlebens. Mancher Mensch mag sein jetziges Erdenleben unbekannt und ohne große soziale Leistungen verbringen, weil er z. B. gelähmt ist. Wenn er aber an seinen Lebensschwierigkeiten moralisch wächst, so wird er im nächsten Erdenleben seinen Mitmenschen das größte Geschenk darbringen können: einen sowohl physisch-leiblich als auch geistig-seelisch hellen und kraftvollen Menschen! Mancher hingegen, der jetzt, selbstsüchtig und geistig interesselos, nur seinen Leib pflegte, wird dann recht wenig stattlich, ja vielleicht sogar schwach und krüppelhaft sein, denn es fehlen ihm die Kräfte zum Aufbau eines schönen, starken Leibes.

Hinblickend auf unsere Geburt, können wir daher sagen: „Wir sind nicht unschuldig, sondern in vollem Maße verantwortlich für unser angeborenes Schicksal", und hinblickend auf unser Lebensende: „Den gerechten Schicksalsfolgen unseres Lebenslaufes und unserer noch so verborgenen Gesinnungen und Taten entgehen wir nicht, da sie sich in unser angeborenes Schicksal im nächsten Erdenleben wandeln." Die besprochenen zwölf Schicksalsgesetze wurden also wohl aus Beobachtungen innerhalb eines Erdenlebens entwickelt; ihre volle Bedeutung gewinnen sie jedoch erst in der Anwendung auf mehrere, aufeinanderfolgende Erdenleben. Denn ganz offensichtlich sind die tieferen charakterlichen und körperlichen Eigenschaften eines Menschen und auch z. B. tiefer sitzende Krankheiten nicht die Folgen unseres Verhaltens innerhalb d e s s e l b e n Erdenlebens, noch können sie innerhalb e i n e s Erdenlebens ganz beseitigt werden. Was aber w ä h - r e n d des Erdenlebens nicht ganz geschehen kann, g e - s c h i e h t b e i m D u r c h g a n g d u r c h d e n T o d i n e i n n e u e s E r d e n d a s e i n. D i e v o r h i n b e s p r o c h e n e n S c h i c k s a l s g e s e t z e s i n d a l s o z u g l e i c h G e - s e t z e d e r W i e d e r v e r k ö r p e r u n g u n d m ö g e n d a h e r j e t z t d a r a u f h i n n o c h m a l n a c h g e l e s e n w e r d e n.

Wir stehen hier am Ende eines besonders wichtigen Beweisganges[1]. Wie nämlich ein Mathematiker durch die denkende Beobachtung eines kleinen Teiles einer Kurve (z. B. einer Parabel oder Hyperbel) mit absoluter Gewißheit deren weiteren Verlauf erkennt, auch wenn er ihn niemals mit physischen Augen sieht, so geht es auch dem Schicksalsforscher, wenn er, nach eingehender, unvoreingenommener Beobachtung des Verlaufes eines Menschenlebens und der darin waltenden Schicksalsgesetze, zum Ergebnis gelangt: Das menschliche Erdenleben weist durch die innere Gesetzlichkeit seines Verlaufes in zweifacher Richtung über sich hinaus, in Erdenleben vor der Geburt und Erdenleben nach dem Tode. Nicht aus Gründen des Wünschens oder Glaubens nehmen wir mehrere aufeinanderfolgende Erdenleben an, sondern w e i l w i r w i s s e n s c h a f t l i c h d u r c h d i e b e o b a c h t b a r e n T a t s a c h e n e i n e s E r d e n l e b e n s d a z u g e z w u n - g e n w e r d e n. Ein einzelnes menschliches Erdenleben ist nämlich in sich zu enge, es drängt durch seine eigene beobachtbare Gesetzlichkeit über sich hinaus in Vergangenheit und Zukunft. Es ist — wie ein kleines Kurvenstück — in sich selbst

---

[1] Der strenge B e w e i s der Wieder-Verkörperung aus dem Wesen der Freiheit wurde von mir erstmalig entwickelt in meinem Buche: Der Mensch im Abgrunde seiner Freiheit. 1932, Kap. Freiheit und Schicksal.

nur verständlich als Teil eines größeren Ganzen, also als Wirkung früherer und als Ursache späterer Erdenleben. Dies ist absolut sicheres, wissenschaftliches Ergebnis für jeden, der sachgemäß zu beobachten, scharf zu urteilen und leidenschaftslos zu schließen vermag. Freilich läßt jedes gelöste Problem viele neue Fragen entstehen, z. B.: Wie oft wird ein Mensch wiedergeboren? Etwa gar — wie manche asiatische Lehren behaupten — millionenmal? Wieviele Zeit vergeht zwischen Tod und Wiedergeburt? Was ist das Endziel aller dieser Lebensläufe? Warum erinnern wir uns nicht an sie? Auch diese Fragen lassen sich durch genaues Studium wenigstens teilweise einer Lösung zuführen, worüber in Kap. 6 noch einiges gesagt werden soll.

5. Kap.: Gegen-Gründe und Gründe für die Wiederverkörperung.

Es gibt einen Gedanken, der an Wichtigkeit und revolutionärer, alles verwandelnder Kraft heute wohl einzig dasteht und zum Ungeheuersten gehört, was Menschen heute denken können. Es ist der Gedanke der Wieder-Verkörperung[5]! Wer einmal die Bedeutung dieses Gedankens auch nur teilweise erfaßte, wundert sich, daß er nicht allerorten auf das eifrigste besprochen wird und die Menschen nicht jede erdenkliche

---

[5] Dieser Gedanke taucht im 18., 19. und 20. Jahrhundert überall bei großen Männern auf, vgl. E. B o c k , Die Wiederverkörperungsidee in der deutschen Geistesgeschichte, 1932. Wissenschaftlich begründet hat ihn erst R. S t e i n e r , vgl. dessen Schriften: Offenbarungen des Karma, 1932; Wie Karma wirkt, 1932; Reinkarnation und Karma, 1932; vgl. auch Fr. R i t t e l m e y e r , Wiederverkörperung, 1931; G. W a c h s m u t h , Reinkarnation, 1937; O. J. H a r t m a n n , Der Mensch im Abgrunde seiner Freiheit, 1932, Kap. Freiheit und Schicksal. — Die moderne, streng w i s s e n s c h a f t l i c h e Begründung dieses Gedankens hat daher n i c h t s mit alten indisch-buddhistischen Lehren zu tun!

Mühe aufwenden, um zu ergründen, ob dieser Gedanke zutrifft oder nicht. Aber ganz im Gegenteil — niemand kümmert sich weiter darum, — nicht etwa, weil man durch eingehende, wissenschaftliche Studien sich vom Gegenteil überzeugt hätte, sondern weil überhaupt heute stumpfe Gleichgültigkeit letzten geistigen Fragen gegenüber herrscht, um deretwillen in vergangenen Zeiten Menschen sich auf das erbittertste bekämpften.

Demgegenüber soll nun an dieser Stelle keineswegs etwa für den Glauben an die Wieder-Verkörperung eingetreten werden, weil „Glauben" für den Menschen im Zeitalter exakter Wissenschaft nicht mehr in Frage kommt. Sehr wichtig aber wäre es, wenn sich heute immer mehr Menschen mit diesem Gedanken, — und zwar zunächst rein hypothetisch —, vertraut machten. Bald würden sie nämlich erfahren, daß dieser Gedanke ein Schlüssel zum Verständnis vieler Dinge ist, die sonst unverstanden oder unbeobachtet bleiben, und daß er schließlich das menschliche Innere mächtig umgestaltet und bereichert. Man muß allerdings mit einem solchen Gedanken als Lebens- und Forschungs-Hypothese einfach zunächst j a h r e l a n g p r a k t i s c h a r b e i t e n, um endlich zu wissen: Er ist wahr und gewiß — w a h r e r u n d g e w i s s e r a l s u n s e r e p h y s i k a l i s c h e n G e s e t z e, s o w a h r u n d g e w i ß w i e m a t h e m a t i s c h e W a h r h e i t e n, weil er, wie diese, in den innersten Wesensgesetzen des Geistes gründet, gewissermaßen das apriori der Freiheit, Verantwortlichkeit und des Schicksals der Menschen ist.

Niemand wagt heute mitzureden z. B. über Mathematik, der sie nicht studierte. Sonst verrät er nämlich nur seine Sach--Unkenntnis und Denk-Ungeübtheit. Dasselbe gilt nun auch für die vorliegende Frage. Noch weniger aber sollte jemand hier seine Affekte sprechen lassen. Denn die leidenschaftliche Ablehnung der Tatsache der Wiederverkörperung, ja schon der bloßen Frage danach, ist verräterisch. Sie beweist nämlich nur, daß ein Mensch sich hierdurch im Innersten getroffen fühlt, und daß er keineswegs aus nüchterner Erkenntnis

spricht! In diesem Falle g i b t es nämlich keine Wiederverkörperung, weil es keine geben s o l l. Hinter diesem „nicht-
soll" steckt ein Wille, hinter diesem Willen aber eine Angst
und diese Angst verteidigt sich, wenn es nicht anders geht,
durch Spott oder Zorn. Spott und Zorn sind aber immerhin
besser als Gleichgültigkeit, denn sie zeigen wenigstens, daß
ein Mensch durch eine Sache im Innersten getroffen wurde.

Es gibt nämlich Gedanken, die man nicht so einfach bloß
denken kann, sondern die etwas in uns aufrühren und von uns
ein Wachwerden fordern. Aus der modernen Psychotheraphie
wissen wir, wie heftige Widerstände unser schlafendes Wesen
allem „Bewußtwerden" entgegenbringt, und zwar gerade dann,
wenn es unbewußt und doch klar weiß: „Es ist so, wie man
mir sagt! Ich helfe z. B. tatsächlich meinen Mitmenschen nur,
um dadurch meine Überlegenheit zu genießen oder Ehre ein-
zuheimsen, oder um sie moralisch zu zwingen, sich auch wieder um mich zu kümmern, etc."

„B e w u ß t w e r d e n" i s t a l s o u n b e q u e m, denn
es fordert freie Verantwortung dort, wo wir bisher — durch
Illusionen gesichert — unsern selbstischen Trieben nachgeben
konnten. Daher hat nun auch eine bestimmte Kraft in uns Interesse daran, daß es keine Wiederverkörperung gibt und
jede Diskussion darüber durch Gleichgültigkeit, Spott oder
offenen Haß unterbunden wird. W e r g l a u b t, d e r
M e n s c h s u c h e v o n N a t u r, u n d u n t e r a l l e n
U m s t ä n d e n d i e W a h r h e i t, i r r t! Der Drache unserer Ichsucht widersetzt sich vielmehr allen Erkenntnissen,
die ihn irgendwie ans Licht ziehen wollen. Er wünscht vielmehr die Lüge und Illusion! Wer daher eine, mit dem Innersten
des Menschen zusammenhängende Wahrheit, wie es die Wiederverkörperung ist, andern beweisen will, muß sich vorweg
klarmachen: Er kämpft nicht mit den reinen wissenschaftlichen Erkenntniskräften seiner Mitmenschen, (da wäre alles
leicht und klar), sondern mit ihrem tiefunbewußten Wider-
Willen, der sich hinter mehr oder weniger klugen „Gegengründen" verschanzt.

Der meistgehörte Einwand ist ein rein gefühlsmäßiger: „Ich habe schon an diesem einen Erdenleben übergenug, bleibt mir bloß mit weiterem vom Leibe!" Dieser Stoßseufzer ist verständlich. Jeder von uns wünschte sich wohl auch einmal nach einem ermüdenden Tage „ewig" zu schlafen und „nie mehr" zu erwachen — und doch kümmerte sich unser tieferes Wesen nicht darum und strebte nach erquickendem Schlafe freudig dem morgendlichen Erwachen zu! Wie nämlich der Wachende nach Schlaf, so strebt der Schlafende nach Wachen. Unser Wesen mag daher am Ende eines aufreibenden Lebens noch so lebensmüde sein, nach dem Tode aber und erfrischt vom Leben im Geisterreiche, wird es nach einiger Zeit doch ebenso sehr nach der Erdenschwere verlangen, wie es jetzt die Erdbefreiung suchte. Der genannte Einwand warnt uns also nur davor, unsere vorübergehenden Seelenstimmungen mit den tieferen Daseinsgesetzen zu verwechseln und fordert uns auf, unsere Seelenkräfte solange zu verstärken, bis wir von ganzem Herzen sagen können: „Gesättigt von Leiden und Freuden, Mühen und Sorgen, scheide ich aus diesem Leben. Aber ich verlasse jetzt die Erde nur, um mich einst mit neuen Kräften und um so fester wieder auf sie zu stellen!"

Tiefer sitzen schon folgende Ablehnungen: 1. Nach rückwärts blickend sagt man sich: „Wie — ich soll schon einmal auf Erden gelebt haben!? Da wären ja z. B. meine schwächliche Konstitution, oder die schwierigen Verhältnisse meines Elternhauses, oder das Mißlingen meines Lebenswunsches die Folgen meines ehemaligen Verhaltens — und nicht die Schuld der Vererbung oder meiner Mitmenschen! Das wäre ja furchtbar!!" 2. Nach vorwärts schauend: „Was —, ich soll noch einmal geboren werden? Ich will meine Ruhe haben und von diesem meinem Erdenleben nichts mehr wissen! Das wäre eine schöne Bescherung, wenn dann meine, in diesem Leben so gut verborgenen Begierden, Intrigen und Gewalttaten äußerlich z. B. in meinem Gesichtsausdruck, oder in Krankheiten und Fehlschlägen offen zutage träten und ich erscheinen müßte, ganz wie ich jetzt war! Wenn es schon eine ausgleichende Gerechtigkeit geben muß, — dann doch lieber nur eine im Jenseits, aber nicht eine hier auf Erden!!"

Die eigentlichen Gründe für die Ablehnung des Gedankens der Wiederverkörperung sind also in allen Fällen immer diese beiden: Flucht und Furcht. Flucht vor der Verantwortung für seine angeborenen Eigenschaften und Schicksale, indem man sie auf Vererbung und Milieu abschiebt; Furcht vor dem Offenbarwerden seines verborgenen moralischen Gesinnungskernes, indem man ein bloßes Jenseits oder gar die absolute Vernichtung der Wiedergeburt vorzieht.

In diesen psychologischen Flucht- und Furchtaffekten werden nun die Menschen durch zwei große Geistesströmungen bestärkt: durch die gegenwärtige biologische Vererbungslehre und durch die gegenwärtigen christlichen Konfessionen. Die Vererbungslehre gibt die Möglichkeit zu sagen: „Ich bin ein Nichts! Als bloßes Glied eines endlosen Vererbungsstromes bin ich nämlich weder für mein eigenes Sein, noch für das meiner Kinder verantwortlich, denn ich gebe ja nur weiter, was ich selbst empfing. Was ich aber innerhalb meines Erdenlebens an moralischen Gesinnungen innerlich entwickle, ist (wofern ich mich nur äußerlich und in meinem Tun korrekt benehme) gleichgültig, denn der Tod ist meine absolute Vernichtung." Die üblichen Konfessionen aber sagen: „Die menschliche Seele wird im Augenblicke der Konzeption von Gott aus dem Nichts erschaffen und nach göttlichem Ratschluß in diese oder jene, kranken oder gesunden, glücklichen oder unglücklichen Erdenschicksale geworfen. Nicht sie, sondern Gott trägt dafür die Verantwortung. Verantwortlich aber ist sie dann nur dafür, was sie aus ihrem gottgewollten Schicksal macht und wie sie Leiden und Krankheiten moralisch trägt. Danach bestimmt sich auch ihr nachtotliches und ewiges Leben im Jenseits."

Die Vererbungstheorie ist nun wenigstens insofern befriedigend, als sie eine Antwort zu geben sucht auf die Lebensfrage jedes Menschen: „Warum bin ich so, wie ich bin und habe dieses Schicksal?" Die üblichen Konfessionen aber haben gegenüber dieser Frage nur den Hinweis auf die „Weisheit und Allmacht Gottes". Dagegen muß sich nun aber eine moderne, zur Freiheit erwachte Seele mit Recht auflehnen und empört ausrufen: „W a s k ü m m e r t m i c h d e r g ö t t - l i c h e R a t s c h l u ß ! I c h w i l l d i e G r ü n d e w i s s e n , warum gerade m e i n e Seele d i e s e s Schicksal erhielt. Warum muß ich mich ausgerechnet in Krankheiten und Nöten sittlich bewähren? Ich hätte mich lieber in Gesundheit und Glück bewährt!!" Darauf aber gibt es keine Antwort, und so muß der „göttliche Ratschluß" der Seele als empörender Zufall erscheinen.

Hier stehen wir nun vor einer zentralen Frage: Was ist Zufall, bzw. was empfinden wir letztlich als Zufall? Offenbar alles, was irgendwie von außen an uns herantritt und wofür wir die Gründe nicht in unserer eigenen Freiheit finden. Z u - f ä l l i g i s t m i t h i n l e t z t l i c h a l l e s , w o f ü r w i r u n s n i c h t s e l b s t v e r a n t w o r t l i c h f ü h l e n k ö n n e n . Für unser innerstes freies Ich ist mithin der göttliche Ratschluß ebenso „Zufall" (oder fremde Willkür) wie die Vererbungsgesetze. Denn eines muß man sich hier ganz klarmachen: Die Erklärung unseres Wesens und Schicksals durch die Vererbung kann wohl unseren Intellekt, niemals aber unser Herz befriedigen. Fragt nämlich unser innerstes Wesen nach dem „Warum", so liegt diese Frage auf einer Ebene, wo weder der „Ratschluß Gottes", noch die „Naturgesetze" eine echte Begründung abgeben können und daher beide gleicherweise als empörende Vergewaltigung bzw. als Zufall erscheinen müssen. Unser innerstes Wesen mag dann mit Recht ausrufen: „W a s k ü m m e r n m i c h d i e N a - t u r g e s e t z e ! Mögen sie mich von außen vergewaltigen! Aber ich werde als mein eigentliches Wesen und Schicksal einzig nur anerkennen, was ich mir selbst schuf!" (Vgl. S. 4.)

Denn w a s in uns fragt denn hier nach dem „Warum"? Offenbar weder der abstrakte Intellekt noch religiöse Gefühlsgläubigkeit, sondern etwas ganz anderes und viel Tieferes:

Der Wille zur Freiheit und die Bereitschaft zur vollen Verantwortung! Dieser Wille aber anerkennt keine Schranken und keine Gründe, die er sich nicht selbst gibt. Und diese Verantwortung ist zur Hinnahme von allem, auch dem Allerschwersten bereit, wenn es die selbstverschuldete Folge eigenen Tuns ist. Ja, diese Freiheit will ganz unmittelbar der verantwortliche Selbstschöpfer menschlichen Wesens und Schicksals sein und diese Verantwortung will selbst den moralischen Ausgleich für ihre Taten herbeiziehen, selbst wenn dadurch die härteste Schicksalsschule nötig wäre. Denn als Leistung unserer Freiheit hat zu gelten keineswegs allein nur unser aktiv-bewußtes Tun, sondern ebensosehr auch unser passiv-bewußtes Erleiden der selbstbereiteten Folgen.

In seinem wahren Ich trägt jeder Mensch den Keim eines gottgleichen Geistes. Wer dieses Menschenwesen kennt, weiß daher auch: Alles kann ein Mensch vollbringen und alles kann er erdulden, wofern es nur gelingt, diesen freien Geistkeim zu erwecken! Das aber, was wir hier „Freiheit" nennen, schläft leider auch heute noch in den meisten Menschen und deshalb schlafen sie auch ganz und gar in der Region des Schicksales und werden ohne ihr Wissen zum Erleiden ihrer eigenen Tatenfolgen gezwungen. Es erscheinen ihnen daher dann „Charakter", „Konstitution" oder „äußeres Schicksal" als ein Fremdes, welches sie zwar durch „göttlichen Ratschluß", oder „Vererbung" oder „Milieu" erklären, wofür sie sich aber natürlich gar nicht selbst verantwortlich fühlen können.

Um diesen unwürdigen Zustand zu überwinden, gibt es nun zwei Wege. (Vgl. auch I. Teil, Kap. 1—3.)

1. Der eine Weg zur Erkenntnis von „Schicksal und Wiederverkörperung" ist die Erweckung der freien Tat- und Verantwortungskraft. Denn diese Erkenntnis ist tatsächlich nichts anderes, als eine moralische Intuition der Freiheit. Keine anderen und mehr äußerlichen Erkenntnisorgane (wie Intellekt oder

Sinne) sind dazu fähig. Um diese freie Tat- und Verantwortungskraft, damit aber zugleich um das Ergreifen ihres innersten Wesenskernes (des wahren „Ich-bin-Ich"), versuchen sich nun die Menschen, solange es irgend geht, herumzudrücken. Es gibt z. B. Menschen, die sich und anderen glauben machen, sie wünschten sehnlichst die Gelegenheit zu einer Ehe oder einem Berufe. Kaum rücken jedoch bestimmte Aussichten nahe, so erleidet der Betreffende — selbstverständlich zu seinem „größten Bedauern" — einen Unglücksfall (z. B. er schneidet sich in den Finger, oder bricht ein Bein), oder wird krank (z. B. bekommt Migräne, Herzneurose, allgemeine Schwächezustände, Erbrechen etc.), und sagt nun: „Seht mal mich Unglücksvogel! Ich wollte doch so gerne, aber ich kann ja nicht, denn ich werde durch äußere Zufallstücke bzw. angeborene Schwächen immer im letzten Augenblicke daran gehindert!" Während aber das Oberflächenbewußtsein dieser Menschen dergestalt spricht, hat ihr tieferer Wesenswille Krankheits- bzw. Unglücksfälle selbst absichtlich herbeigeführt. In diesen Fällen fehlt also sowohl der Mut zum Risiko (Ehe, Beruf) wie der Mut zur Verantwortung eines selbstbereiteten Zustandes (Unfall, Krankheit). (Vgl. Anm. S. 69 u. 77.)

Im Gegensatz dazu kann nun aber auch ein Mensch seine Ichkraft, d. h. den Mut zu Freiheit und Verantwortung steigern. Die erste, leicht erreichbare Stufe ist hier, verantwortlich einzustehen für das, was man nach außen hin tut. Wer es nicht mehr vermöchte, sich in seinen Taten und Tatenfolgen selbst wie im Spiegel wiederzuerkennen und etwa erklärte: „Das war nicht ich! Ich konnte doch nichts dafür!" der wäre wohl als krankhafter Fall von Ich-Schwäche anzusehen.

Die zweite Stufe ist, sich verantwortlich zu wissen für seine inneren Temperaments- und Charakterstimmungen. Wer dies nicht vermag, sagt etwa: „Aber, ich konnte doch nicht anders. Ihr wißt doch, ich bin so reizbar, eifersüchtig, mißtrauisch!" Würde er sich freilich tiefer beobachten, so sähe er hinter diesen seinen Seeleneigenschaften den gefräßigen Drachen seiner Anmaßung, der gar nicht anders w i l l und im Unbewußten Reizbarkeit, Eifersucht und Mißtrauen geradezu bejahend genießt und sich und anderen nur vorgaukelt, „er wäre ja gerne anders, wenn er nur könnte".

D i e d r i t t e S t u f e ist, sogar für dasjenige einzustehen, was man als k ö r p e r l i c h e B e s c h a f f e n h e i t, als Gesundheit oder Krankheit an sich trägt. Mancher klagt hier wohl im Oberbewußtsein zunächst Vererbung, Eltern, Schicksal an, ein tieferes Ahnen aber läßt ihn wissen: „Ich selbst will eigentlich diese Krankheit. Ja, der ganze Bau meines Leibes (Konstitution) ist irgendwie Erscheinung meines tiefsten Willens. Ich wäre nicht so, wenn ich mich nicht dafür aus Geistesgründen heraus entschieden hätte, ja mich nicht immerfort dafür entschiede. Denn ich fühle mich irgendwie durchaus wohl in meinem Leibe, er gehört — wie er immer sei — zu mir. Also bin ich nicht nur für mein äußeres Tun, sondern auch für mein tiefstes Sein verantwortlich und darf die Schuld niemandem anderen zuschieben!"

D i e v i e r t e, s c h w e r s t e S t u f e führt endlich den Menschen ganz über sein inneres Wesen hinaus und zu dem hin, w a s i h m v o n a u ß e n z u s t ö ß t. Hier erhebt sich die heftigste Ablehnung: „Wie, ich soll sogar etwas dafür können, wenn dieser Mensch, den ich noch niemals sah, mich sogleich grundlos anfeindet? Oder wenn ich mir auf glatter Bahn den Fuß breche? Oder wenn ich meinen Spaziergang ausgerechnet so einrichte, daß ich zu bestimmter Zeit an einem Orte bin, wo mich ein Verkehrsunfall oder ein Blitzschlag ereilt?" Gewiß, hier liegen letzte Mysterien des Schicksals vor, die sich hinter dem sog. „Zufall" verbergen und denen man nur allzuleicht durch „natürliche Erklärungen" ausweichen kann. Die erweckte Freiheitskraft in uns bleibt aber davon unbefriedigt und spürt auch hier bei weiterer Besinnung nur zu oft: „Trieb mich nicht eine eigentümliche Unruhe dazu, gerade diesen Weg zu wählen? Hatte ich nicht eine merkwürdige Vorahnung bei der ersten Begegnung mit diesem

218

Menschen? Suchte ich mir nicht geradezu einen Unfall und war ich nach seinem Eintreten nicht innerlich seltsam erleichtert, während mich vorher unerklärliche Stimmungen quälten? Warum sich aber das tiefste Menschenwesen in solchen Fällen in Freiheit für ein Schicksal entschied und sich selbst in seinem Schicksal, wie im Spiegel, begegnete, würde klarwerden durch eine Rückschau auf frühere Jahre und Jahrzehnte oder auf ein früheres Erdenleben.

2. Der zweite Weg zur Erkenntnis von Schicksal und Wiederverkörperung bestünde daher in einer V e r s t ä r k u n g d e r G e d ä c h t n i s - u n d E r i n n e r u n g s k r a f t. Ein oftmals gehörter Einwand gegen die Wieder-Verkörperung drückt sich nämlich folgendermaßen aus: „Wie — ich soll schon einmal auf Erden gelebt haben!? Da müßte ich doch auch davon etwas wissen! Und wenn ich nichts weiß, dann kann es mir ganz gleichgültig sein, ja, dann ist es überhaupt sinnlos zu sagen: „Ich" habe mich wiederverkörpert, weil dann doch die Identität der Persönlichkeit fehlt, die allein einen solchen Ausdruck logisch rechtfertigt."

Dieser Einwand ist sehr berechtigt und zwingt uns, Ich und Ich-Bewußtsein, Individualität und Individualitätsbewußtsein, Wirklichkeit und Erinnerbarkeit voneinander strenge zu unterscheiden. Es gibt nämlich z. B. Menschen, deren Erinnerungsfähigkeit krankhaft so weit herabgesetzt ist, daß sie sich morgens nicht mehr daran erinnern, was sie gestern erlebten und taten. Sie stehen, wie Neugeborene, allem staunend und als einem absolut Unbekannten gegenüber. Sie erkundigen sich daher immer wieder z. B. nach dem Namen eines Menschen oder fragen nach Ereignissen und Situationen. Hätten sie z. B. gestern zu viel Alkohol genossen, so stünden sie heute ganz hilflos vor den Folgen und müßten diese als „vererbt" oder „konstitutionell angeboren" bezeichnen. Oder hätten sie gestern einen Mitmenschen beleidigt, so verstünden sie heute dessen Unfreundlichkeit ihnen gegenüber nicht und müßten von Tükken des „Schicksales", des „Zufalles", oder der „bösen Welt" sprechen. Versuchte sie aber jemand darüber aufzuklären, so würden sie vielleicht antworten: „Das war gar nicht ich selbst, sondern ein anderer, sonst müßte ich doch darum wissen!"

Das Beispiel sagt eigentlich genug. Denn, — ob ein Mensch sich an etwas erinnert oder nicht, das gehabte Erlebnis oder die getane Tat w i r k e n d o c h n a c h. Und ob er sein Tagesbewußtsein bis in jene Tiefen vortragen kann oder nicht, in denen seine zeit-überdauernde Individualität west, b e s a g t n i c h t s g e g e n d i e R e a l i t ä t s e i n e s W e s e n s - k e r n e s, wohl aber etwas gegen die Kraft seines Bewußt-seins.

B e w u ß t s e i n s - S c h u l u n g, i n d i e s e m F a l l e V e r s t ä r k u n g d e r E r i n n e r u n g s k r a f t, i s t a l s o d e r z w e i t e W e g z u r E r l a n g u n g v o n E i n s i c h t i n d i e w i e d e r h o l t e n E r d e n l e b e n. Übt man die Erinnerungskraft zunächst in der Rückschau, z. B. auf Einzel-heiten unserer Jugend und frühen Kindheit, oder indem man sich spätere, schwere Enttäuschungen so recht deutlich wieder vergegenwärtigt, so können bald leise Erinnerungs-Ahnungen, wie die folgenden aufsteigen: „Ich war doch schon mal irgend-wie auf Erden! Nach jener Gegend zieht es mich so eigen-tümlich hin! Dieser Mensch ist mir so vertraut, als kennten wir uns schon seit langem, jener aber stimmt mich innerlich merkwürdig gespannt, als hätten wir noch etwas miteinander auszukochen — und doch lernte ich beide eben erst kennen!" Endlich sagt man sich auch: „Ich, — der ich diesen Schicksals-schlag jetzt ganz von außen her und unschuldig erleide, bin derselbe wie jenes Ich, das einstens durch sein Tun und Lassen diesen Schlag verursachte. Ich, der ich jetzt z. B. an ange-borner Körperschwäche leide, bin dasselbe Ich, welches ein früheres Leben, z. B. in Stumpfheit, Selbstsucht oder Haß zu-brachte!" (Vgl. Abb. 11, 13.)

Verbindet sich nun mit dieser Verstärkung der Erinnerungs-kraft die früher gekennzeichnete Verstärkung der Kraft zur Freiheit und Verantwortung, s o w i r d d i e „H y p o t h e s e d e r W i e d e r g e b u r t" z u r e r f a h r u n g s m ä ß i g e n G e w i ß h e i t. In günstigen Fällen können aber auch an

Stelle bewußter Erkenntnisschulung überwältigende (besonders leidvolle) Schicksalsereignisse die Rolle eines Erweckers spielen (sog. Schule des Lebens). Jedenfalls steigen heute in immer mehr Menschen (besonders in Kindern!) Ahnungen der Wiederverkörperung auf. Das Wissen um diese steht auf der dritten Stufe eines Erweckungsweges, dessen 3 Stufen die folgenden sind:

1. Die erste Stufe ist gekennzeichnet durch das Erlebnis: „Es gibt nicht nur die körperlich-materielle Wirklichkeit, sondern auch ein all-eines, weltdurchdringendes Göttlich-Geistiges. Aus diesem All-Geist oder All-Leben entspringt der einzelne Mensch bei der Geburt und löst sich im Tode (nicht anders wie Pflanze und Tier) darin wieder restlos auf." Diese erste, über den reinen Materialismus hinausführende Erkenntnisstufe, ist heute schon vielen Menschen Gewißheit.

2. Auf der zweiten Stufe verdichtet sich das menschliche Bewußtsein so weit, daß es die Ungeborenheit und die Unvernichtbarkeit des individuellen menschlichen Wesenskernes erfährt. Der Mensch sagt sich dann: „Ich komme in der Konzeption aus einer geistigen Welt und gehe im Tod wieder dahin, aber mein eigentliches Ich ist eine ewige Wesenheit für sich selbst." Diese zweite Stufe wird heute meist nur bei den konfessionell Gläubigen, seltener auf Grund selbständiger Erlebnisse angetroffen.

3. Ein noch kräftigeres Bewußtsein erfordert die dritte Stufe, weshalb diese heute nur sehr selten aus eigener Kraft erreicht wird, so daß man sich sagen könnte: „Mein Erdenleben ist zwar nach Vergangenheit (Konzeption) und nach Zukunft (Tod) von einer rein geistig-seelischen Daseinsform in der Geisterwelt begrenzt. Dringe ich aber tief genug in mein vorgeburtliches und nachtotliches Geistdasein ein, so führt mich der Weg wieder in ein leibliches Erdendasein herab."

Die höchste Stufe menschlichen Geisterwachens führt also nicht — wie alle einseitigen Idealisten und Jenseitsschwärmer meinen — immer weiter ins Überirdisch-Geistige hinweg, sondern gerade ins Irdisch-Materielle herab, freilich in das eines vergangenen oder zukünftigen Lebenslaufes. Sie zeigt daher, wie sich stets Physisch-Leibliches (d. h. unser Erdenschicksal) aus Geistig-Seelisch-Moralischem (d. h. aus dem Vorgeburtlichen) heraus gestaltet und wie auch wiederum das Geistig-Seelisch-Moralische (d. h. unser nachtotliches Dasein) durch das Physisch-Leibliche (d. h. durch unser Erdenleben) geprägt wird. Aber gerade diese Metamorphose von Diesseits und Jenseits, Moral und Natur ineinander widerstrebt dem heutigen Denken, wobei folgendes beachtenswert ist: Die Naturforscher nennen den Gedanken an ein Ineinanderwirken des Geistig-Moralischen und des Materiell-Naturhaften „Schwärmerei", die Theologen hingegen vermuten darin „unchristliche" oder gar „atheistische" „Glaubenslosigkeit" und wehren sich dagegen womöglich noch heftiger. Und doch liegt im Durchschauen gerade dieses Ineinanderwirkens der Schlüssel zum Geheimnis des Menschen und der Geschichte!!

6. Kap.: Letzte Fragen.

An dieser Stelle ist nun vielleicht folgendes persönliche Bekenntnis am Platze: Dem Verfasser dieses Buches war seit seiner Jugend die Tatsache der Ungeborenheit und Unsterblichkeit des individuellen Menschenwesens klare, erlebnishafte Gewißheit. Hingegen brachte er dem Gedanken der Wiederverkörperung heftigste Ablehnung entgegen und versuchte diese mit allen nur möglichen Gegengründen zu unterbauen. Ein jahrelanges Leben mit diesem Gedanken, vorurteilsfreie Beobachtung menschlicher Lebensläufe, sowie exaktes begriffliches Durchdenken der philosophischen Grundlagen zeigten ihm aber schließlich, daß dieser Gedanke, wenigstens von allen beobachtungs- und denkfähigen Menschen, als eine absolut sichere und wissenschaftliche Wahrheit betrachtet werden muß.

Dilettantisch wäre es freilich, zu meinen, mit der Lösung dieser einen Frage seien sogleich auch die letzten Fragen nach dem Warum und Wozu der Welt beantwortet. Unendlich Vieles bleibt noch geheimnisvoll und n i e m a n d d a r f m e i - n e n , d i e A n e r k e n n t n i s d e r W a h r h e i t d e r w i e d e r h o l t e n E r d e n l e b e n b e r a u b e d i e W e l t d e s G e h e i m n i s s e s u n d m a c h e s i e p r o s a i s c h u n d f l a c h . Das Gegenteil ist für den der Fall, der die Be- deutung dieser Wahrheit wirklich zu ermessen vermag! Es ist daher auch gar nicht möglich, alle sich im Zusammenhang mit dieser Wahrheit neu erhebenden Fragen hier zu erwähnen, geschweige sie zu beantworten. Dies ist Aufgabe kommender Geschlechter. Denn eins darf man wohl sagen: D i e T a t - s a c h e d e r w i e d e r h o l t e n E r d e n l e b e n w i r d s i c h i n Z u k u n f t a l s S a u e r t e i g e r w e i s e n , w e l c h e r a l l e W i s s e n s c h a f t e n u n d a l l e L e - b e n s v e r h ä l t n i s s e g r ü n d l i c h b e f r u c h t e n u n d e r w e i t e r n w i r d . Dennoch sei hier wenigstens etwas auf einige weitere Fragen eingegangen.

Manche Menschen fragen, indem sie sich gewisser asia- tischer Überlieferungen erinnern: Kann ein Mensch auch als Tier wiedergeboren werden? Wer sich nun das früher (vgl. S. 29) über das Menschen-Ich zum Unterschiede vom Tiere Gesagte vergegenwärtigt, muß diese Frage mit Nein beant- worten. Die betreffende asiatische Überlieferung ist auch nur ein Mißverständnis folgender Tatsache: Wer das Begierden- leben eines zügellosen Menschen beobachtet, kann vor seinem geistigen Auge leicht so etwas wie fratzenhafte Tiergesichter auftauchen sehen und das Gefühl haben, daß dieser Mensch nur äußerlich-leiblich wie ein Mensch, seelisch-innerlich aber wie gewisse Tiere aussieht. Solche „Tier-Gestaltung" bezieht sich dann aber auch nicht auf das innerste Geistwesen(auf das Ich) dieses Menschen, (dieser ist immer menschenhaft), son- dern mehr auf die Seelen- und Triebhülle desselben. Jedenfalls aber dürften in solchen Erfahrungen die Ursachen der mißverständlichen Behauptung zu suchen sein, ein grausamer Mensch werde z. B. als Tiger wiedergeboren, etc. [6].

Oder eine andere Frage: Wird ein Mann immer als Mann oder auch als Frau wiedergeboren und umgekehrt? Um diese Frage zu beantworten, muß man sich folgendes vergegenwärtigen: Bereits innerhalb eines Erdenlebens machen wir die Erfahrung, daß wir uns nach Zeiten intensiver Wirksamkeit nach außen gerne mal zurückziehen und verinnerlichen, oder daß wir nach gelehrtem Studium das Bedürfnis nach intensiver äußerer Tätigkeit haben. Innerhalb eines Erdenlebens verbleiben wir freilich aus mancherlei Gründen der einmal eingeschlagenen Richtung (z. B. Mönch oder Feldherr, Gelehrter oder Lebemann) treu, nach dem Tode und im Übergange zu einem neuen Erdendasein jedoch vollzieht sich eine Wandlung entsprechend den Seelengesetzen des „W e c h s e l s u n d K o n t r a s t e s". Wie sich leicht einsehen läßt, wird dann z. B. ein Gelehrter nicht wieder als Gelehrter, ein Feldherr nicht wieder als Feldherr wiedergeboren, wohl aber tragen beide die Früchte ihres jeweiligen Erdendaseins ins nächste Erdendasein als bestimmte Kräfte hinüber ,für ihre, nun ganz andersartige Wirksamkeit. Es besteht auch hier, wie überall im Lebendigen, das G e s e t z d e r M e t a m o r p h o s e. Auch eine Pflanze z. B. treibt nicht immer nur neue Blätter, sondern sie blüht auch und bildet hernach Früchte und endlich Samen, aus denen erst wieder Blätter keimen etc. (Vgl. Abb. 11.)

Es ergibt nun ein genaues Studium des anatomisch-physiologischen und des psychologisch-sozialen Verhaltens der beiden Geschlechter, daß der Mann meist leiblich-seelisch verhärteter ist, also mehr zur technisch-intellektuellen Auswärtswendung des Lebens neigt (Jurist, Staatsmann, Techniker, Arbeiter), die Frau hingegen weicher gebildet ist, also mehr die seelisch-empfindungshafte Wendung nach innen pflegt. Wäh-

---

[6] Vgl. auch O. J. H a r t m a n n : Der Kampf um den Menschen in Natur, Mythos, Geschichte, 1934.

rend daher im allgemeinen Männer größere Verstandes- und Muskelkraft nach außen entfalten, verfügen Frauen oft über mehr Seelenkräfte im Ertragen von Lebensschwierigkeiten und Schmerzen. (Vgl. auch Abb. 8, 9.) Schließlich hegt die Frau auch Kinder unter dem Herzen, während der Mann äußere Werke in die Welt setzt. Infolge ihres verstärkten Innenlebens vermag die Frau daher im nächsten Erdenleben einen kräftigeren Körper aufzubauen, d. h. sie wird zum Manne, der Mann hingegen erbaut infolge seines schwächeren Innenlebens im nächsten Erdendasein den zarteren Körper einer Frau. Dies ist freilich nur ein Grundgesetz, welches im Einzelfalle viele Ausnahmen zuläßt.

Wir müssen demnach strenge unterscheiden die bürgerliche „Persönlichkeit" (z. B. Hans Müller, geboren am 1. Jan. 1900 zu Berlin, gestorben ebendort am 1. Januar 1935, Beruf: Schriftsteller) und die geistige Wesenheit, das wahre Geist-Ich. Erstere begann mit der Geburt und verging mit dem Tode, und es verging damit zugleich auch das berufliche Wissen und Können derselben. Die geistige Wesenheit hingegen dauert. Sie empfängt die moralischen Früchte des bürgerlichen „Hans Müller", und verarbeitet sie zum Geistkeim eines nächsten Erdenlebens, welches unter ganz anderen Umständen verlaufen wird. Die bürgerlichen Personen sind daher nur „Hüllen", „Rollen" oder „Schicksalsgewänder" der ewigen Geistwesenheit.

Hiermit ist nun auch zugleich die Antwort darauf angebahnt, warum sich moderne Menschen (zum Unterschiede von Menschen z. B. der altgermanischen, oder altgriechischen, oder altindischen Zeit) nicht ihrer früheren Erdenleben e r - i n n e r n. Solange nämlich unser „Hans Müller" nur glaubt, er sei eben dieser bürgerliche, in die staatlichen Geburts-, Berufs-, Steuer- und Wehrregister eingetragene „Schriftsteller", solange er sich mit seinem Leibe verwechselt und nur um jenes „Ichbewußtsein" weiß, welches in der Kindheit begann und im Tode (wie eigentlich schon in jedem Schlafe) vergeht, solange reicht sein Bewußtsein nicht bis in die Tiefen seiner ewigen Wesenheit, sondern bleibt an den Schicksalshüllen haften. „Er" kann sich dann freilich nicht an vergangene Lebensläufe erinnern, weil „Er", d. h. sein klein-bürgerliches Ich, tatsächlich erst nach 1900 entstand, (als nämlich sein, damals kindlicher Leib, weit genug entwickelt war, um ein Tages- und Gehirnbewußtsein zu ermöglichen), und schon um 1935 wieder verging (als nämlich im Tode sein Leib, d. h. die Voraussetzung dieses Tages- und Ich-Bewußtseins von ihm abfiel). „Er" wird sich aber sogleich daran erinnern, wenn es ihm gelingt, in sein ewiges und „großes Ich" aufzuwachen, in dasselbe Geist-Ich nämlich, welches auch seinen Leib während der Embryonalzeit und Kindheit bildete. (Vgl. dazu Teil II, Kap. 1 ff.)

Stehen wir nun so in diesem Erdenleben inmitten unserer Verwandten, Freunde und Arbeitskameraden, so dürfen wir einem Gefühle recht geben, welches deutlich so spricht: „Wir alle, die wir hier beisammen sind, waren irgendwie schon einmal beisammen und was uns jetzt durch merkwürdige Schicksalsfügungen einander begegnen ließ, setzt nur Fäden fort, die in langvergangenen Zeiten einmal zwischen uns angesponnen wurden." So „kennen" wir einander und „kennen" auch irgendwie die Erdenwelt, obgleich wir sie mit diesen unsern jetzigen leiblichen Augen zum ersten Male erblicken. So allein wird die Selbstverständlichkeit erklärlich, mit der jeder heranwachsende junge Mensch aus tiefinnerem Drange in einen bestimmten Beruf und Lebensweg hineinstürmt, diese Menschen sucht, und jene meidet, etc.

Wonach bemißt sich nun aber die Zeitdauer des nachtotlichen Daseins und hiermit der Abstand der Erdenleben voneinander? Gewiß ist, daß wir solange im leibfreien Geistzustande verbleiben, bis die Erlebnisse und Taten des vergangenen Erdendaseins sich ganz in die Geistsubstanz unseres Wesens verwandelten und damit zum Schicksalskeim eines nächsten Erdenlebens wurden. Die Wieder-Verkörperung wird offenbar dann eintreten, wenn sich inzwischen der Zustand der Welt soweit veränderte, daß wir in einem neuen Erdenleben

Neues erfahren und neue Kräfte gewinnen können. Wer also etwa im alten Ägypten lebte, mag dann wieder in der griechisch-römischen Kulturepoche, hernach im gotischen Mittelalter und endlich im modernen Maschinenzeitalter geboren worden sein. An besonderen geschichtlichen Wendepunkten kann aber wohl auch (worauf Rudolf Steiner aufmerksam machte) eine Wiedergeburt viel rascher erfolgen.

Auf die Frage aber: „Werden wir unendlich oft wiedergeboren?" ist mit Lessing zu erwidern: Wir werden so oft wiederkommen, als wir auf Erden noch neue Erfahrungen sammeln und neue Kräfte entwickeln können und wir sollten für diese Möglichkeit von Herzen dankbar sein. Nur in einem Erdenschicksale lassen sich nämlich zwei Kräfte entwickeln, welche in Zukunft die innerste Substanz des Menschseins zu bilden berufen sind: Freiheit und Liebe. Findet man es aber befremdlich, daß die Menschen heute, trotz ihrer wiederholten Erdenleben, noch nicht vollkommener, ja vielleicht unvollkommener sind, als es Menschen vergangener, weisheitsvollmythischer Zeiten waren (man denke nur an die Größe altgermanischer, altindischer oder altgriechischer Kultur!), so muß man folgendes bedenken: Auch dort, wo scheinbar einzelne Männer Träger der großen Leistungen jener Urzeiten sind, waren sie es nicht aus der persönlichen Kraft ihres Ich, sondern aus göttlicher Begnadung. Erst in Zukunft und nach langen weiteren Inkarnationsreihen wird das inzwischen zur individuellen Freiheit erwachte „Ich" aus eigenster Kraft Leistungen vollbringen können, wie sie jene Urzeiten kennzeichneten. Zunächst aber ist gerade mit der Geburt des individuellen menschlichen Ich ein Verlust jener Urweißheit und jenes Urkönnens, sowie das Hervortreten verschiedener unerfreulicher Erscheinungen menschlicher Ichsucht, mithin also ein scheinbarer Rückschritt verbunden[7]. (Vgl. S. 21 ff.)

---

[7] Vgl. dazu O. J. H a r t m a n n : Der Mensch im Abgrunde seiner Freiheit, Frankfurt am Main, 1932.

Im übrigen aber habe man vor „unendlichen Wiedergeburten" nur keine Angst! Die Erde selbst dauert nicht ewig! Wie daher im Laufe der vergangenen Erdgeschichte sich erstmals Menschen auf Erden verkörperten, so wird dies auch wieder aufhören, wenn die Erde für Menschen kein geeigneter Wohnort mehr ist oder gänzlich zerfällt. Die Früchte ihrer Erdenleben aber werden sich die Menschen in Gestalt ihrer mehr oder weniger lichtvollen und liebesmächtigen GeistIche in weitere kosmische Wirksamkeiten hinübernehmen.

In seinem letzten Lebensjahre unternahm es Rudolf S t e i - n e r , aus seiner umfassenden Geisterkenntnis heraus uns Schilderungen der vergangenen Erdenleben bekannter Persönlichkeiten des 18., 19. und 20. Jahrhunderts zu geben, die zum Gewaltigsten und Lichtbringendsten gehören, was man lesen kann. Es werden hieraus die wirklichen Triebkräfte der Geschichte klar, denn die sich wiederverkörpernden, bedeutenden Individualitäten selbst sind es, welche die verwandelten Geistesimpulse vergangener Jahrhunderte und Jahrtausende herüber in unsere Gegenwart tragen und sie da zur Auswirkung bringen. Durch solche Inkarnationsreihen fällt nicht nur Licht auf die intimsten Zusammenhänge persönlichen Schicksals, sondern auch auf die großen Zusammenhänge der Schicksale ganzer Länder, Völker und Kontinente.

V. Teil:

VERERBUNG, CHARAKTER UND SCHICKSAL.

(Vom Kampf um sich selbst.)

1. Kap.: Gibt es Grenzen für die Macht der Vererbung?

Es kann nun mit Recht auffallend scheinen, daß in einem Buche über Charakter und Schicksal von der Vererbung ganz zuletzt gesprochen wird, und man könnte vielleicht meinen, dies hänge mit einem mangelhaften biologischen Wissen des Autors zusammen. Dies ist jedoch keineswegs der Fall, vielmehr betrachtet der Autor, welcher selbst Fachbiologe ist, das Wissen um die Vererbungstatsachen und -gesetze als selbstverständliche Voraussetzung der gegenwärtigen Allgemeinbildung[1]. Etwas anderes jedoch als die wissenschaftlich erhärteten Tatsachen und Gesetze sind die im Zusammenhange damit entwickelten Theorien und Hypothesen, und hierüber ist nun das Folgende zu sagen: Wer die Betrachtung der Menschen von der Vererbungswissenschaft her beginnt, erblickt mit einer gewissen Selbstverständlichkeit in ihnen lediglich „Lebewesen", wie es auch Pflanzen und Tiere sind. Er sieht und will am Menschen nur sehen, was dieser mit allen Lebewesen gemeinsam hat. Solche Gemeinsamkeiten bestehen nun zweifellos in weiten Bereichen und es wäre daher auch gegen ein solches Vorgehen nichts zu sagen,

---

[1] Wer solches Wissen noch nicht besitzt, kann es sich z. B. aus folgenden Spezialwerken erwerben: Baur, Fischer, Lenz, Menschliche Erblichkeitslehre und Rassenhygiene, 3 Bde., München, 1927. Fr. Reinöhl, Die Vererbung der geistigen Begabung, München 1939.

wenn man nur stets die dabei gemachte Voraussetzung im Auge behielte, nämlich, v o r e r s t nichts anderes am Menschen zu beachten, als was er mit Pflanzen und Tieren gemeinsam hat.

Auf dieses „vorerst" vergißt man aber mit einer gewissen Absichtlichkeit und kommt dann natürlich zum Ergebnis: „Weil dem Menschen dieses oder jenes mit allen Lebewesen, ja vielleicht mit allen (auch leblosen) Dingen gemeinsam ist, deshalb ist er ausschließlich ein Lebewesen wie Pflanze oder Tier, oder gar nur ein materieller Körper." Die Logik eines solchen Schlusses ist allerdings erschütternd und steht auf derselben Stufe wie der Schluß „Bauwerke bestehen aus Steinen, deshalb sind sie dasselbe wie eine Geröllhalde im Gebirge". Man lache darüber nicht! Ein großer Teil unserer wissenschaftlichen Hypothesen ist tatsächlich nach diesem oder einem ähnlichen logischen Schema aufgebaut. Wir hatten z. B. einmal eine Biologie (Physiologie), die sagte sich: „Wir Biologen (Physiologen) finden in den Lebewesen dieselben chemischen Elemente (z. B. Stickstoff, Sauerstoff, Schwefel, Kohlenstoff, Wasserstoff etc.) und dieselben physikalischen Kräfte (z. B. Elektrizität, Schwerkraft, Diffusion, Osmose etc.) wie draußen in der leblosen Natur. Also sind die Lebewesen nur besonders komplizierte Anhäufungen solcher Stoffe und Kräfte und sonst nichts." D i e s w a r d e r h e u t e w o h l e n d g ü l t i g ü b e r w u n d e n e m a t e r i a l i s t i s c h e S t a n d p u n k t.

Ähnlich, wenn auch auf höherer Ebene, sagen sich viele Anthropologen und Mediziner aber noch heute: „Wir beobachten am Menschen dieselben anatomischen Grundgebilde (z. B. Drüsen, Nervensystem, Muskelsystem etc.), dieselben physiologischen Grundfunktionen (Ernährung, Reizbarkeit, Beweglichkeit, Wachstums- und Vermehrungsfähigkeit etc.), und endlich dieselben Vererbungsgesetze (Dominanz, Recessivität, Faktorenkoppelung etc.) wie bei den Tieren. Also ist auch ein Mensch nur ein Lebewesen wie die andern auch." Nur wenige überwinden heute schon diesen b i o l o g i s t i s c h e n

Standpunkt und wissen bereits: „So wie die Eigenschaften der leblosen Materie (Physik und Chemie) nur das Werkzeug sind, mittels dessen sich die höhere Wesenheit des Biologischen (Pflanzlichen und Tierischen) verwirklicht, so sind auch die Eigenschaften des Pflanzlichen und Tierischen nur Werkzeuge, mittels derer sich die geistig-moralische Individualität des Menschen verwirklicht [2].

Wer freilich dieses durchaus nicht einsehen will, kann immer noch sagen: „Ich weiß nicht, was ihr wollt und wovon ihr da eigentlich redet! Ich kann ein Lebewesen noch so genau untersuchen, — — ich finde nichts an ihm, als chemische Stoffe und physikalische Kräfte! Zeigt mir doch einmal unter dem Seziermesser oder dem Mikroskop an einer Pflanze so etwas wie organisierende Lebensbildekräfte oder an einem Tiere seelische Empfindungs- und Begehrenskräfte!" Oder er kann sagen: „Zeigt mir doch die eigenartige sittliche Persönlichkeit! So viele Menschen ich auch untersuchte, ich fand niemals etwas anderes an ihnen, als die Eigenschaften ihrer Vorfahren, wenn auch oft in neuartigen Kombinationen. In den Fällen jedoch, wo mir diese Zurückführung von Schicksal und Charakter eines Menschen auf die Vererbung noch nicht gelang, wird es weiterer Forschung sicher gelingen! Denn woher sollte die Eigenart eines Menschen stammen, wenn nicht durch Vererbung aus seinen Vorfahren, zumal seit wir wissen, daß die bloßen Erziehungs- und Milieuwirkungen zur Erklärung in keiner Hinsicht zureichen?"

In der Tat, wer keine anderen Möglichkeiten wissenschaftlichen Verständnisses kennt und auch von Anfang an beim Studium eines Menschen nur das an ihm beachtet, was sich auch bei seinen Vorfahren findet, die darüber hinausliegende Eigenart einer Persönlichkeit und ihrer Lebensschicksale aber als „zufällig und biologisch uninteressant" abtut, der muß so

---

[2] Ausführlich ist diese Vierstufigkeit der Naturreiche dargestellt in O. J. Hartmann, Erde und Kosmos, Frankfurt a. M., 1938, S. 219 ff. und Menschenkunde, ebd. 1941.

sprechen. Daher besitzen wir heute leider nur Wissenschaften, welche die Gleichheit, Ähnlichkeit bzw. Verwandtschaft eines Menschen mit seinen Vor- und Nachfahren betonen und hierfür alles Beweismaterial zusammentragen, nicht aber Wissenschaften, welche ebenso liebevoll die erfahrungsgemäß bestehenden tiefgreifenden Unterschiede aufsuchen und dadurch zur Erkenntnis von der geschlossenen charakterlichen und biographischen Eigenart jedes einzelnen Menschen kämen.

Aus allen diesen Gründen gingen wir daher in diesem Buche zunächst nicht von der Vererbung, sondern vom unmittelbaren Studium dessen aus, was uns eine vorurteilsfreie Beobachtung über den menschlichen Lebenslauf (Konzeption, Embryonalzeit, Geburt, Jugend, Alter und Tod), sowie über Charakter und Schicksal lehren konnte. Es war hierbei nötig, gerade v o m A l l e r p e r s ö n l i c h s t e n u n d A l l e r m e n s c h - l i c h s t e n a u s z u g e h e n : V o m f r e i e n E i n s a t z u n d v o n d e r m o r a l i s c h e n V e r a n t w o r t u n g. Denn hier fühlt sich jeder von uns ganz unmittelbar als einzigartige Individualität, welche ihren Daseinsquell nicht in ihren Vorfahren, sondern in sich selbst besitzt, weil sie sich selbst in der Vergangenheit zu dem prägte, was sie jetzt ist.

Gleich am Beginn der weiteren Untersuchungen sei aber mit aller Entschiedenheit festgestellt: W e d e r d i e T a t - s a c h e d e r W i e d e r v e r k ö r p e r u n g n o c h d i e T a t s a c h e d e r f r e i e n S e l b s t g e s t a l t u n g u n - s e r e s S c h i c k s a l s s t e h e n i m W i d e r s p r u c h z u d e n G e s e t z e n d e r V e r e r b u n g, vielmehr s t ü t z e n u n d e r g ä n z e n s i c h b e i d e a u f d a s v o l l k o m m e n s t e. Wir fassen das darüber zu Sagende in folgende Punkte zusammen (vgl. Abb. 12):

1. Jeder Mensch besitzt eine zweifache Vergangenheit und mithin eine zweifache Abstammung: Eine von seinen Eltern und aus der Vergangenheit der Sippe; eine von sich selbst und aus der Vergangenheit seines eigenen geistigen Wesens. Erstere vollzieht sich nach biologischen Gesetzen (Vererbung),

letztere nach Gesetzen der Freiheit (geistig-moralische Schicksalsgestaltung).

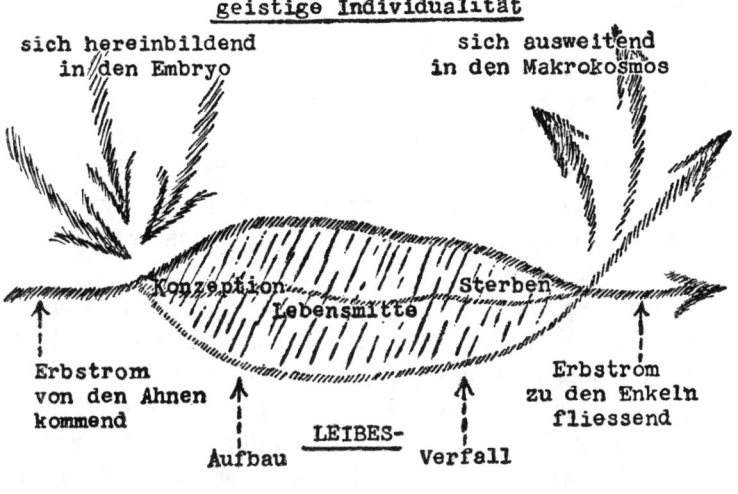

Abb. 12.

Schema des Zusammenhanges der geistigen Wesenheit eines Menschen mit dem Erbstrome. Das Erden-Leibesleben (schraffierte Fläche) als Durchdringung beider Komponenten. Die Erbmasse selbst (im Schema dargestellt als mittlere, horizontale Linie) wird vom Menschen in seinem Leibe bewahrt und unverändert an seine Kinder weitergegeben.

2. Der erbliche Zusammenhang des einzelnen Individuums mit seinen Vorfahren (Sippe, Generationenstrom) ist hierbei beim Menschen zum Unterschiede von den Tieren und Pflanzen folgender:

A. Das einzelne Tier- oder Pflanzenindividuum entwickelt sich aus der Erblichkeit heraus und ist restlos Produkt der Kombination der jeweiligen mütterlichen und väterlichen Erbanlagen. Die durch die Generationen und Jahrhunderte strömende Vererbungssubstanz (man nennt sie „Anlagen", „Gene", „Faktoren", oder „Keimplasma"), also die überindividuelle Gattung, ist das eigentlich Wirkliche. Das Einzelindividuum erscheint demgegenüber nur als vorübergehende „Welle" (des Generationen-„Stromes") bzw. als „Schößling" oder „Auswuchs" (des Generationen-„Baumes"). Es besitzt also keinerlei selbständiges Wesen, sowenig, als der Ausläufer, den alljährlich z. B. eine Erdbeerpflanze treibt.

B. Auch die menschliche Individualität steht nun freilich zunächst in einem Erbstrome. Zum Unterschiede von Pflanze und Tier entwickelt sie sich jedoch nicht aus dem Erbstrome heraus, sondern entwickelt sich aus einem vorgeburtlichen Dasein in einen Erbstrom hinein, indem sie ihn ergreift und sich zueignet.

3. Pflanzen und Tiere sind daher einpolig, d. h. sie können allein durch Vererbung begriffen werden, Menschen jedoch sind zweipolig, d. h. dasjenige, was von den Ahnen kommt, durchdringt sich mit dem, was sich ein Mensch aus seinen eigenen vergangenen Lebensläufen mitbrachte. Die Vererbungskräfte, welche Tiere und Pflanzen unmittelbar schaffen, sind daher für die menschliche Wesenheit ein in gewissem Sinne Äußeres, d. h. nur mittelbare Werkzeuge und Materialien zum Aufbau ihres Erdenleibes und Erdenlebens. Wem diese Zweipoligkeit eine überflüssig komplizierte Annahme zu sein scheint, dem wäre folgendes zu antworten: Die heute verbreitete Theorie der Erkenntnis, welche das Auslangen mit „möglichst einfachen Begriffen" und die „Zurückführung des Unbekannten auf Bekanntes" fordert, entspricht keineswegs der Wirklichkeit, sondern nur der menschlichen Erkenntnisträgheit, wenn nicht gar dem Willen, alle höheren Zusammenhänge aus der Welt hinwegzuleugnen. Die Wirklichkeit selbst ist nämlich sehr kompliziert gebaut und beruht überall auf polaren Spannungen.

4. Warum bedarf es dann aber überhaupt noch einer Vererbung, wenn sich ein Mensch seinen geistigen Schicksalskeim aus dem vorgeburtlichen Dasein mitbringt? Offenbar aus ähnlichen Gründen, warum alle Lebewesen unerachtet der in ihnen wirkenden übermateriellen Kräfte, dennoch die materiellen Stoffe zum Aufbau ihrer Leiber nicht selbst innerlich er-

zeugen können, sondern sie von außen her aufnehmen, d. h. sich ernähren müssen. Das Höhere entspringt also zwar nicht aus dem Niederen, ist aber bei seiner Verkörperung an das Niedere gebunden. So kann nun auch die sich aus dem Vorgeburtlichen verkörpernde Menschenwesenheit ihren Leib nicht einfach unmittelbar aus Luft, Wasser und Erde aufbauen, sondern ist gezwungen, an schon vorhandene biologische Materialien, d. h. eben an elterliche Erbmassen anzuknüpfen. (Vgl. Abb. 12.)

Die Frage darf daher heute nicht mehr lauten: „Gibt es Vererbung?" (das ist längst mit Ja entschieden), sondern nur: „Wie verhält sich das Menschenwesen zur Vererbung?" Hier aber steht fest: Sowenig ein Mensch ohne Eltern geboren wird, sowenig entsteht er ohne Vererbungsgrundlage. Sowenig aber die Nahrungsstoffe einen Menschen erschaffen, sowenig vermögen dies die Vererbungsfaktoren.

5. Dasjenige, was wir „menschliche Individualität" nennen, ist also keineswegs etwa ein Produkt der Eltern. Eltern dürften den Ausdruck „mein Kind" also niemals in dem Sinne gebrauchen, als wären sie die Macher des Kindes. Dadurch müßten nämlich im Zeitalter der erwachenden individuellen Ichheit für das Zusammenleben beider Teile verhängnisvolle Folgen eintreten. Solange nämlich die Eltern, — etwa im Sinne traditioneller Religion — innerlich auf dem Standpunkt standen: „Unsere Kinder sind uns anvertraute Geschenke des Himmels", nahmen sie unbewußt eine pädagogische Haltung ein, welche es den Kindern ermöglichte, die elterliche Autorität anzuerkennen. Dies ist jedoch sogleich unmöglich, wenn etwa moderne Eltern ihre Kinder mit einem gewissen ichsüchtigen Stolze als die „Produkte" ihrer biologischen Zeugungskräfte betrachten. Denn das gibt der elterlichen Ichbetontheit sogleich ein selbstisches Übergewicht, wogegen sich die Ichbetontheit der Kinder mit Recht aufs heftigste wehren muß. Hieraus, und aus der wachsenden Ichbewußtheit der modernen Generationen, erklären sich die gehäuften pädagogischen Schwierigkeiten zwischen Eltern und Kindern. (Vgl. S. 68 ff.)

In seinem Tiefsten weiß nämlich jedes Kind nur zu gut: „Ich bin genau so wie Vater und Mutter ein „Ich", d. h. ein eigenständiges, ewiges Geistwesen. Vater und Mutter haben mich nicht gemacht. Sie haben vielmehr nur schon lange Jahre vor meiner Geburt einen Erbstrom ergriffen und sich mittels seiner ins Erdenleben hineingestellt und können daher jetzt auch mir durch ihre Ehe die biologische und soziale Möglichkeit zur Inkarnation geben." Denn in der Tat: Jedes Menschenwesen, welches sich in einem Erbstrome inkarniert, leitet damit zugleich diesen Erbstrom an die Nachfahren weiter. Man kann daher die Vererbungsmasse einem Bauernhofe vergleichen, den immer neue Generationen bewirtschaften. Hier erzeugt offensichtlich nicht der Bauernhof den Bauern, sondern jeder Bauer übernimmt ihn von seinen Vorgängern und gibt ihn (je nachdem durch seine eigene Tätigkeit schlecht oder gut bewirtschaftet) an seine Nachfolger weiter.

6. Es gibt mithin zweierlei Linienfolgen (bzw. Kausalreihen), deren jede in sich geschlossen und ununterbrochen verläuft, die sich aber beide immer wieder überschneiden und immer wieder trennen. D i e e i n e L i n i e n f o l g e wird gebildet von den verschiedenen Vererbungsströmungen, welche durch die Jahrhunderte strömen und bei jeder neuen Eheschließung sich in neuer Weise miteinander kombinieren. Dies ist die Linienfolge des Irdischen, gleichsam der „Grund und Boden". D i e a n d e r e n L i n i e n f o l g e n werden gebildet von den ewigen Geistkernen der menschlichen Individualitäten. Jede solche Individualität dauert ebenfalls durch die Jahrhunderte. Sie lebt da bald (eine kurze Zeit) in einem Erdenleibe (d. h. „bewirtschaftet" da den „Grund und Boden" einer bestimmten Erbmasse), bald wieder (aber eine wesentlich längere Zeitspanne, die sich meist nach vielen Jahrhunderten bemißt) im Geistig-Übermateriellen und spinnt sich dort aus den Früchten vergangener Erdenleben die Schicksalsfolgen der kommenden. Wir sprechen daher von Konzeption (Geburt), wenn sich beide Linienfolgen überschneiden, von Tod, wenn sie sich wieder trennen. (Vgl. Abb. 12.)

236

Es sind also immer wieder andere geistige Individualitäten, welche sich in Gestalt von „Eltern", „Kindern", „Enkeln" und „Urenkeln" innerhalb eines Erb- und Sippenstromes verkörpern, bis endlich nach langer Zeit z. B. die Eltern von heute als Ur-Ur-Urenkel wiedererscheinen, — nur dann nicht etwa im selben Erbstrom, sondern in einer ganz anderen Sippe, ja meistens innerhalb ganz anderer Völker.

7. Man ist also gezwungen, an einem Menschenleben zweierlei Komponenten zu unterscheiden: A) eine physisch-leibliche, welche durch die Vererbung und B) eine geistig-seelische, welche durch die sich wiederverkörpernde Individualität gebildet wird. Dagegen kann nun erwidert werden, die moderne Vererbungswissenschaft habe auch die Vererbung geistig-seelischer Eigenschaften einwandfrei festgestellt. Das kann aber nur dann als Widerlegung des oben Gesagten gelten, wenn man nicht zwischen geistig-seelischen E i g e n - s c h a f t e n , welche ein Mensch zeigt (z. B. Begabung für Mathematik, Musik, Malerei, Theologie etc.) und der ewigen geistig-seelischen W e s e n h e i t dieses Menschen selbst strenge unterscheidet. So wie nämlich ein Klavierspieler einen Flügel benötigt und die Qualität seines Spieles nicht nur von seinem Wesen, sondern auch vom Instrumente abhängt, so läßt sich nun auch zeigen, daß z. B. die erbliche musikalische Begabung der Familie Bach in bestimmten vererbbaren ana- tomisch-physiologischen Eigenschaften (bes. des Hörsystems) mithin im Physisch-Leiblichen wurzelt. Im Bau des Physisch- Leiblichen, also im Vererbbaren, ist es weiterhin aber auch begründet, wenn es z. B. ganze Naturforscher-, Dichter-, Offi- ziers-Familien gibt, oder wenn z. B. in einigen wenigen, mit- einander verschwägerten schwäbischen Familien bedeutende Männer (wie Uhland, Hegel, Hauff, Gerok, Jakob Moser, Eduard Zeller, Ludwig Finckh, Schiller, Mörike, Hölderlin, Schelling, Planck) sich geradezu häufen. In allen diesen Fällen stammte von den Vorfahren nicht die geistig-seelische Indi- vidualität (die bringt sich jeder der genannten Männer aus seinem früheren Erdenleben selbst mit), sondern lediglich ge-

wisse konstitutionelle Eigenschaften, welche eben zur Entfaltung bestimmter genialer Leistungen nötig sind. Entsprechendes gilt für erblichen Schwachsinn und erbliche soziale Minderwertigkeit.

Nun darf man aber nicht etwa meinen, der Leib eines Menschen bilde sich aus den Vererbungskräften der Vorfahren und in den fertigen Leib pflanze sich dann das geistig-seelische Menschenwesen irgendwie aus dem Jenseits ein, so wie etwa ein Mann ein Haus bezieht, das von anderen entworfen und gebaut wurde. Das ist keineswegs der Fall. Vielmehr sind die von den Vorfahren vererbten physisch-leiblichen Eigenschaften aus sich heraus ebensowenig fähig, einen menschlichen Leib zu erzeugen, wie die Konstruktionselemente eines Domes (also z. B. Säulen, Bogen, Architrave) diesen Dom. Vererbbare Eigenschaften sind nichts anderes als solche Konstruktionselemente, welche sich erst unter dem Einflusse einer ewigen Menschenwesenheit zum Gefüge eines Menschenleibes zusammenfügen. Deshalb ist die Zeugung eines Kindes nicht die bloße Zusammenfügung bestimmter väterlicher und mütterlicher Keimzellen, weil dadurch nur das elementare Eigenschaftsmaterial bereitet wird, in welches sich erst der geistig-seelische Keim des neuen Menschen einsenken muß, damit daraus ein Embryo sich bilde.

8. Sollte sich also einmal der Fall ereignen, daß ein Kind seine Eltern folgendermaßen zur Rede stellte: „Wer gab euch das Recht mich zu zeugen und mich wider meinen Willen in ein so hartes, unerwünschtes Erdenleben zu stellen? Habt ihr es aber getan, so tragt ihr auch die alleinige Verantwortung für meine kränkliche Konstitution, für meine niedrige soziale Lage und für die Düsternis meiner Kindheit! Daher müßt ihr nun wie Sklaven für mich unschuldiges Wesen arbeiten, ich aber will euch hassen!" — so könnten diese Eltern mit Recht erwidern: „Kind, — keine Macht der Welt vermöchte dich durch Zeugung ins Erdendasein zu zwingen, wenn du es nicht selbst erstrebtest. Dein eigenes, nach Wiedergeburt durch uns

verlangendes Geistwesen wirkte mit in unserer elterlichen Liebesneigung und umschwebte uns machtvoll in der Stunde deiner Zeugung. Auch was du durch uns als Kränklichkeit vererbt und als düstere Kindheit vermittelt bekamest — dein eigenes Wesen hat es sich, als bestes, weil notwendigstes Schicksal, selbst gewählt."

9. Denn, in der Tat: Jedes Geistwesen wird gemäß der Prägung, die es sich durch seinen vergangenen Lebenslauf selbst gab, zu der Erbströmung und dem Elternpaare hingezogen, welche ihm die Möglichkeit geben, den mitgebrachten geistigen Schicksalskeim in einem physisch-leiblichen Erdenleben auszuleben. Wir wählen uns also unsere Eltern und damit Rasse, Volkstum, Erdteil und Landschaft unserer Inkarnation. Diese Wahl ist freilich keine willkürliche (wie erwählte sich dann jemand Krankheiten, Erniedrigungen und evtl. einen frühen Tod!), denn die f r e i e W a h l besitzen wir nur innerhalb des Erdenlebens. Da haben wir die Freiheit, Positives oder Negatives zu denken, zu fühlen und zu tun. Nach dem Tode jedoch gestaltet sich daraus mit moralischer Weltennotwendigkeit unser inneres Wesen, und gemäß diesem Wesen sind wir nun geistig verwandt mit ganz bestimmten Vererbungsströmungen und werden dieser Verwandtschaft entsprechend zu ganz bestimmten Eltern hingezogen. Hier herrscht dann überall S c h i c k s a l s n o t w e n d i g k e i t , freilich eine solche, zu der unser tiefstes Wesen „Ja" sagt.

Ähnlich ist es ja auch schon innerhalb eines Erdenlebens. Ein Mensch. der sich bestimmte wissenschaftliche, technische oder moralische Qualitäten innerlich erwarb, fühlt sich nun durch innere Verwandtschaft zu bestimmten Menschen- und Berufsgruppen hingezogen: Der Forstmann geht in den Wald, der Schauspieler auf die Bühne, der Gelehrte ins Labor oder aufs Katheder; den einen zieht es nach Norden, den anderen nach Süden, einen in bergige, den anderen in ebene Gegenden; der eine fühlt sich unter Gaunern und Lebemännern, der andere unter Arbeitern wohl; der eine verkehrt in einem Kegel-, der andere in einem Literatenklub etc. J e d e r a b e r e n t f a l -

tet sich erst voll in seinem Milieu und bringt auch umgekehrt das Milieu zu vollerem Gedeihen. Wie aber zumeist nicht die Umstände den Charakter machen, sondern der Charakter sich bestimmte Umstände sucht, so macht auch nicht die Vererbung den Menschen, sondern dieser sucht sich in ihr ein entsprechendes Werkzeug und Milieu.

Gänzlich falsch wäre es daher zu sagen: „Die Vielheit menschlicher Charaktere und Schicksale entsteht durch die Vielheit der Erbanlagen und deren Kombinationen", — wie es falsch wäre zu sagen: „Die Vielheit der Tier- und Pflanzenarten entsteht durch die Vielheit chemischer Stoffe und deren Kombinationen." Richtig aber ist der Gedanke: „Der Reichtum an vorhandenen Erbanlagen und deren stets neuen Kombinationen ermöglicht es jedem geistig-seelischen Menschenwesen, das ihm entsprechende Vererbungsmaterial zu finden, um sich daraus sein Erdenschicksal aufzubauen. In einen bestimmten Familienstrom, wie z. B. dem der Bache, werden sich daher alle die Menschenwesen zusammenfinden, deren frühere Erdenleben den Geistkeim hoher Musikalität legten und die teilweise vielleicht auch schon in früheren Erdenleben irgendwie miteinander schicksalverbunden waren.

Die nach Geburt verlangenden Menschenseelen gleichen über einer Landschaft fliegenden Schmetterlingen. Suchend flattern sie hierhin und dorthin, bis der eine, seiner Art entsprechend, seine Eier auf Brennesseln, der andere auf Gräser, der dritte auf Eichenlaub legt. Niemand wird hier meinen, die daraus entschlüpfenden Raupen seien von den betreffenden Pflanzen erzeugt, noch wird er fordern, die Eier sollten sich rein aus sich heraus, ohne Pflanzennahrung, zu Raupen entwickeln. So verhält sich auch der geistige Schicksalskeim eines Menschenwesens zur Vererbung: Sie ist ihm eben die „Nahrung", die er zur physischen Entfaltung braucht.

Wer daher in einem früheren Leben z. B. durch Haß, Lüge, Selbstsucht, Flatterhaftigkeit oder Stumpfheit seine geistige Organisation in bestimmter Weise schwächte, wird bei der Wiedergeburt sich in solchen Familien verkörpern, in denen

240

z. B. Körperschwäche, Neigung zu Mißbildungen (Verkrüppe-
lungen, Blindheit) bzw. geistige Minderbegabtheit und moralische Stumpfheit oder schwierige soziale Verhältnisse erblich
sind. Er erhält dadurch die „Nahrung" und das „Material",
welches er zum Aufbau seines Leibes und Schicksales benötigt. Die vorstehende Gesetzmäßigkeit darf freilich nicht
umgekehrt werden, denn keineswegs war jeder im vergangenen Leben schlecht und unzulänglich, der in diesem Leben
schwach und krank ist. D e n n e s g i b t a u c h e r s t -
m a l i g e E r e i g n i s s e, d i e u n s A u f g a b e n f ü r d i e
Z u k u n f t s t e l l e n.

10. Der Vollständigkeit halber muß noch gesagt werden,
daß der Grund zur Wahl bestimmter Eltern nicht nur die Erbmasse, die sie uns vermitteln, ist, sondern daß wir auch mit
ihnen persönlich durch frühere Erdenleben verbunden sind.
Wer jetzt meine Frau ist, war vielleicht damals mein Lehrer
und ich bin vielleicht der Vater meines früheren Freundes. Die
Schicksalsverbindungen zweier Menschen müssen allerdings
schon starke sein, wenn sie sich im nächsten Erdenleben in der
stärksten Form der Verbundenheit, nämlich der Blutsver-
wandtschaft, zeigen sollen. Man bedenke doch, welche tiefgreifende Macht im Guten oder Schlimmen eine Mutter über
ihr Kind ausüben kann und wie in manches Familienglück oder
-unglück erst durch ein Wissen über die früheren Erdenleben
der Beteiligten Klarheit kommen könnte. Da sehen wir z. B.
Eheleute, die einander nur geheiratet zu haben scheinen, um
sich aneinander um so furchtbarer zu rächen, oder Kinder, die
wie ein himmlischer Segen in eine zerrüttete Ehe kommen,
oder Eltern, die ihr Kind nur als Objekt hemmungsloser
Herrschgier betrachten, oder Geschwister, die in wunderbarster Liebe einander helfen etc.

2. Kap.: D i e A u s e i n a n d e r s e t z u n g m i t u n s e r e n
V o r f a h r e n u n d d e r K a m p f m i t d e r V e r e r b u n g.

Wenn es richtig ist, daß ein Mensch nicht nur (wie ein
Tier) das ausschließliche Produkt seiner Vorfahren (der Ver-

erbung und Gattung), sondern eine eigenständige Wesenheit ist, welche sich gemäß ihrer selbstgeschaffenen, inneren Schicksalsprägung zu einem bestimmten Erb- und Vorfahrenstrome hingezogen fühlt, — wenn also die Erbmasse nur eine Art Material ist, mittels welchem die menschliche Wesenheit ihre i n n e r e Schicksalsprägung zu einem ä u ß e r e n Erdenleibe und einem ä u ß e r e n Lebensschicksale ausgestaltet, — so muß diese Zweipoligkeit doch in irgendwelchen Eigenheiten d e s   m e n s c h l i c h e n   L e b e n s l a u f e s   z u m   U n t e r - s c h i e d e   v o n   d e m   d e r   T i e r e kenntlich werden und auch indirekt die Richtigkeit der vorstehenden Erkenntnisse beweisen. (Vgl. zum Folgenden auch Abb. 12.)

Dies ist tatsächlich in umfassendem Maße der Fall. Es läßt sich nämlich auf den verschiedensten Ebenen beobachten, wie die menschliche Wesenheit zwar einerseits zu einem bestimmten Elternpaare hingezogen wird (vgl. Teil II, Kap. 2), wie sie jedoch andererseits die dargebotene Erbmasse erst ergreifen und sie, wie jede „Erdennahrung" sich erst zueignen, „verdauen", „assimilieren" muß. Vererbungsmaterialien sind also — wie alle Materialien, die wir aufnehmen — zunächst ein „Äußeres" und werden erst nach und nach ein „Inneres". Auf diese wichtige Tatsache hat zuerst R. Steiner (Offenbarungen des Karma, 1932, S. 154 f) hingewiesen. Es ist also mit der Konzeption einer Frucht im Mutterleibe noch keineswegs alles getan. Es beginnt damit vielmehr erst die Auseinandersetzung mit der Erbmasse und den Vorfahren, eine Auseinandersetzung, die in manchen Fällen oft erst nach heftigen Kämpfen zur restlosen Einprägung der sich jeweils inkarnierenden Wesenheit in das von ihr ergriffene Erbmaterial führt. Während daher bei den Tieren ein selbstverständliches und absolutes harmonisches Gleichgewicht zwischen den „Jungen" und den „Alten" besteht, weil eben beide gleicherweise Ausdruck derselben Gattung (bzw. Art) und Erbmasse sind, kommt es beim Menschen zu mehr oder weniger gespannten Gegensätzen zwischen elterlicher Erbmasse und kindlicher Individualität. Nur weil die üblichen Vererbungstheoretiker ausschließlich auf die Übereinstimmungen, nicht aber auf die Gegensätze blicken, ist über letztere noch nicht so viel als über erstere bekannt, obgleich gerade die Pädagogen und Ärzte sehr oft mit Krisen zu tun haben, die in solchen Gegensätzen wurzeln.

Spricht man nun freilich von krisenhaften Spannungen zwischen Vererbungsstrom und kindlicher Individualität, so muß man sich klarmachen, daß solche Spannungen erst im Laufe der geschichtlichen Entwicklung und da vorwiegend innerhalb bestimmter Rassen, Völkerschaften und Länder auftraten. In der altgermanischen Zeit z. B. lag der Schwerpunkt des gesamten Lebens noch in der Sippe. Freilich war auch damals schon der einzelne Mensch eine sich wiederverkörpernde, ewige Individualität und man wußte sogar noch darum. Aber es trat noch die einzelne Individualität gegenüber der Sippe vollständig in den Hintergrund. Daher wird von jeder, z. B. in einer damaligen Erzählung neu eingeführten Persönlichkeit, sogleich die ganze Abstammung und Versippung berichtet, denn nur als Glied einer Sippe interessierte sie den Zuhörer der damaligen Zeit. Nicht als Einzelmensch, sondern als Vertreter einer Sippe schloß man auch Ehen und Freundschaften oder bekämpfte einander. Nur als Glied einer Sippe war der einzelne der göttlichen Begnadung (Weisheit, Kraft, Glück) teilhaftig, wie sie seit Urzeiten der Sippe durch den göttlichen Stammvater zufloß. Dies alles wird sehr deutlich aus einem Studium ,z. B. der Siegfried- und Wölsungensaga in der dichterischen Bearbeitung Richard Wagners (Ring des Nibelungen) oder der wissenschaftlichen Untersuchung Martin Nincks (Wodan und Germanischer Schicksalsglaube, Jena 1935). Letzte Reste dieser Sippengebundenheit haben sogar die germanische Götterdämmerung überdauert und blieben bis zum Ende des Mittelalters lebendig, z. B. in der Tatsache der Vererbung des Berufes vom Vater auf den Sohn (bestimmte Zünfte und Handwerkerfamilien) etc. Am stärksten und bis heute daran festhalten mußte natürlich das Bauerntum.

Die in der zweiten Hälfte des 19. Jahrhunderts einsetzende Intellektualisierung des Bewußtseins und Technisierung (Industrialisierung) des sozialen Lebens waren nun aber Ursachen für einen grundsätzlichen Wandel: Die menschliche Individualität wurde ihrer selbst im verstärkten Maße inne und löste sich endgültig aus den alten Familien- und Sippenbindungen heraus. Immer frühzeitiger erwachte nunmehr schon in den Kindern das Bewußtsein: „Ich bin ein Ich, d. h. ein Wesen, das sein Leben auf Grund eigener Einsicht und Verantwortung gestaltet. Ich wage das persönliche Risiko im Bereiche des Wissens, der Moralität und Religion!" Als Folge dieser inneren Freizügigkeit den alten Traditionen gegenüber kam es nun auch zu einer äußeren Freizügigkeit, d. h. es wurde den jungen Menschen immer weniger möglich, im Berufe und am Orte ihrer Eltern zu verbleiben. Jeder wollte sein Leben auf eigene Faust gestalten und einen ihm persönlich zusagenden Beruf oder Wohnort wählen. Mitten in einer alten Familie, die jahrhundertelang an demselben Orte und in denselben Berufs- und Moraltraditionen lebte, wird nun z. B. ein Sohn geboren, der wie „aus der Art geschlagen" scheint. Denn nichts gilt ihm, was seinen Ahnen heilig war, und so verläßt er die gesicherten Verhältnisse seines Elternhauses, um, nach langen Irrfahrten, vielleicht in einem fremden Erdteile, in niedrigen sozialen Verhältnissen und gänzlich unstandesgemäß verheiratet, sein Leben zu beschließen. Seine Familie hatte alles versucht, um ihn vor diesem Schritt zurückzuhalten und hatte ihm die Gesichertheit innerhalb des traditionellen Rahmens mit leuchtenden Farben geschildert. Aber der Junge wollte nun einmal am allerwenigsten diese Gesichertheit und rannte so — nach Meinung seiner Verwandten — ins Verderben.

Solche Fälle ereignen sich immer häufiger, ja schließlich so häufig, daß man heute überhaupt nicht mehr davon sprechen kann, die junge Generation setze die alttraditionellen Familien- und Berufsschicksale fort. Was aber wird denn dann inmitten aller dieser familiären, beruflichen, sozialen und menschlichen Krisen von den neueren Generationen verneint und was gesucht? V e r n e i n t wird Vererbung und Familienschicksal, g e s u c h t aber wird das persönlich-individuelle Schicksal. In der Tat, der junge Mensch sucht niemanden anderen als „sich selbst", wenn er die glänzendsten sozialen und wirtschaftlichen Aussichten, die ihm die Familientradition verheißt, zugunsten eines oft mühseligen Lebenskampfes ausschlägt. Die Eltern meinen dann wohl, sie müßten ihrem Kinde Leiden und Enttäuschungen mit allen Mitteln ersparen und sind untröstlich, wenn ihnen dies nicht gelingt. Aber einem zur Persönlichkeit erwachten Menschen kann eben sein Schicksal nicht erspart bleiben, weil er in diesem sich selbst allein finden kann. (Vgl. S. 3 ff.)

In gewissem Sinne sagt sich nämlich heute jedes Kind in seinem tiefsten Wesen: „Es mag ja alles sehr gut und schön sein, was da um mich her als Beruf, soziale Stellung, religiöse Überzeugung meines Elternhauses gedeiht — aber alles dieses ist doch eben Lebensstil und Schicksal meiner Eltern und nicht meiner selbst. Und so muß ich denn schließlich alles dieses verlassen und mir mein persönliches Schicksal suchen, auch wenn dieses, objektiv betrachtet, viel schlechter ist, als das meiner Eltern." Die Eltern sind dann oft empört und schelten ihr Kind „undankbar", weil sie nicht begreifen können, daß dieses oft gerade die „besten Verhältnisse und die liebevollste Fürsorge" flieht, weil diese am leichtesten sein Ich einschläfern und es verleiten, sich um sein persönliches Schicksal herumzudrücken.

In alten Zeiten ist also des Menschen beste Kraft Sippenkraft, seine beste Weisheit Ahnenweisheit, sein bestes Schicksal Familienschicksal. Im Laufe der neueren Zeit haben diese Erd- und Familientraditionen (denn auch Vererbung ist eine Art „biologische Tradition") an Bedeutung verloren. Zugleich damit trat aber stärker hervor das Persönlich-Individuelle, d. h. eben dasjenige, was sich ein Mensch aus seinen früheren Erdenleben selbst mitbringt. In Lebenslauf und Charakter jedes Menschen beginnen sich nun immer mehr gewisse Züge zu zeigen, welche man trotz aller Mühe nicht auf die Vorfahren zurückführen kann. Davon werden wir noch im folgenden

Kapitel sprechen. Jeder Einzelmensch wird nun eine Wesenheit für sich, was sogar in der steigenden Individualisierung der Physiognomik zum Ausdruck kommt. In früheren Zeiten (und auch heute noch bei stark sippengebundenen Völkern, wie z. B. den Chinesen) herrscht daher fast ganz der „Typus", d. h. das Stammes- und Familien-, bzw. das Standes- und Berufs-Gesicht. Heute jedoch treten bei uns diese „Typengesichter" mehr zurück. Einerseits kann dadurch freilich eine Art „Massengesicht" sich ausbilden, das durch seine maskenhafte Seelenlosigkeit erschreckt, andererseits aber kann heute auch das persönlich-individuelle „Geist-Gesicht" erscheinen, welches von der ewigen Ichheit jedes Menschen und deren vergangenen Erdenschicksalen kündet.

Aus dem Vorstehenden erklären sich nun auch die s t e i - g e n d e n S c h w i e r i g k e i t e n z w i s c h e n E l t e r n u n d K i n d e r n u n d d a s B e s t e h e n e i n e s p ä d - a g o g i s c h e n P r o b l e m s. Denn zum Problem wird etwas erst, wenn es aufhört, selbstverständlich zu sein. Pädagogische Probleme gibt es daher weder in den Frühzeiten der Völker, noch auch bei den Tieren. Oder kann man sich Familienzwiste in einem Schwalbenneste vorstellen, weil die junge Generation etwas anderes als die alte will? Oder plötzlich eine junge Schwalbe erklärte, sich ihr Leben einmal persönlich gestalten zu wollen? — Mit Recht lächelt man über solche Möglichkeiten, weil man deutlich fühlt: Die einzelne Schwalbe als solche ist gar keine Wirklichkeit. Das in ihr und durch sie Wirkende ist vielmehr nur die Gattung. Diese ist das eigentlich Wissende und Wollende in allem, was eine junge Schwalbe instinkthaft zu „wissen" und zu „wollen" scheint. Niemandem wird es daher auch einfallen, eine einzelne Schwalbe irgendwie für das verantwortlich zu machen, was sie ist, will, tut. In diesem Falle könnte sie nämlich mit Recht so antworten: „Du, Mensch, glaubst, ich sei, — wie Du, — ein einzelnes, aus sich heraus wollendes und erkennendes Wesen. Aber ich bin gar kein ‚Ich'. Willst du also den verantwortlichen Täter fassen, so darfst du weder mich noch auch meine Eltern, noch überhaupt eine einzelne Schwalbe fassen, denn wir alle sind bloße Nichtse. Das Etwas in uns, das eigentlich weiß und will und ist, ist die Gattung. Sie ist unser Ich."

Machte man sich nur einmal die Mühe, solches wirklich durchzudenken, so hätte man ein für allemal den Wesensunterschied zwischen einem „Kind" und einem tierischen „Jungen" begriffen. Man wüßte aber dann auch, daß ein Kind nicht nur, — wie das Tier —, von Vererbung und Familie g e t r a g e n wird, sondern daß es mit ihnen, um die Ausprägung seines persönlichen, aus dem Vorgeburtlichen mitgebrachten Charakters und Schicksales k ä m p f e n muß. Hierbei bestehen nun folgende Möglichkeiten:

1. Die Vererbungs- und Familientraditionen sind schwach und plastisch, die geistige Wesenheit des Kindes hingegen stark und aktiv, dann werden erstere leicht ergriffen und entsprechend geprägt („verdaut" und „assimiliert") werden.

2. Die Vererbungs- und Familientraditionen sind schwach, schwach aber auch die geistige Wesenheit des Kindes, dann besteht die Gefahr, daß letztere sich nicht voll durchsetzt und irgendwie in der Entwicklung „steckenbleibt".

3. Die Vererbungs- und Familientraditionen sind stark und verhärtet, stark aber auch die geistige Wesenheit des Kindes, dann wird es Kämpfe auf Leben und Tod und schwerste Entwicklungskrisen in jeder Hinsicht geben.

4. Die Vererbungs- und Familientraditionen sind stark und verhärtet, die geistige Wesenheit jedoch schwach und passiv, dann kann sich letztere in keiner Weise durchsetzen und wird von den Vererbungs- und Familientraditionen vollständig begraben. Es fehlen daher auch die Entwickungskrisen hier fast ganz.

Diese in Gestalt von Entwicklungskrisen stattfindenden Kämpfe der geistigen Wesenheit mit den Vererbungs- und Familienkräften können nun auf zweierlei Ebenen ausgetragen werden: 1. Mehr auf der E b e n e d e s P h y s i s c h - L e i b l i c h e n. Sie haben dann ihren Schwerpunkt mehr in der früheren Kindheit und wir nennen sie eben „Krankheiten" bzw. physiologische Entwicklungskrisen. 2. Mehr auf der E b e n e d e s G e i s t i g - S e e l i s c h e n. Sie beginnen dann erst in der späteren Kindheit und erscheinen als Erziehungsschwierigkeiten, Familienzwiste, moralische, religiöse oder weltanschauliche Auseinandersetzungen zwischen Kindern und Eltern etc.

Beginnen wir mit den physisch-leiblichen Entwicklungskrisen. Von der Betrachtung der Natur, d. h. der Biologie der Pflanzen und Tiere ausgehend, hegen heute nicht nur viele Laien, sondern auch noch Ärzte die Meinung, der Mensch müsse sich eigentlich in vollkommener Gesundheit und Krisenlosigkeit entwickeln und wenn dies nicht geschehe, seien hierfür äußere Ursachen, z. B. Ernährungs- oder Erziehungsfehler, verantwortlich zu machen. Dies mag nun zwar in manchen Fällen zutreffen. Im allgemeinen aber werden Menschen und zumal moderne, stark individualisierte Menschen (zum Unterschiede von den Tieren und noch mehr von den Pflanzen) i n i h r e K r a n k h e i t e n d u r c h i n n e r e S p a n n u n g e n i h r e s L e b e n s g e f ü h r t. S i e w e r d e n a l s o n i c h t z u f ä l l i g u n d d u r c h ä u ß e r e U r s a c h e n, s o n d e r n w e s e n h a f t u n d d u r c h i n n e r e U r s a c h e n k r a n k

Machen wir uns doch folgendes klar: S t ö r u n g s f r e i u n d g e s u n d sind im wesentlichen die Naturwesen (Tiere und Pflanzen), denn sie leben nicht aus sich, sondern aus der Gattung und damit aus der Kraft und Weisheit göttlichen Lebens. W e s e n t l i c h s t ö r u n g s h a f t u n d k r a n k ist der Mensch, sofern seine persönliche allen Irrtümern und Ichsüchten ausgesetzte Individualität, mit dem inneren Milieu (der Vererbung) und mit dem äußeren Milieu (Familie etc.) um ihre Vollverwirklichung kämpft. Auffällig ist hierbei besonders, daß selbst die in menschlicher Domestikation befindlichen und damit vielfach in unnatürlichen Verhältnissen lebenden oder überzüchteten Tiere (Hunde, Rinder, Schweine etc.) mehr und mehr an Krankheiten leiden, die in der freien Wildbahn nicht oder kaum vorhanden sind (z. B. Hundestaupe, seuchenhaftes Verkalben, Maul- und Klauenseuche). S t ö r u n g s -

frei und wesentlich gesund könnte erst wieder der vollendete „Heilige" sein, welchem es gelang, mit seinem vom Göttlich-Geistigen (von dem Christus) durchdrungenen persönlichen Geistwesen, seine Vererbungsmasse und seine Umweltverhältnisse ganz zu durchstrahlen und zu gestalten. Die Annahme ist auch durchaus berechtigt, daß Menschen, und besonders Kinder in langvergangenen, mythisch-sippenhaften Urzeiten und auch bei gegenwärtig noch lebenden ursprünglichen Naturvölkern, noch nicht in dem Grade Krankheiten und Entwicklungskrisen zeigen, wie der moderne Europäer. Jedenfalls nehmen Krankheiten überall dort zu, wo sich die europäische „Kultur der Persönlichkeit" und des „Ichbewußtseins" ausbreitet. Solche Menschen werden dann nicht zufällig und von außen, sondern wesenhaft und von innen krank. Im einzelnen Falle können dann sehr wohl äußere Ursachen (sogen. Infektionen oder Verkühlungen) diesem inneren Krankheitswillen entgegen kommen, oder aber die inneren Krankheitsnotwendigkeiten erzeugen aus sich selbst heraus die Krankheitssymptome. In beiden Fällen ist jedoch die Krankheit keine „unliebsame Störung einer vorher bestehenden Gesundheit", sondern im Gegenteil bereits der Versuch zur Heilung einer gerade vorher bestehenden Schwierigkeit.

Dies zu wissen ist wichtig für ein Verständnis vieler Kinderkrankheiten. Eine Pflanze z. B. entwickelt sich krisenlos und direkt aus dem Keim, ein Mensch jedoch nur, solange er im Mutterleibe weilt. Bald nach der Geburt beginnt nämlich die Entwicklung seiner ichhaften Individualität, er beginnt sich aufzurichten und um das dritte Jahr von sich als einem „Ich" zu sprechen. Den medizinisch Denkenden darf dann also das Auftreten z. B. von charakteristischen „Haut-Ausschlägen" in dieser Zeit nicht überraschen. Ausgelöst werden diese freilich oft durch Diätfehler. Es gibt jedoch auch solche, die trotz aller Fürsorge oft jahrelang andauern und erst mit der Erreichung eines bestimmten leiblich-seelischen

Entwicklungsabschnittes verschwinden. Offenbar sind sie Zeichen eines Kampfes der kindlichen Individualität mit der elterlichen Erbmasse. Letztere ist nämlich ebenso, wie alles, was wir von außen aufnehmen, also auch z. B. wie die Nahrung, zunächst ein „Gift" und verliert diesen Charakter erst nach Maßgabe ihrer vollständigen Aneignung und Durchgestaltung (Assimilierung) durch die menschliche Wesenheit. Ist diese zu schwach und die Nahrung zu schwer und reichlich, so kann es zu Verdauungsbeschwerden, ja zu Vergiftungserscheinungen kommen, wobei die menschliche Wesenheit überwältigt zu werden droht. Ähnliches gilt auch für die „Nahrung", welche die sich inkarnierende Kinderwesenheit als „elterliche Erbmasse" bzw. „als elterliches Milieu" aufnehmen und verdauen muß.

Nun bedenke man das Folgende: Haut und Darm haben nicht nur starke entwicklungsgeschichtliche Verwandtschaften, sondern sind auch insoferne verwandt, als die Haut den Menschenleib gegen die äußere Umwelt, der Darm ihn aber gegen die innere Umwelt (Nahrungsbrei) abschließt. Als äußere und innere Umgrenzung des Menschenleibes werden daher s o w o h l   H a u t -   a l s   D a r m o b e r f l ä c h e   g a n z b e s o n d e r s   d i e   S p i e g e l   d e s   K a m p f e s   d e r k i n d l i c h e n   I n d i v i d u a l i t ä t   m i t   d e r   E r b m a s s e b z w.   m i t   d e r   F a m i l i e n u m w e l t   s e i n. Man weiß daher, wie leicht sich seelische Familienkonflikte beim Kinde in Hautausschlägen bzw. Verdauungsstörungen (Verstopfungen, Durchfällen etc.) äußern. Die Auseinandersetzung mit der Erbmasse aber wird sich ganz besonders in den sogen. Kinderkrankheiten zeigen, für welche ebensosehr Hautsymptome (man denke an Röteln, Scharlach, Masern) wie Verdauungssymptome kennzeichnend sind. Gänzlich falsch wäre es, solche oder andere Hautausschläge äußerlich-symptomatisch (z. B. durch Salben) vertreiben zu wollen, da dadurch nur schwere, ja tödliche Rückschläge nach innen geschehen könnten. Man muß vielmehr das Ausreifen und Sich-Zuendeleben aller dieser Krankheiten nach Kräften fördern, da nachher oft die wunderbarsten Entwicklungsfortschritte des Kindes zu beobachten sind.

Gerade dieses Sprunghafte und Revolutionäre ist nämlich für die Entwicklung vieler und gerade bedeutender Menschen kennzeichnend. Man denke an die ruhrartige Krankheit des 9jährigen Novalis oder an den Blutsturz des jungen Goethe in Leipzig, welche eine vollständige Neu- und Wiedergeburt einleiteten und aus den Lebensläufen dieser Genien gar nicht wegzudenken sind. Meistens beobachtet man schon längere Zeit vor dem Auftreten einer solchen Krise, wie z. B. ein Kind in seiner Entwicklung stehenbleibt. Zuerst ist es nur still und verträumt, bald aber stellen sich auch Eßunlust, unruhiger Schlaf und merkwürdige Gereiztheit ein. Das Kind weint z. B. bei den geringfügigsten Anlässen oder es gerät in Wut. Das Zusammenleben in der Familie oder in der Schule wird immer schwieriger. Alles dieses sind Zeichen dafür, daß die kindliche Wesenheit mit irgend welchen Widerständen nicht fertig wird. Solche Widerstände können nun sowohl im fehlerhaften Verhalten der Eltern und Lehrer, als auch in den inneren Vererbungsgegebenheiten liegen. In beiden Fällen wird es aber erst zur Krise kommen, wenn sich die Widerstände so verdichtet haben, daß die Wesenheit des Kindes vor folgenden Entscheidungen steht: 1. entweder kampflos zu kapitulieren und dadurch mehr oder weniger in Resignation und Stumpfheit zu verfallen, 2. oder den Kampf aufzunehmen und mit aller Gewalt durchzubrechen, 3. oder endlich im Kampfe zu unterliegen und dann entweder z. B. an der Krankheit zu sterben, oder sich im Kampfe mit Erziehern und Elternhaus das Leben zu nehmen, oder schließlich verzweiflungsvoll doch zu kapitulieren. Nur darf man nie vergessen, daß sich den Schicksalskeim zu einer dieser drei Möglichkeiten der jeweilige Mensch aus seinen jeweiligen früheren Erdenleben selbst mitbrachte.

Solche krisenhaften Durchbruchsversuche können sich nun im Falle pädagogischer Fehler seitens des Elternhauses oder der Schule z. B. darin äußern, daß das Kind eines Tages erklärt, nicht mehr zur Schule zu wollen und durch nichts dazu zu bewegen ist, oder daß es zu schwersten Zusammenstößen zwischen Kind und Erwachsenen kommt, oder das Kind schließlich aus dem Elternhause „ausrückt". Ändern die Erwachsenen in solchen Fällen nicht ihr Verhalten (denn schließlich ist, pädagogisch gesehen, immer der Erwachsene und nie das Kind verantwortlich!), versuchen sie vielmehr mit vermehrter Machtanwendung diesen „Launen und Ungezogenheiten" zu begegnen, so ist die „Flucht in die Krankheit" das letzte Rettungsmittel der gepeinigten Kindeswesenheit. Auch innere V e r e r b u n g s w i d e r s t ä n d e führen schließlich zu Krankheiten, wenn sie sich nicht in der normalen Entwicklung überwinden ließen.

Der Eintritt einer pädagogisch (wozu wir z. B. auch fehlerhafte Ernährung zählen müssen) oder vererbungsmäßig bedingten Entwicklungskrankheit ist nun aber bereits der Weg zur Gesundung. V o r seiner Erkrankung war nämlich das Kind eigentlich „krank", d. h. seine Individualität drohte von Vererbungs- bzw. Umweltkräften gänzlich erstickt zu werden. Schon das hohe Fieber aber, welches Kinder so leicht und zum Unterschiede von älteren Personen bekommen, bewirkt nun eine gewisse Auflockerung, ja eine vorübergehende Schwächung des physisch-materiellen Leibes und gibt dadurch der geistig-seelischen Individualität des Kindes die Möglichkeit, diesen von den Eltern vererbten Leib nun stärker zu ergreifen und zu formen — nicht unähnlich, wie der Schmied das Eisen im Feuer oder der Plastiker den Ton im Wasser bildsam macht. In der Rekonvaleszenz nach überstandener Krankheit erreicht daher das Kind oft sprunghaft einen höheren Grad geistiger Aktivität und Ichbewußtheit, ja, zeigt sogar nachher einen persönlicheren Gesichtsausdruck, während vorher aus ihm mehr die Ähnlichkeit mit seinen Vorfahren sprach.

Allen unvoreingenommen beobachtenden Eltern, Lehrern und Ärzten sind zahllose derartige Fälle wohlbekannt, so daß hier nur darauf hingedeutet werden sollte. Eine systematische, pädagogisch-medizinische Darstellung wird an einem anderen

Orte zu geben versucht werden. Hier mögen daher nur noch einige Beispiele folgen.

Zunächst folgender Fall: Das einzige Kind wohlhabender, stark konventionell gebundener Eltern, war ein sogen. Musterkind. Stets war es still und fügsam, niemals machte es den Eltern oder Lehrern Schwierigkeiten, ja es erkrankte nicht einmal an den Kinderkrankheiten. Dieser Mensch lebt heute, als fünfzigjähriger Sohn, noch immer bei seinen Eltern. Er ist ein verläßlicher Beamter, blieb unverheiratet, ja wich den Frauen immer ängstlich aus. Weshalb er auch wieder an bestimmten Verdrängungen litt. — Allem Konventionellen, also dem, was „man tut und denkt", ordnete er sich immer unter. So gelangte seine eigentliche geistige Wesenheit überhaupt nicht zum Durchbruch und blieb ganz in den Kräften der Vererbung und des Elternhauses stecken. Ob dies mehr durch die fehlerhafte Erziehung oder durch die Schwäche der betreffenden Individualität bedingt wurde, bleibe hier unentschieden. Jedenfalls blieben diesem Menschen sowohl alle physisch-leiblichen, als auch geistig-seelischen Krisen erspart, was sich in der maskenhaften Starrheit des Gesichts und der automatenhaften Weise seiner Körperbewegungen und Seelenregungen bekundet. Nur sein musikalisches Erleben ist stark, sonst aber darf man fast von geringen Graden Infantilität sprechen.

Denken wir uns nun die Starrheit des vererbten Leibes noch verstärkt, so kann es zu ausgesprochenen Hemmungen der menschlichen Individualität bis herab zu schwerster Infantilität und Idiotie kommen. Nicht als ob solche Menschen nun nicht auch eine geistig-seelische Wesenheit besäßen! Diese vermag nur gar nicht den Körper zu ergreifen, weshalb dieser eigentümlich schwer und grob bleibt. Beim Gehen neigt er dazu, vornüber zu fallen. Die Beine werden nachgeschleppt. Das Rückgrat sinkt zusammen. Das Antlitz ist wenig ausdrucksvoll, die Augen glanzlos und abwesend. Echoartig tun und sprechen solche Menschen nach, was sie um sich vernehmen. Hingegen können die Instinkte und das Gefühlsleben sehr fein entwickelt sein, weshalb solche Menschen oft auch sehr empfindlich für Liebe oder Haß, Teilnahme oder Verachtung ihrer Umgebung sind. Geduldige Liebe kann ungeahnte Fähigkeiten in ihnen entwickeln, während Verachtung und Gewalt die Stumpfheit verstärken und böseste Instinkte wachrufen. Diese Menschen sind zwar oftmals durch das Fehlen der Kinderkrankheiten ausgezeichnet. Bekommen sie aber schwere, fiebrige Krankheiten, so geht oft eine seltsame Aufhellung durch ihr Wesen und es ist, als ob die sonst gefangene, geistig-seelische Wesenheit jetzt wenigstens vorübergehend den verhärteten Leib ergreifen und durch ihn hindurch strahlen könnte. Auch unmittelbar vor dem Tode sind bei solchen Menschen, besonders wenn sie noch jung sind, merkwürdige Wandlungen zum Positiven zu beobachten .

Das hier Gesagte darf natürlich nicht dahingehend verallgemeinert werden, daß man sagt: Alle Menschen, welche keine Kinderkrankheiten oder keine Erziehungskrisen durchmachen, sind später minderwertig, infantil oder gar idiotisch. Denn es ist auch folgender Fall möglich: Die Geistwesenheit eines Kindes ist so machtvoll und die Vererbungs- und Familienverhältnisse sind so günstig, daß es nahezu krisenlos zur vollen Entfaltung der schöpferischen Persönlichkeit kommt. Ein solcher Mensch kann dann auf seine ganze Umgebung wie ein wunderbarer Segen wirken. Aber solche Fälle sind selten. Gerade b e d e u t e n d e M e n s c h e n zeigen nämlich bei genauerem Studium ihres Lebenslaufes s c h w e r e K r i s e n u n d W e n d e p u n k t e. Niemals aber mißbrauche man die vorhin gegebenen Gesichtspunkte zu vorschnellen und dilettantischen Verallgemeinerungen, betrachte vielmehr j e d e n e i n z e l - n e n M e n s c h e n a l s e i n e n F a l l f ü r s i c h, ü b e r w e l c h e n m a n n u r n a c h g e n a u e s t e m S t u d i u m e i n U r t e i l f ä l l e n d a r f.

Einige weitere Fälle: Gelegentlich beobachtet man einen Menschen, welcher z. B. bestimmte Kinderkrankheiten in seiner Jugend nicht erledigte oder z. B. die rechtzeitige Loslösung vom Elternhaus (selbständige Existenz- und Familiengründung) nicht vollzog und oft noch im späteren Alter nur „Kind" seiner

Eltern ist. Oder man beobachtet einen Menschen, welcher sich bestimmten Illusionen über sich hingab, z. B. meinte, er sei ein bewundernswerter Künstler. Bekommen nun solche Menschen späterhin doch Kinderkrankheiten, bzw. müssen sie nach dem Tode ihrer Eltern selbständig werden- bzw. dämmert endlich doch Klarheit darüber, daß nicht die Welt dumm und undankbar, sondern sie selbst unbegabt sind — dann entstehen meistens Krisen auf Tod und Leben. Denn ein Mensch mit 40, 50 oder noch mehr Jahren ist nicht mehr so bildsam als einer mit 10 oder 20 Jahren. Auch wird die Lage oft noch durch den Gedanken erschwert: „Nun bin ich zu alt, um neu zu beginnen! Mein Leben ist verpfuscht!" Dennoch ist es besser, diese Krisen treten, wenn auch verspätet, doch noch ein, ja es ist selbst besser, der Mensch stirbt z. B. an verspäteten Kinderkrankheiten. Wenn es nämlich in solchen Fällen auch nicht gelingen konnte, den verhärteten Leib oder das verfahrene Schicksal umzugestalten, so wurde im Kampfe doch die geistig-seelische Individualität e r w e c k t und diese nimmt dann selbst die Früchte eines vergeblichen Kampfes hinüber ins nächste Erdenleben.

Wer menschliche Schicksale wirklich verstehen will, muß sich nur v o n a l l e n b ü r g e r l i c h e n S e n t i m e n t a l i - t ä t e n f r e i m a c h e n. Denn w i e l a n g e ein Mensch auf Erden lebt, ist unwichtig, wichtig hingegen, w i e er lebt. Statt also den Menschen unter allen Umständen die Leibeskrankheiten und Seelenkrisen zu ersparen und sie über etwa schon sich ankündigende Krisen mit allen Mitteln hinwegzulügen, wäre es richtiger, einen Menschen in solche Krisen hineinzuführen, wofern man nach reiflicher Überlegung von deren Notwendigkeit überzeugt ist. Denn der Beginn einer Krise wäre dann bereits der Beginn der wahren Gesundheit, während vorher nur eine Scheingesundheit bestand. In gewissen Fällen wendet man daher heute bereits medizinischerseits z. B. bestimmte Krankheiten (Malaria), oder Schockwirkungen (Cardiazol), oder Reaktionen (Eigenblut-, bzw. Eigenurininjektionen unter die Haut), oder künstliches Fieber (Schlenzbäder) etc.

an, um einen chronischen bzw. verhärteten Zustand aufzusprengen und so zugleich die Heilkräfte des Organismus zu aktivieren. Ähnliches ist auch pädagogisch möglich.

Überblickt man nun zusammenfassend die Ergebnisse dieses Kapitels, so kann man folgendes sagen: 1. Die kindliche Wesenheit setzt sich in den ersten Lebensjahren vor allem mit der elterlichen Erbmasse in sich auseinander. Die daraus entstehenden Bemühungen und Krisen spielen sich daher vorwiegend auf der Ebene des Physisch-Leiblichen, also z. B. als Kinderkrankheiten ab und spiegeln sich erst in zweiter Linie indirekt im kindlichen Bewußtsein als Lust- oder Unlustgefühle. 2. Im Zusammenhange mit dem fortschreitenden Erwachen des kindlichen Selbstbewußtseins finden dann in den folgenden Lebensjahren besonders die Auseinandersetzungen mit der von außen auf das Kind einwirkenden Seelenatmosphäre der Eltern und Erzieher statt. Das Ergebnis der erstgenannten Krisen ist daher mehr die persönliche Prägung des kindlichen Leibes, das der letztgenannten mehr die persönliche Prägung des kindlichen Seelen- und Geisteslebens, welches aber sogleich auch wieder in die feinere Prägung des Leibes (Physiognomik!) hinabwirkt.

Eins mache man sich hier aber klar: Welche Erbmasse und welche erzieherische Umwelt ein Kind auch haben mag, und ob sein eigenes Geistwesen stark ist, so daß es sich demgegenüber durchsetzt, oder schwach, so daß es unterliegt, oder ob es sich endlich selbst willig der Erbmasse und Umwelt anschmiegt und unterordnet (und so den Eltern möglichst ähnlich wird): Alles dieses sind die Folgen seiner früheren Erdenleben und alles dieses hat es sich während seines vorgeburtlichen Daseins selbst vorbereitet und hernach erwählt.

Gewiß: Erbkranke Eltern tragen die Verantwortung, wenn sie ein erbkrankes Kind zeugen, und sie tragen noch mehr Verantwortung für ihre pädagogischen, hygienischen und diätetischen Fehlhandlungen dem Kind gegenüber. Dennoch besteht die Tatsache, daß sich eben in dieser Familie ein Kind inkarnierte und sich diese Erbmasse und diese Eltern erwählte. Die Verhältnisse liegen also, wie man sieht, ungewöhnlich kompliziert.

Immer mehr aber häufen sich auch die wohlbeglaubigten Fälle, wo nicht nur die Eltern, sondern die ganze erkundbare Vorfahrenreihe erbgesund sind und wo dennoch Kinder erscheinen, welche z. B. von Geburt an blind, oder an Gliedern (infolge Verschlingungen der Nabelschnur oder Faltungen der Eihäute) mißbildet, oder mit Spina bifida, mit Hasenscharte, oder Wolfsrachen ausgestattet sind, oder idiotisch sind, oder in früher Kindheit z. B. von spinaler Kinderlähmung befallen werden. In solchen Fällen läßt sich wohl zwar oft eine erbliche Schwäche nachweisen, die ausgebildete Krankheit selbst aber ist die schicksalhafte und in vergangene Erdenleben zurückweisende Tat der kindlichen Geistwesenheit. Ein Kind vermag sich eben auch i n n e r h a l b   r e l a t i v   g u t e r   E r b v e r - h ä l t n i s s e   u n d   i n n e r h a l b   e i n e s   g e s i c h e r t e n und a n g e s e h e n e n F a m i l i e n s t r o m e s   e i n   d e r - a r t i g   s c h w e r e s   u n d   u n g e w ö h n l i c h e s   S c h i c k - s a l zu schaffen, daß alle Verwandten sagen: „Woher hat es denn das? Wie kommen denn wir zu diesem Kinde? Es ist wie aus der Art geschlagen!"

Solche und ähnliche, aus der Vererbung allein absolut unverständliche Erscheinungen werden uns nun im folgenden Kapitel im Hinblicke auf die Biographie des Menschen noch weiter beschäftigen müssen.

3. Kap.: Vom Geheimnis der menschlichen Biographie.

Es gibt nun ein Bereich menschlichen Lebens, von dem sich mit aller wissenschaftlichen Strenge b e w e i s e n läßt, daß es g r u n d s ä t z l i c h   n i c h t   a u s   d e r   V e r e r b u n g   v e r - s t ä n d l i c h   s e i n   k a n n :   E s   i s t   d i e   m e n s c h l i c h e B i o g r a p h i e.

Zwar beachtet die moderne Vererbungswissenschaft nicht nur die leiblichen, sondern auch die geistigen Eigenschaften der

Menschen und kommt auf Grund statistischer Untersuchungen z. B. zu folgendem Gesetze: „Hochbegabte und bedeutende Menschen haben in ihrer Vor- und Nachfahrenreihe mehr ebensolche Verwandte, als es dem statistischen Durchschnitt entspricht, und ebendasselbe gilt für minderwertige und schwachsinnige Menschen." Je mehr man jedoch zu speziellen geistigen Eigenschaften übergeht, desto weniger klare Zusammenhänge erhält man, wenige Sonderfälle (wie z. B. die Musikerfamilie Bach oder die Mathematikerfamilien Bernouilli und Euler) ausgenommen. Vererbungszusammenhänge lassen sich freilich im einzelnen Falle auch feststellen, wenn man folgende genauer bestimmte Geisteseigenschaften zugrunde legt: z. B. naturwissenschaftlich oder mehr technisch begabt, willens-, gefühls- oder intellektbetont, Gedächtniskraft, Art der Schulzeugnisse, phantasievoll oder verstandesmäßig, akustischer oder optischer Typ, rasch oder langsam, gründlich oder leichtfertig etc.

Aber alle diese Eigenschaften sind doch viel zu schematisch, um daraus die einzigartige Biographie eines bestimmten Menschen zu verstehen. Die genannten Eigenschaften sind nämlich nur die Werkzeuge für die Gestaltung eines Lebensweges, nicht dieser selbst. Da aber kommt es z. B. keineswegs nur auf bestimmte Berufs- und Charakterbegabungen an, sondern auf die Art des Lebensweges, den jemand, auf Grund dieser Begabungen, z. B. als Naturforscher, Arzt, Techniker oder Künstler beschreitet, und der bei genau denselben Begabungen gänzlich verschieden verlaufen kann. Johann Sebastian Bach z. B. mag gewiß seine musikalische Begabung von seinen Vorfahren ererbt haben. Sie mag Familienbesitz sein, der sich dann in seiner Person besonders steigerte. Aber wer so den „großen Musiker" verstünde, hätte damit ja noch nicht „Johann Sebastian" begriffen, jenen Menschen nämlich, der z. B. ganz bestimmte Gönner findet, durch seltsame Umstände gerade in dieser Kirche Kantor wird, mit diesen und jenen Persönlichkeiten befreundet ist und andere wieder zum Gegner hat, der einem bestimmten Unfall entgeht und einen anderen erleidet und schließlich mit dieser bestimmten Frau verehelicht ist. Diese scheinbar „belanglosen" Einzelheiten gehören aber vielleicht mehr zur Wesenheit Johann Sebastians, als die Tatsache, daß er ein „wohltemperiertes Klavier" schrieb. Denn solche großen Leistungen sind keineswegs nur Angelegenheit des Einzelschicksales, hier spielt vielmehr V o l k s - u n d Z e i t s c h i c k s a l mit hinein.

Man versuche sich doch folgendes klarzumachen: Zur persönlichen Wesenheit und Biographie eines Mannes gehört nicht nur z. B. seine Neigung zu Frauen, auch nicht zu Frauen eines ganz bestimmten Types. Alles dieses kennzeichnete vielleicht auch seine Vorfahren und könnte immerhin vererbt sein. Zu seiner intimsten Biographie gehört hingegen z. B. seine Jugendfreundschaft mit einem g a n z b e s t i m m t e n Mädchen, oder seine spätere Ehe mit einer g a n z b e s t i m m t e n Frau, zumal wenn die Begegnung mit dieser erst durch die kompliziertesten Schicksalswege herbeigeführt werden und erst nach Überwindung schwerster Widerstände (sie war z. B. mit einem anderen Menschen verlobt) zur Ehe führen konnte. Hier sieht man ohne weiteres: Die Schicksalsbeziehung zu einer bestimmten Frau kann ich nicht von meinen Vorfahren ererbt haben, aus dem einfachen Grunde nicht, weil meine Vorfahren mit anderen, eben mit ihren eigenen Frauen verheiratet waren, die Frau aber, mit der ich verbunden bin, nicht kannten und gar nicht kennen konnten. Es könnte daher wohl eine Erbeigenschaft so lauten: „Neigung zu Frauen eines bestimmten Types", nicht aber könnte eine so lauten: „Neigung zur Frau N. N. aus der Stadt N. N." Denn wie wollte ich diese Erbeigenschaft z. B. an meinen Sohn oder Enkel weitergeben können, wenn die betreffende Frau für ihn gar nicht als Frau in Frage kommt, weil sie dann eben seine Mutter oder Groß-mutter ist oder überhaupt gar nicht mehr lebt?

Ganz Entsprechendes gilt nun für persönliche Freundschaf-ten. Vererbt könnten hier z. B. die Eigenschaften sein: „Nei-gung, Freundschaften zu schließen, Anschlußbedürftigkeit bzw. das Gegenteil." Vererbt könnten auch speziellere Eigenschaften sein, also z. B.: „Hinneigung zu Menschen, die meine Interessen für Dichtung, Musik, Schachspiel, Boxen etc. teilen." Es würde sich dadurch das Entstehen bestimmter Interessengruppen, Vereine, Klubs etc. erklären lassen. A b e r w i r k l i c h e L e b e n s b e g e g n u n g e n s i n d e t w a s g a n z a n d e r e s ! Der andere Mensch teilt nämlich vielleicht gar nicht meine äußeren Interessen, und dennoch fühlen wir beide uns in unerklärlicher Weise, als d i e s e z w e i M e n s c h e n (und nicht als zwei Schachspieler oder Musiker etc.), zueinander hingezogen. Entsprechendes gilt nun auch wieder für scheinbar grundlose Feindschaften, deren Gefühle mit beängstigender Gewalt, wie aus einem anderen Leben, aufsteigen.

Weiterhin könnte man es sich vorstellen, daß z. B. der Sohn eines Archäologen, von seinem Vater nicht nur die „Gelehrsamkeit im allgemeinen", sondern auch das spezielle Interesse für „Archäologie" geerbt hat, vielleicht, weil diese Eigenschaft in irgendwelchen Feinheiten der Gehirnorganisation wurzelt. Aber nun kommt das Bemerkenswerte: Der Vater grub altgermanische Steinzeit aus, während es den Sohn mit unstillbarem Verlangen nach Vorderasien und auch da wieder zu einer ganz bestimmten, verschütteten, altsumerischen Stadt zog. Daß der Sohn Archäologe ist, erscheint nun gar nicht so wesentlich, wesentlich hingegen seine Sehnsucht nach d i e s e r Kultur und Stadt. Vielleicht ließ er sich überhaupt nur in der Familie eines Archäologen geboren werden, um als Archäologe die Möglichkeit zu besitzen, seinem merkwürdigen Schicksalsdrange nach d i e s e r Stadt nachzugehen? Von seinem Vorfahren hatte er diesen Drang jedenfalls nicht vererbt!

Man ersieht hieraus, daß die einzelnen (i m ä u ß e r s t e n Falle durch Vererbung erklärbaren) körperlichen, geistigen und charakterlichen Eigenschaften eines Menschen nur die Mittel für die Gestaltung dessen sind, was man „Biographie" nennt. Jemand entstammt z. B. einer sehr energischen, gesunden, klarblickenden Ingenieurfamilie und wird ebenfalls Ingenieur. Aber sein Ingenieurberuf wird ihm nur die Voraussetzung, um seinen Drang nach Übersee zu befriedigen und dort seltsame, persönliche Begegnungen zu erfahren. Er wird dort z. B. zum Freund und Helfer eines Fürsten, mit dem ihn die merkwürdigsten Schicksalsbeziehungen verflechten. Oder jemand ergreift — wie z. B. S c h l i e m a n n — den Kaufmannsberuf und arbeitet sich zu Reichtum empor, nur um sich dadurch die Mittel zur Ausgrabung Trojas bzw. der Atridengräber in Mykenä zu verschaffen. Denn sobald er als Junge erstmals in der Schule davon hörte, ließ ihn unstillbare Sehnsucht nicht mehr los. Nicht schlechthin „Archäologe" wollte er werden, sondern eine Schicksalsbegegnung mit den griechischen Helden gewinnen! Das ist ja dann auch der Unterschied solcher, von innerer Schicksalsleidenschaft geführten Männer von den gewöhnlichen Universitätsgelehrten, die aus dem abstrakten Intellekt heraus bald das, bald jenes „erforschen".

Oder man denke an L e s s e p s, den Erbauer des Suezkanals! Er ist nicht nur einfach ein zäher, energischer Ingenieur, (das könnte zur Not durch Vererbung erklärt werden), sondern er ist Erbauer des Suezkanals. Dieser allein ist ihm, mehr als sein eigenes Leben, ans Herz gewachsen, seit der Zeit seiner Jugend, als er, geführt durch seltsame Schickungen, erstmals von den Kanalplänen der ägyptischen Pharaonen erfuhr. Lesseps hätte nicht auch irgend etwas anderes „Großes" bauen können, sondern der Bau des Suezkanals ist sein persönliches Schicksal und gehört so wesenhaft, ja, vielleicht noch wesenhafter zu ihm, als die Gestalt seines Gesichtes oder die Farbe seiner Augen, oder sein Charakter. Deshalb erstrebte er ja auch dessen Verwirklichung mit einer Leidenschaft, als hänge davon sein eigenes Sein oder Nichtsein ab. Der Gedanke an den Bau läßt ihn alle Krankheiten und Hemmungen, ja selbst das Alter überwinden. Erst als der Bau vollendet ist, wird er ruhig und kann nun sterben. Ähnliches finden wir immer wieder bei den Männern, deren Werk ihr Schicksal, deren Schicksal aber auch das Schicksal ihres Werkes ist.

Oder man denke an einen Dichter. Nicht nur die dichterische Begabung im allgemeinen, nein auch die Hinneigung zum historischen Romane mag sich irgendwo bei seinen Vorfahren finden und durch Vererbung verständlich sein. Nun aber tritt etwas sehr Eigentümliches ein: Der Mann schreibt zunächst allerlei Romane ,deren Themen sich ihm gerade darbieten und die einen guten Absatz verheißen. Ganz im Verborgenen jedoch kreist sein Bewußtsein z. B. um eine ganz bestimmte Epoche der römischen Kaiserzeit, ja um einen ganz bestimmten Kreis am damaligen Kaiserhofe. Immer wieder begegnet er schicksalsmäßig Büchern oder persönlichen Mitteilungen, die ihn darauf hinweisen. Alles damit Zusammenhängende aber hat ihn schon in der Jugend so tief ergriffen, daß er anderen gegenüber schwieg. Späterhin besucht er die betreffenden historischen Stätten und bewegt sich in ihnen mit einer merkwürdigen Selbstverständlichkeit. Endlich entschließt er sich, die Dinge in einem Romane zu gestalten, aber es wird mehr als ein Roman, es wird etwas wie ein innerstes Selbstbekenntnis.

Wie war es denn bei Goethe? Er selbst sagte von sich:

„Vom Vater hab ich die Statur
Des Lebens ernstes Führen.
Von Mütterchen die Frohnatur
Und Lust zu fabulieren.“

Richtig! Aber hat er von seinen Vorfahren auch das folgende Schicksalsereignis geerbt: Er ist entschlossen, nach Italien zu fahren. Alles ist bereit, aber der Reisewagen verspätet sich. Da kommt eine Einladung nach Weimar, an den Hof des Großherzogs! Goethe folgt ihr, im Bewußtsein, an einer Schicksalswende unübersehbaren Ausmaßes zu stehen! Er findet ja in Weimar nicht nur einen beliebigen, z. B. für Dichtung interessierten Menschenkreis, sondern er findet bestimmte einmalige Persönlichkeiten, ohne die sein weiteres Leben undenkbar wäre. Solche e c h t e b i o g r a p h i s c h e B e g e g n u n - g e n s i n d e i n m a l i g. Die Begegnung mit Schiller und Frau von Stein kann Goethe nicht von seinen Vorfahren haben, weil grundsätzlich keine Erbanlage möglich ist, die etwa lautete: „Begegnung mit Frau von Stein.“ Eine Frau von Stein gab es nämlich zu Zeiten von Goethes Vorfahren nicht, deshalb konnten sie auch eine solche „Eigenschaft" nicht besitzen und daher nicht vererben.

Im Grunde versucht aber auch gar kein Vererbungsforscher den einmaligen biographischen Lebensweg eines Menschen zu erklären. Dieser interessiert ihn gar nicht, weil er ihn für „zufällig" erachtet und das hier vorliegende Problem überhaupt nicht sieht. Dennoch ist es ohne weiteres klar, d a ß j e d e r M e n s c h s e i n e e i g e n e B i o g r a p h i e h a t, und daher z. B. die Nachkommen Goethes so wenig Goethes Biographie ererbten oder fortsetzten, als Goethe die seiner Vorfahren ererbte oder fortsetzte. Goethes Nachkommen haben z. B. nicht einen Ruf nach Weimar vom Großherzog Karl August erhalten, als sie eben nach Italien reisen wollten, sie haben auch nicht Frau von Stein geliebt (weil diese schon tot war), noch als Studenten in Leipzig einen Blutsturz bekommen. Sie haben vielmehr von Goethe höchstens die allgemeine seelisch-leibliche Konstitution ererbt, im übrigen aber gänzlich andere und höchstpersönliche Schicksale gehabt, die in keiner Weise die Schicksale ihrer Vorfahren fortsetzten.

Das persönliche Menschenwesen versteht ja nur jemand, der sich sagen kann: Zur Wesenheit dieses N. N. gehören gar nicht nur seine „Eigenschaften", sondern auch z. B. die Tatsache, daß er Zeitgenosse bestimmter Männer und Ereignisse ist. Kein Zoologe aber wird es z. B. bei einem Frosch für wesentlich erachten, ob er im Jahre 1850 oder 1930 lebt. Wenn es daher für einen Menschen w e s e n h a f t i s t, z. B. Zeitgenosse der Französischen Revolution oder des Weltkrieges zu sein, so kann er diese „Eigenschaft" nicht auf seine Nachkommen vererben, weil die eben Zeitgenossen anderer Zeiten und Männer sind. Dennoch bleibt das von einem bestimmten Franzosen anno 1793 in Paris, in Verbindung mit seinen Freunden und Feinden Erlebte, nicht ohne Folgen, nur vererbt er es nicht auf seine Nachkommen, (die werden z. B. nicht guillotiniert), sondern wirkt als Ursache in die folgenden Erdenleben d e r s e l b e n Individualität hinüber, so wie es selbst die Wirkung ihrer vergangener Erdenleben war. Oder ein anderer Fall: Für wessen Schicksal es wesenhaft war, z. B. rettender Gönner Schuberts oder Mozarts zu sein, der kann das freilich nicht seinen Nachkommen vererben (denn seine Schützlinge sind dann schon gestorben!), wohl aber schuf er sich selbst darin den Keim zu neuen Schicksalsbegegnungen im nächsten Erdenleben, mit denselben Individualitäten, die jetzt als „Mozart" und „Schubert", dann aber als andere Personen verkörpert sind. (Vgl. die „Karmavorträge" Rudolf Steiners.)

Zum Wesen der Biographie gehört demnach gerade das Individuelle d i e s e r Menschen und d i e s e r Ereignisse. Vielleicht wendet jemand ein, man könne auch die Biographie eines Hundes oder einer Katze schreiben. Sind solche Tiere in engem Kontakt mit Menschen, so werden sie freilich in das Persönlich-Biographische derselben verwoben, wodurch sehr verwickelte Situationen entstehen. An sich selbst betrachtet, besitzt aber kein Tier etwas auch nur von ferne einer Biographie Ähnliches [3]. Freilich ist jede Katze und deren Lebenslauf durch unendlich viele Einzelheiten von jeder anderen Katze verschieden, weil es nicht einmal zwei genau gleiche Bergkristalle gibt. Von mehreren K a t z e n desselben Wurfes wird z. B. die eine von einem Menschen gekauft und liebevoll bis ins hohe Alter gepflegt, eine andere wird von einem Hunde erbissen, eine dritte gelangt in die Hand von Tierquälern etc. Oder, von mehreren B e r g k r i s t a l l e n verbleibt der eine in den Gesteinstiefen, der andere wird vom Geschiebe eines Baches zerrieben, der dritte zu einem Medikament verarbeitet.

Wer würde es aber wagen, hier von biographischen Schicksalen zu sprechen? Und warum nicht? Offenbar, weil die so grundverschiedene Schicksale der einzelnen Katzen, oder Kristalle, nicht aus ihrem jeweiligen individuellen Wesen, sondern von außen stammen. Ob ein Tier sich mit diesem oder jenem Weibchen seiner Art verbindet, diesen oder jenen Weg

---

[3] Vgl. dazu O. J. H a r t m a n n, Kampf um den Menschen in Natur, Mythos, Geschichte, 1934.

durch Wiese und Wald nimmt und dadurch lustvoll und lang
lebt, oder auf mehr oder weniger grausame Art stirbt, ist gänzlich zufällig, d. h. durch äußere Ursache bedingt. Wesentlich
hingegen, und daher den Zoologen interessierend, ist das jeweils Typische. Bei Tieren, Pflanzen und Mineralen k ö n n t e
sich also eine „Biographie" immer nur auf
die Art (Gattung), niemals aber auf das einzelne Individuum beziehen. Denn was an diesem
wesenhaft ist, gehört der Gattung an, was aber nicht dieser
angehört (z. B. dieser Lebenslauf und das vorzeitige Ende
gerade dieses Frosches) ist wesenlos.

Man überlege sich folgendes Beispiel: Viele Tierarten leben
und wandern in großen Schwärmen (z. B. Zugvögel, Fische,
Mücken, Lemminge etc.). Biographisch wesenhaft ist es hierbei, daß sich Artverwandtes zusammenfindet und Artfremdes
abstößt. Gänzlich wesenlos hingegen ist es, ob dabei gerade
diese bestimmte Einzelmücke mit dieser oder einer anderen
zusammenmarschiert. Bei Menschen hingegen kann es biographisch wesenhaft sein, daß z. B. gelegentlich einer Massenver-
sammlung (Auflauf, Demonstration etc.), gerade diese beiden
Einzelpersonen sich begegnen und daraus Folgen entstehen, die
späterhin überhaupt nicht mehr aus den Lebensläufen dieser
Menschen hinwegzudenken sind. Beide hätten ohne dieses
Zusammentreffen ihr Leben überhaupt nicht so führen können,
als es dann geschah, und sie empfinden ihr Zusammentreffen
nicht als äußeren Zufall, sondern als etwas, was sich aus ihrem
t i e f s t e m W e s e n heraus mit Notwendigkeit entfalten
mußte.

Gewiß, in altvergangenen Zeiten war dies noch nicht der
Fall. Da widerfuhr auch dem einzelnen Menschen weniger ein
persönlich-individuelles, als ein Stammes- und Sippenschicksal.
In neuerer Zeit aber beobachten wir immer stärker das Hervortreten individueller Schicksale, welche sich die Beteiligten
aus ihren eigenen früheren Erdenleben (und nicht aus dem
Leben der Sippe!) herüberbringen. Da wir jedoch heute erst
am Anfange dieser Entwicklung stehen, haben nur erst wenige

Menschen ein Gefühl für diese G e h e i m n i s s e   d e r   p e r -
s ö n l i c h e n   B i o g r a p h i e.

Wie sich nämlich die im Ei, z. B. eines Frosches, wirkende
Wesenheit zur Leiblichkeit und zu den Instinkten dieses Frosches entfaltet, so entfaltet sich die individuelle Wesenheit
z. B. Goethes nicht nur in seinem Leibe und seinem Charakter,
sondern auch in seinem äußeren Schicksal. A u s d r u c k   d e s
G e i s t - I c h e s   e i n e s   M e n s c h e n   i s t   d a h e r   n i c h t
n u r   d a s,   w a s   e r   i s t,   a u c h   n i c h t   n u r   d a s,   w a s
e r   t u t,   f ü h l t,   d e n k t, — das wäre alles noch leicht verständlich —,   s o n d e r n   i s t   e n d l i c h   a u c h   d a s,   w a s
i h m   v o n   a u ß e n   h e r,   s e i   e s   d u r c h   a n d e r e   M e n -
s c h e n   o d e r   ä u ß e r e   E r e i g n i s s e, — und zwar ohne
sein eigenes Zutun — wiederfährt! Das aber ist ein ungeheures
Mysterium (Vgl. Abb. 13.)

Zum „Ich" eines Menschen gehört also nicht nur seine
Innenwelt, sondern auch seine Um- und Mitwelt, d. h. auch ein
großer Teil der äußeren Zu- und Unfälle! Der Lebenslauf gestaltet sich also gar nicht nur als Ausdruck von innen, sondern
ebenso als Eindruck von außen. — Im Hintergrunde aber sowohl dieses „Innen" wie jenes „Außen" steht unser Geist-Ich!

Machen wir uns   d i e s   g r ö ß t e   M y s t e r i u m   d e s
S c h i c k s a l s   an einem Beispiele klar: Leidet etwa ein Kind
an einer angebornen Mißbildung (z. B. Hasenscharte, verwach-
sene Finger, Klumpfuß etc.), so kann man darin unschwer den
Ausdruck der Vererbung bzw. der aus einem früheren Erden-
leben herübergebrachten persönlichen Geistgestalt erblicken.
Wie ist es jedoch dann, wenn z. B. dieses Kind mit anderen
Kindern „Indianer" spielt und ein Bolzen sein Auge trifft und
es erblindet? Oder wenn im Spiele mit einem Gewehre ein
Kind das andere „im Spaß" erschießt? Hier wirkt das Geist-
Ich dieses Kindes offenbar nicht direkt und von innen, sondern
indirekt und von außen, d. h. durch die „zufällige" Tat eines
anderen, wahrscheinlich mit ihm schicksalhaft verbundenen
Kindes.

Ein Teil des menschlichen Schicksals kommt also direkt und von innen, ein anderer Teil indirekt und von außen. In beiden Fällen aber wirkt darin das uns zunächst tiefunbewußte eigene Geist-Ich. Die scheinbar zufälligen Ereignisse, Begegnungen, Glücks- und Unglücksfälle, die uns treffen, gehören demnach — wenigstens zu einem großen Teile — e b e n s o z u   u n s ,   a l s   u n s e r   e i g e n e r   K ö r p e r , und sind f ü r u n s   e b e n s o   k e n n z e i c h n e n d   w i e   u n s e r   C h a - r a k t e r   o d e r   u n s e r e   A u g e n f a r b e . Es ist dies eine unbezweifelbare Tatsache, welche zugleich d i e   W a h r h e i t

Abb. 13.

Das menschliche Geistwesen entfaltet sich nicht nur von innen in Leib, Charakter und Taten (symbolisiert durch die Pfeile rechts), sondern wirkt auch von außen, in dem, was einem Menschen als Schicksal zustößt (symbolisiert durch die Pfeile links). Von innen und außen arbeitet also das Geistwesen an der Gestaltung seines Erdenlebens.

der wiederholten Erdenleben unmittelbar beweist. Denn die Früchte der Taten und Gesinnungen eines Erdenlebens können, aus begreiflichen Gründen, nicht schon im selben Erdenleben, sondern erst in einem nächsten sich so tief auswirken, daß sie uns ganz von außen und scheinbar ganz ohne unser Zutun treffen. Damit aber diese Verwandlung unseres Tuns in die uns von außen treffenden Schicksalsschläge erfolgen kann, ist offenbar die Kraft höchster göttlich-geistiger Mächte und Gesetze nötig, denen wir uns nur in tiefster Ehrfurcht nähern können.

Wie also unser Geistwesen bei seiner Inkarnation eine bestimmte (nämlich die elterliche) Erbmasse ergreift und sie an sich zieht, so zieht es weiterhin auch bestimmte Ereignisse aus der Umwelt, wie mit magischer Kraft, an sich. Aber diese Ereignisse suchen auch wieder umgekehrt uns zu erreichen und an sich zu ziehen (vgl. Abb. 13). Besonders interessant ist es in dieser Hinsicht, die Lebensdauer und die Art des Todes eines Menschen zu betrachten. Da wir wissen, daß es nicht nur lang- und kurzlebige Familien gibt, sondern auch Familien, in denen sich Fälle von Tuberkulose, Krebs, Diabetes etc. häufen, so könnte der Tod eines Menschen dann aus Vererbungskräften verstanden werden, wenn er sich aus den genannten inneren Ursachen ergibt.

Niemand aber wagt auch nur im entferntesten an Vererbung zu denken in folgendem Falle: Ein auf dem Lande lebendes Kind pflegte zu bestimmten Tageszeiten das elterliche Haus und den Garten durch einen bestimmten Ausgang zu verlassen und auf bestimmten Wegen zum Krämer um Waren zu gehen. Eines Tages wählt es einen ganz anderen, ungewöhnlichen Nebenweg und erleidet dort einen tödlichen Unfall durch einen umfallenden Lastwagen, obgleich der betreffende Weg überhaupt nur ganz selten von Wagen befahren wird. Hier haben sich also drei Ausnahmefälle (ungewöhnlicher Weg des Kindes, ungewöhnlicher Weg für einen Lastwagen, Umstürzen desselben) wie absichtlich zum Tode dieses Kindes zusammengefunden.

Oder ein anderer Fall: Ein für Vorahnungen empfängliches Mädchen hat an einem Vormittage plötzlich ein „Gesicht", welches ihr den Tod ihrer Schwester ankündigt. Sie gerät in größte Aufregung und läßt ihre Schwester sofort dringend bitten, heute mittag nicht den gewöhnlichen Hochbahnzug zur Heimfahrt zu benützen. Diese läßt sich jedoch nicht dazu bewegen und besteigt ausgerechnet den Wagen, welcher einen Zusammenstoß erleidet und abstürzt, wobei auch sie stirbt. Über die Stimmung des hier wie absichtlich in sein Verderben rennenden Menschen wurde nun in diesem Falle nichts bekannt. Wohl aber in folgendem Falle: Ein guter Bergsteiger befindet sich vor Beginn einer gar nicht schwierigen Tour in seltsamer Unruhe. Seinen Bekannten fällt dies auf und sie suchen ihn von seinem Unternehmen zurückzuhalten. Dies steigert jedoch nur seine Unruhe und erzeugt in ihm den Drang, die Tour unter allen Umständen zu unternehmen. Sachliche Gegengründe sind ja in keiner Hinsicht vorhanden. — Er verunglückt an einer ungefährlichen Stelle durch eine Lawine! Obgleich dieser Mensch von eigenartigen Todes- und Abschiedsahnungen erfüllt war, wurde er doch von einem unbezwinglichen Drange getrieben, sein Schicksal zu erfüllen.

Leicht verständlich ist es wohl, wenn kranke oder alte Menschen von Todesahnungen ergriffen werden, denn da liegen ja i n n e r e, aus dem Wesen des Menschen selbst aufsteigende Todesursachen vor, die sich immerhin einem empfindlichen Bewußtsein als Vorahnungen kundgeben können. Schwer verständlich ist es hingegen, wenn es sich um ä u ß e r e Unfälle handelt, die ein blühendes Leben vorzeitig beenden. Meist beachtet weder der Betreffende selbst, noch seine Umgebung die feineren Umstände, welche solchen Unfällen vorhergehen und sie begleiten. Sie sprechen daher nur von „äußerem Zufall". Dennoch aber ist in vielen Fällen für den tiefer Blickenden klar zu sehen, wie der Betreffende mit einem zwar unbewußten, aber um so starreren Willen in sein Verderben rannte und wie er, geführt durch nachtwandlerisch sichere Weisheit, sich gerade d e n T o d d u r c h e i n e s e l -

t e n e **K a t a s t r o p h e** (Zugunglück, Lawine, Blitzschlag etc.)
a u s s u c h t e. Niemand kann hier sagen, solche Unfälle seien
„vererbt", etwa wie die Haarfarbe oder die Krankheitsdispo-
sitionen eines Menschen. Dennoch aber fühlen wir deutlich:
sie sind nicht zufällig! Sie hängen, obgleich sie gar nicht aus
dem Menschen heraus kommen, sondern ganz von außen an
ihn herantreten, d e n n o c h m i t d e s s e n W e s e n h e i t
z u s a m m e n.

Bedenken wir doch auch, um hier klarer zu sehen, folgende
Fälle: Ein junger, niedrigen sozialen Verhältnissen entstamm-
ter Mann, findet keine Möglichkeit, seine Fähigkeiten auszu-
bilden und das zu vollbringen, was ihm als Lebensziel vor-
schwebt. Da begegnet er — scheinbar zufällig — einer Persönlichkeit, die auf den ersten Blick an ihm Interesse gewinnt
und ihn weiter fördert. O d e r f o l g e n d e s B e g e b n i s:
Ein Professor beabsichtigt, eine Studienfahrt nach Rumänien
zu machen, besucht aber vorerst noch Freunde im Sudeten-
land und bittet von dort aus das rumänische Konsulat in Wien
um ein Einreisevisum. Im letzten Augenblick macht das Konsulat Schwierigkeiten, die er aus der Entfernung nicht beheben
kann und er muß die Reise unterlassen. Er bleibt nun länger
als beabsichtigt bei seinen Freunden und trifft dort auch einen
aus Norddeutschland kommenden Jugendfreund, welcher ihm
erzählt, er habe eben seitens eines Jugenderziehungsheimes
die Aufforderung zur Mitarbeit erhalten, sei aber entschlossen,
abzulehnen. Der Professor aus Graz bewirbt sich nun um diese
Stellung, fährt auch bald nach Norddeutschland und lernt im
Zusammenhange damit ein Mädchen kennen, von dem er alsbald weiß: „Diese und keine andere kann meine Frau werden!" Durch dieses Mädchen gelangt dieser Mensch nun auch
in Schicksalsbeziehungen zu anderen Menschenkreisen, wodurch nicht nur sein äußeres, sondern auch sein inneres geistiges Leben eine epochemachende Wendung erfährt. Hinzu-
gefügt sei noch, daß diese in Graz geborene Persönlichkeit seit
frühester Kindheit das Gefühl hatte: „Ich habe in meiner Heimat nichts zu suchen, sie ist mir irgendwie fremd, ich muß

nach dem Altreich." Weiter muß man wissen, daß das Leben dieser Persönlichkeit vor dem Eintritt dieser Schicksalswende vor einem gewissen Abschluß stand und nicht mehr recht weiter wußte.

Oder folgender Fall: Ein Geschäftsmann heiratete in jungen Jahren seine Jugendgespielin. Bald aber löste sich diese Ehe auf, weil sie nicht die Tragfähigkeit fürs spätere Leben der Beteiligten besaß. Dieser Geschäftsmann reist nun sehr oft nach bestimmten Richtungen, wobei er meistens bestimmte Tage und Züge wählt. Einmal jedoch entschließt er sich dazu, von eigenartigen Stimmungen veranlaßt, einen anderen Wochentag und Zug als gewöhnlich zu wählen. Sein Gepäckträger hatte zwar bereits ein leeres Abteil belegt, als unser Geschäftsmann aber den Zug entlang geht, beschließt er plötzlich, in ein anderes Abteil umzusteigen, in welchem zwar noch niemand saß, wohl aber ein Damenmantel hing. Später steigt nun die Dame ein und es ergibt sich im Laufe der Fahrt ein Gespräch und im Gefolge davon eine Ehe, die geeignet ist, das Leben beider Menschen in positiver Weise in die Zukunft zu führen. Beide Menschen hatten sich in diesem Leben noch niemals gesehen und trugen einander doch wie aus Urzeiten im Herzen und wurden durch ihre eigenen Geist-Iche einander in die Arme geführt.

Schließlich ersteht vor unserem Geistesauge folgendes Bild: Wir stehen sinnend vor einer Wiege und fragen uns: „Was ist es letzlich, das hier diesen strampelnden Säugling gestaltet und sich in der werdenden Physiognomik seines Antlitzes und späterhin seines Lebenslaufes ausprägt?" Wir sagten früher: „Die Geistgestalt dieses Menschenwesens!" Nun aber wissen wir noch mehr: „Hinter dieser Geistgestalt steht das vergangene Erdenleben dieses Menschen und dessen Taten und Erlebnisse formen jetzt an diesem Säugling!" So schauen wir nun z. B. auf den sprossenden Leib dieses Säuglings, im Hintergrunde aber taucht wie aus Urzeiten-Nebeln das Antlitz eines Greises auf. Wir sehen jetzt eine Geburt und eine Wiege und weit zurück in der Vergangenheit einen Sterbenden und ein Totenbett. Aber es kann auch der umgekehrte Fall eintreten: Wir stehen vor einem sterbenden Menschen und schauen durch das zerfurchte Antlitz und das schmerzvolle Stöhnen hindurch auf eine Lichtgestalt, die sich zur künftigen Form eines schreienden Säuglings verdichten wird.

Das sind letzte Ausblicke. Der Autor dieses Buches bittet, sich ihnen nicht in sensationshungriger Neugier, sondern nur in tiefster Ehrfurcht und Scheu zu nahen!

AUSKLANG.

Wir stehen am Ende von Untersuchungen, die uns in ein ebenso ungewohntes, als unerschöpflich-geheimnisvolles Gebiet führten.

Der Verfasser ist sich einerseits des Wagnisses solcher Darstellungen durchaus bewußt, weil er weiß, daß das intellektualisierte und mechanisierte Bewußtsein der modernen Menschen darauf gar nicht anders, als entweder mit absichtlichem Mißwollen oder mit unabsichtlichem Mißverstehen antworten kann, weil es auf jede Weise bemüht sein muß, das unmittelbare Wahrheitsempfinden zum Schweigen zu bringen, welches in jedem Menschen ruht und sofort die Richtigkeit, ja, die zwingende Beweiskraft vorstehender Untersuchungen bejaht. Der Verfasser glaubt aber andererseits auch zu sehen, daß alle Lebensfragen, welche uns heute beschäftigen (die Fragen nach Freiheit und Verantwortung, Charakter und Schicksal, Rasse, Vererbung und Persönlichkeit ebenso, wie die Fragen nach dem Sinn ärztlichen Heilens, erzieherischen Tuns und richterlichen Urteilens) geradezu hindrängen auf die Erweckung des menschlichen Geist-Wesens und seiner wiederholten Erdenleben. Deshalb schrieb er dieses Buch. Und er schrieb dieses Buch so, daß er sich bemühte, keine Zeile zu schreiben, deren Richtigkeit sich ihm nicht aus den Beobachtungen und Überlegungen vieler Jahre ergab und von deren Richtigkeit sich nicht auch jeder andere Mensch bei vorurteilsfreier Besinnung überzeugen könnte.

Es wird nämlich solange in den Menschenseelen stürmen, bis sie, getrieben von dem in uns allen schlummernden unmittelbaren geistig-moralischen Wahrheitsempfinden, sich ernsthaft mit dem Gedanken der wiederholten Erdenleben auseinandersetzen und dadurch ihr Erwachen zum Geist-Ich vorbereiten. Am Beginne der Neuzeit zog nämlich (wie wir früher sahen, vgl. S. 21) eine gütige Vorsehung den Schleier vor dieses „Bild zu Sais". Einerseits waren nämlich die Menschenseelen noch zu schwach für solches Wissen, andererseits sollten sie zunächst gar nicht nach dem „Woher" und „Wohin" fragen,, sondern (wie gelegentlich Goethe, aber auch Kant betonte) im Sinne moderner Naturwissenschaft und Technik a u f E r d e n w i r k e n. Wer daher noch zu schwach ist, um den Gedanken zu ertragen: „Ich selbst bin der frei-verantwortliche Gestalter meines Charakters und Schicksales, — schon innerhalb eines Erdenlebens, mehr aber noch im Übergange von einem Erdenleben zum nächsten!" — wer diesen Gedanken nicht aushält, aber auch wer fürchtet, durch ihn dem Erdenleben entfremdet zu werden, — dem sei immerhin gestattet, ihn für s e i n e Person abzulehnen und lächerlich zu finden. Er wird schon wissen warum! Niemand aber kann bestreiten, daß es heute bereits Menschen und besonders junge Menschen gibt, die sich moralisch einem solchen Gedanken durchaus gewachsen fühlen, ja, denen er die Kräfte zu f r e u - d i g e r E r d e n a r b e i t u n d v e r a n t w o r t l i c h e m E i n s a t z s o g a r n o c h s t e i g e r t! Der alte Goethe und hernach der totkranke Nietzsche waren mit unter den ersten, welche die „Jugendlichkeit" und den moralischen Willens-Mut zu diesem Gedanken aufbrachten.

Denn um eine echte Lebens- und Weltenwahrheit einzusehen, genügt keineswegs der abstrakte Verstandes-Mensch. Dazu darf nicht nur ein Teil des Menschen (der Kopf), es muß vielmehr der ganze Mensch aufgerufen werden. Denn echte Lebens- und Weltenwahrheiten sind nicht harmlose Banalitäten, sondern menschen-erschütternde Mächte. Sie erfordern daher einen g a n z e n M a n n und vor allem ein f u r c h t - l o s e s H e r z. Ein solches besaß Nietzsche! Deshalb konnte er den Gedanken der Wiederkunft ertragen, der bei ihm freilich die sinnlos-dämonische Form einer „ewigen Wiederholung des Gleichen" annahm.

Wer daher im Bereiche der Schicksalswahrheiten nicht dumpf dahinträumen, aber auch nicht bloß an eine „göttliche

Vorsehung glauben" will, stähle seinen Charakter, stärke seinen Mut zu verantwortungsvoller Freiheit und erwecke durch das „Stirb"! seines kleinen, egoistischen Ich das „Werde!" seines großen unvergänglichen Ich-Bin. Aus der Herzens-Willenskraft dieses Ich-Bin wird er dann sehend werden!

Daß die herkömmlichen christlichen Konfessionen hiervon nichts wissen wollen, ist nach allem Vorausgegangenen keineswegs verwunderlich. Denn diese Konfessionen wissen ja nur um die Überreste eines vergangenen Christentums und lehnen Erkenntnisse, wie die hier gewonnenen ab, weil sie weder in der Bibel noch bei den Kirchenvätern stehen. Sie kennen daher auch nur den in den Buchstaben eingesargten, aber nicht den lebendig-auferstandenen Christus, der heute wie einst, ja, mehr als einst, den inzwischen auch selbst zum freien Ich-Bin erwachten Menschen nahe ist und mit seinem sonnenhaft-göttlichen Ich-Bin zum erdenhaft-menschlichen Ich-Bin sprechen will.

Exakte Beweise, (welche durchaus möglich sind), für diese geheimnisvollen Zusammenhänge können hier freilich aus Raummangel nicht gegeben werden, m a n   n e h m e   d a h e r   d a s   h i e r   n o c h   d a r ü b e r   z u   S a g e n d e   n u r   a l s   p e r s ö n l i c h e s   B e k e n n t n i s   d e s   V e r f a s s e r s und als Hinweis für eigenes Nachdenken auf[1]. Blickt man in die Geschichte zurück, so findet man (vgl. S. 21 f.) folgendes: In alten Zeiten herrschten Volks-, Stammes- und Landschaftsgebundene Götter, und diese Götter wirkten so auf die Menschen, daß sie aus einem jenseitigen Bereiche (z. B. von den Höhen des Olympos oder den Tiefen der Erde, oder aus den Strömen des Blutes) sich dem noch mythisch-entrückten, sippengebundenen Bewußtsein der damaligen Menschen offenbarten. Damals bestand auch noch bei fast allen Völkern ein traumhaftes Wissen um die Wieder-Verkörperung.

---

[1] Vgl. S. 44 f., 131 f., 155 und Fr. R i t t e l m e y e r, Deutschtum, 1934. Ders.: Briefe über das Johannesevangelium, 1938. Ders.: Christus. R. M e y e r, Der Auferstandene und die Erdenzukunft, 1938. R. S t e i n e r, Das Christentum als mystische Tatsache u. d. Mysterien des Altertums, 1925.

Dieses alte Wissen lebte wie ein dumpfes Ur-Erinnern im Zeitenstrome, der aus göttlichen Urzeiten herüber zu den Menschen floß[2]. Es verging aber in dem Augenblicke, als das menschliche Bewußtsein aus dem mythischen Z e i t e n - strome heraus in die materielle R a u m e s - Körperwelt erwachte. Die letzten Reste beseitigte schließlich das moderne, technisch-naturwissenschaftliche Zeitalter. Eins aber wurde in der Götter-Ferne und Schicksals-Blindheit dieses Zeitalters errungen: Die Wachheit und Freiheit des persönlich-individuellen Ich-Bin! Diese neue Menschheitsstufe darf nie mehr preisgegeben werden! Die verlorengegangene Götterwelt und das vergessene Schicksals-Wissen können aber in neuer Form innerhalb unseres Erden-Ich-Bewußtseins aufleuchten.

Die Vorausetzungen hierfür sind gegeben: Ein sonnenhaftes Götterwesen folgte den Menschen nach bei deren Hereintreten in die Erdenschicksale und verband sich mit ihnen durch den Tod. Wie es nur e i n e Sonne im Planetensystem gibt, nur e i n Welt-erleuchtendes Licht und jeder von uns den Keim e i n e s Geist-Ich in sich trägt, so ging auch nur e i n hohes Gotteswesen durch den Erdentod und nahm damit etwas auf sich, w a s u n s a l l e n, wes Volkes und welcher Rasse wir auch seien, g e m e i n s a m i s t. Dieses hohe Gotteswesen wurde daher auch nicht zum Gott eines bestimmten Volkes, sondern zum Gott j e d e s e i n z e l n e n M e n s c h e n, sofern er Ich-Träger ist und Geburt und Tod erleidet. Man wird daher auch nicht zu diesem Gotteswesen hin g e b o r e n, sondern muß sich, jeder einzelne ganz für sich, in wacher Ich-Freiheit zu ihm entscheiden. Jeder Rest von Angeborenheit, Tradition und Glaube muß hier verschwinden, wo nur persönlichster Einsatz in Frage kommt! D e s h a l b s t e h t g e - r a d e u n s D e u t s c h e n d i e s e r G o t t s o n a h e, w e i l j e d e r e i n z e l n e v o n u n s b i s a u f s L e t z t e e i n s a t z b e r e i t e r K ä m p f e r i s t. In verhängnisvoller Weise mißverstehen wir aber unsere Aufgabe, wenn wir glau-

---

[2] Dieses Ur-Erinnern schildert ebenso wahr wie packend Richard Wagner in seinem Tristan, III. Akt.

ben, mit physischen Waffen um physische Macht kämpfen zu müssen und nicht begreifen, daß wir in „Michaels-Kampf mit dem Drachen" Geistesdiener des erhabenen Gotteswesens sein sollten, welches seit Golgatha mit dem Erdenschicksal verbunden ist.

Mit einem alten Namen nennen wir dieses Gotteswesen „Christus" und können nunmehr sagen: „Christus ist der Gott des wahren Ich-Bin, wie es inmitten der Erdenschicksale und in Begegnung mit dem Erdentode zur echten, d. h. selbstlos-dienenden Freiheit erwachen kann. In Christus sind daher alle Menschen geeint, sofern sie Ich-Menschen, also erweckte Geist-Träger und nicht bloße Leibes- oder Seelen-Menschen sind. (Vgl. S. 38 f.). Als Gott der Ichheit wirkt Christus nicht in träumerisch-zwingenden Naturinstinkten, wie sie alte sippen-gebundene Weisheit und Magie kennzeichnen, er wirkt vielmehr ausschließlich in der höchsten Wachheit des Herzens. Als „Gott der Ichheit" ist Christus zugleich der Gott der „Wahrheit", „Freiheit" und „Liebe" und schließlich der Gott des unvergänglichen „Lebens" jedes Menschen-Ichs im Zeitenstrome der Wiederverkörperungen.

Ein sonnenhaft-göttliches Wesen hat sich m i t d e r e i n - z e l n e n M e n s c h e n w e s e n h e i t v e r e i n t (wie dies Meister Eckhart so klar sah) und b e g l e i t e t s i e d u r c h den Z e i t e n - S c h i c k s a l s s t r o m der Geburten und Tode! Dieses Gotteswesen ist der wahre „Herr des Schicksals" und der Freiheit und gibt jedem Menschen die Ich-Kraft, d e n G e - d a n k e n z u e r t r a g e n u n d z u b e j a h e n, w e l c h e r d a s G r u n d t h e m a d i e s e s B u c h e s w a r : „Ich selbst bin der frei-verantwortliche Selbstgestalter meines Charakters und Schicksals. Was ich bin und was mich trifft — ich habe es mir selbst bereitet. Ich selbst bin mein Schicksal! Ich trage aber auch die volle Mitverantwortung für das gemeinsame so-ziale Schicksal meiner Mitmenschen und für die Erden-zukunft!" —

G n a d e n w a l d, Michaeli 1939.

Otto J. Hartmann

Vom Sinn der Weltentwicklung
Sein und Wissen
1971. 198 Seiten.

Menschenkunde
Die Physiognomik der Lebenserscheinungen
als Grundlage einer erweiterten Medizin
2. Auflage. 338 Seiten.

Wir und die Toten
3. Auflage. 264 Seiten.

Geheimnisse der Menschenbegegnungen
7. Auflage. 116 Seiten.

VITTORIO KLOSTERMANN   FRANKFURT AM MAIN